U0336788

内容
商业

如何持续写作有价值的
内容驱动营收增长

沈超◎著

机械工业出版社
CHINA MACHINE PRESS

数字化商业时代，流量不应是内容从业者追求的终点，转化和变现才是。内容伴随着技术的发展成为商业的一部分，其运作过程包括策划、创作、呈现、运营、变现、交付和维护用户关系、团队组建，其功能和作用及连接的要素都在变化，形成集信息、形式、媒介和背景于一体的综合体。

全心全意打磨好的内容，一直是作者奉行的原则。本书是一本关于如何创作驱动营收增长的好内容的指南，共8章，包括重新认识内容、内容商业战的作战计划、创作高质量差异化的内容、从感官上征服用户的内容呈现策略、使价值最大化的内容运营、让内容变成生意的内容变现方法、交付和维护用户关系、内容团队的组建。

本书有丰富的举例，包括抖音、小红书、哔哩哔哩、知乎、得到、樊登读书、喜马拉雅等平台的介绍，以及AI（人工智能）辅助创作的方法。附录中提供了行动清单和模板，便于读者了解重点和难点，以及实践时该如何行动。

本书适合互联网、零售、制造业和文化产业的新媒体编辑、内容运营、文案专员等内容创作者和服务者，营销团队负责人、创业者，对写作感兴趣的学生，以及营销和商业咨询相关机构的顾问和培训师阅读。

图书在版编目（CIP）数据

内容商业：如何持续写作有价值的内容驱动营收增长 / 沈超
著 .—北京：机械工业出版社，2024.2
ISBN 978-7-111-74785-7

Ⅰ . ①内… Ⅱ . ①沈… Ⅲ . ①网络营销 Ⅳ . ① F713.365.2

中国国家版本馆 CIP 数据核字（2024）第 036708 号

机械工业出版社（北京市百万庄大街 22 号 邮政编码 100037）
策划编辑：刘 洁 责任编辑：刘 洁
责任校对：韩佳欣 张昕妍 责任印制：刘 媛
北京中科印刷有限公司印刷
2024 年 5 月第 1 版第 1 次印刷
170mm×242mm · 16.5 印张 · 1 插页 · 238 千字
标准书号：ISBN 978-7-111-74785-7
定价：79.00 元

电话服务 网络服务
客服电话：010-88361066 机 工 官 网：www.cmpbook.com
　　　　　010-88379833 机 工 官 博：weibo.com/cmp1952
　　　　　010-68326294 金 书 网：www.golden-book.com
封底无防伪标均为盗版 机工教育服务网：www.cmpedu.com

前言　未来10年，精心创作内容

在技术革命的推动下，我们这个时代正在面临一场文化和社会生活的变革。在互联网红利消退，线上消费成为日常的时候，人们的消费观开始趋于理性，对产品和内容的需求开始更追求其本身能够带来的价值。内容的创作者/生产者和服务者也应该及时转换思维，从流量思维转换到对内容的精心打造上。

流量思维来自互联网的发展，在互联网尤其是移动互联网的带动下，"流量决定一切""无流量不生意"成为很多商家的理念和行事方式。在内容行业中，爆款、爆文曾经是几乎所有内容生产者追求的目标，"10万+"被当成一个衡量内容优质与否的指标。阅读（观看）量、点赞量、评论量、分享量……这些数据都是他们重点关注的目标。只有数据上去了，似乎才证明内容是好的，是用户喜欢的。这样的思维方式在三年前可以，公域中的流量就有这么多，吸引到了流量就相当于吸引到用户。

但是，流量不应是追求的终点，转化和变现才是。不能激活、不能转化的流量没有意义，甚至还可能因为虚假流量，妨碍对自己的认知。在消费者的消费观越来越理性之后，单纯通过热点、热词等方式吸引眼球、哗众取宠的方式，越来越不被理性的用户认可，取而代之的是用户对内容本身价值的追求。所以，作为内容行业从业者，我们的思维也应该从流量思维转换到用户思维。通过发掘用户更深层次的需求，找到内容创作的发力点。

如今，社会已经进入数字化商业时代，内容也伴随着技术的发展成为商业的一部分。所以，在内容商业的范畴内，我们也需要重新定义一下内容。

内容商业中的内容，是一个广义的概念，包括内容的策划、创作、呈现、运营、变现及内容的交付和维护用户关系，内容团队的组建等。进入商业中的内容，不仅仅是指一本书、一篇文章、一部电影这样的单一品类，而是一个集信息、形式、媒介和背景于一体的综合体。它不是一个单纯的、独立的个体，而是一个可以和媒体、企业、品牌、用户等众多因素相连接的，物联网上的一个部分和节点。

而内容，也从单纯的信息传播和娱乐教化功能，有了更多外延的功能，比如，连接、治愈、辅助品牌实现商业价值等，以及拥有了更多情绪和商业方面的多重价值。内容可能是短视频中一个温暖的故事，也可能是餐厅里桌牌上的一条治愈性的温馨提示，或者可能帮助品牌产生更大的商业价值，帮助电商直播创造更高的销售额。

在过去的 2 ~ 3 年时间里，内容的呈现形式也和以往迥然不同。传统媒体时代以文字为主的信息，被以图像和视频内容占据主导地位的情形所取代，甚至形成全民短视频的盛况。

图像已经成为信息传递的日常，我们每天发的"有图有真相"的朋友圈，和同事沟通时候的微信截图，都是用图像表达内容的典型。而视频的丰富多彩，给用户带来更多感官上的刺激和体验，提升了用户的体验度。而且，视频的即视感，让内容有了更强的场景化，让用户产生了身临其境的感觉。而场景化，正是数字化商业时代新的商业逻辑，遵循这一逻辑，把内容做好，才能真正带给用户好的体验，也是未来内容发展的趋势。

在具体的表现内容上，创作最终还需要以人为本，不去追求所谓的"高大上"，而是把关注的焦点放到细节、具体的生活场景上。根据具体的场景，创造出独特的内容，拉近内容和用户的距离。无论是图文内容还是视频内容，火爆的还是贴近人民的具体的日常生活琐碎经历。还要与时俱进，善用 AI（人工智能）。在创作过程中，AI 已经是不可忽视的重要辅助工具。

在内容和用户的关系上，则需要打造一种持久的信任。信任是关系的纽带，也是关系得以长期维系的保障。所以，我们的内容要以给用户提供实用的价值为目的，而不是单纯追求数据。比如知乎对内容的打造，每个问答的最终目标，追求的不是得到多高的读者票数、点赞、评论和分享，而是确认问题的答案能够被用户采纳，这才能验证这个答案有价值。在用户反馈中积累信任，打造"信任决策"。

从事内容行业多年，全心全意打磨好的内容，一直是我奉行的原则。无论社会如何变化，对于内容行业而言，"内容为王"的宗旨是不能变的。在社会和用户都更加趋于理性的情况下，内容创作者 / 生产者和服务者也应该把关注的重点放到内容本身。

沈　超

2023 年 10 月

目　录

第 4 章

呈现形式，从
感官上征服用户

第 5 章

内容运营，
让好内容价值
最大化

第 1 章　重新认识内容

这是一个万物皆可内容的时代，新时代的内容有了和传统媒体时代的内容迥然不同的意义，从功能到价值都有了更广泛的外延。功能上不再局限于信息传播和娱乐教化，而是和万物互联，产生了商业上的价值。内容成为商业的一部分。从这个意义上讲，我们需要抛开原来的观念，重新认识内容。

1.1　内容是一个包含多元素的新物种

如果你问我，当下什么流行，我告诉你是内容；如果你问我当今什么重要，我也告诉你是内容；如果你问我什么东西能经久不衰，我还是告诉你，是内容！

在当今这个移动互联网普及的时代，依托移动互联网和海量信息产生的内容，润物细无声地进入我们每个人的生活，有了更广泛的载体，也有了更多的呈现形式。从综合类到垂直细分，从图文到音频再到视频，从电商平台到直播带货，从知识问答到知识付费，内容每天都围绕在我们身边，与我们每个人息息相关。

内容不光是把我们的所思所想转变成可读可看、可听可视的形式，其功能不局限于此，伴随着社会的进步、科技的发展，在互联网技术的推动下，内容拥有了商业属性。

过去我们说内容，是把对内容的关注放到单独的信息上，认为内容只是我们要传递的信息，只要信息传递出去，内容就算完成使命了。但在数字化商业时代，内容不再仅仅是一个单独的行业或产业，而是一个服务于品牌、企业或个体的基础设施，就像计算机和英语一样，成为人们生活中离不开的必备工具。内容不再是一个单一的物种，而是一个集信息、形式、媒介和背景于一体的综合体（见图 1-1）。

图 1-1　内容的核心要素

信息就是内容实际蕴含和传递的信息，它可以是真实的、实用的、有趣的、丰富的，或是某种组合。比如，你创作的内容，是一个关于如何处理职场人际关系的音频类课程，那么你的内容就是实用的知识类内容。有理论依据，有干货方法，有真实案例。这些信息被传递到用户那里，会产生不同的价值。有的用户想要干货方法，有的用户感觉你的理论依据对自己有指导作用，而有的用户则能够从你的真实案例中看到自己的影子，得到更多感悟。

内容的背景就是内容应该帮助创作者和读者完成什么，内容的目标受众是哪些人，我们为什么要发布这个内容。比如，在小红书发布的某化妆品品牌的种草笔记，想要达成的目标是让尽可能多的用户消费这个品牌的化妆品。所以需要通过内容，让读者了解、认可并喜欢上这个品牌，并产生消费的动机和消费行为。

有时候一个平台的用户群体和平台的风格并不完全一致，造成平台和用户之间有一些错位。没关系，**内容可以拉动平衡，内容也可以创造需求**。我们可以通过内容，来平衡这种风格的不匹配。比如，之前小红书上的用户以都市年轻女性为主，但现在男性用户也占有一定的比例。那么，我们在小红书上进行内容创作时，宣传的利益点既要有针对女性群体的痛点和痒点需求的描绘，又要把男性的利益放进来，给男性用户创造需求，把诸如"化妆品不是女性的专利""他经济时代""送给女朋友的温暖"等概念和信息传递给男性用户，让他们产生购买动机和购买行为。

媒介是内容发布的渠道，内容需要通过哪些平台发布，通过什么渠道传播，对内容最终能够呈现的价值有很大的影响。你的内容发布渠道要与你的内容属性和平台的受众群体保持一致。在发布内容之前，你先要明确内容的目标用户属于哪个圈层，发布渠道的用户画像跟你的目标用户是不是一致。如果放错了地方，即使内容再好也是白白浪费。比如，一些垂直性较强、相对小众的内容，在娱乐型的大众自媒体平台上发布，效果可能并不会太好。反之，娱乐性的内容在相对严肃和专业的平台上也会被排斥。

我有个朋友是做商务培训的，面对的客户多是 B（企业）端大客户，培训内容也相对专业。业余时间，他做了自己的抖音号，想把多年积累的知识以直播的形式传递出去。尽管他把每小时上万元价值的内容做成了免费内容，但他的账号依然没有多少用户关注。运营一段时间后，账号的"粉丝"量就是上不去，他也没了动力从而不了了之，而他的专业内容也被白白浪费了。

本来在抖音做直播也无可厚非，如果是针对 C（消费者）端的摄影、健身、美食等内容，都可以在短视频平台以直播的形式发布和传播。但针对 B 端而且比较艰深的内容，在以 C 端用户为主的自媒体平台发布，就有点放错地方了。

形式同样是内容的一部分，形式的重要性并不比信息本身的重要性差。没有形式，内容中的信息就不容易被人看到。而且，不同的形式带来的效果也千差万别。

同样一条品牌营销信息，如果以文字的形式呈现，可能不那么容易引起用户的注意。因为阅读习惯和阅读时间的问题，文字形式的内容还会在一定程度上减少用户群体的数量。

如果把品牌或产品的信息加上图片，做成图文的形式，就能让用户更加直观地看到产品更详细的信息，增加对产品多方位、多角度的了解。同时，图文带来的视觉冲击也更能引起用户的观看兴趣。如果是视频形式，给用户带来的感官体验会更强。音乐、场景等都能给用户制造身临其境的感受，刺激用户的消费欲望。如果是直播，则增加了和用户的互动，等于把线下实际交易中的场景直接搬到线上，营销效果会更好。

形式让内容的价值得到更精彩的呈现，继而给人们创造需求，引导消费。

2013 年，理工科出身、当过主持人、做过大学老师、喜欢读书的樊登，在通过书籍解决了自己的人生困境后，萌生了一个想法：把自己读过的每一本书，用一种更新的方式分享给更多的人，让更多中国人爱上读书。于是，樊登读书会诞生了。到 2022 年，樊登读书 APP（现更名为帆书 APP）会员人数已突破5 000 万，樊登本人也获得了"年度知道分子"奖杯。

樊登用讲书的方式，把传统的阅读以声音的形式呈现了出来，解决了很多人"没有时间读书、不知道读什么书、读书读不下去、读书效率低"等难题。通过樊登读书，5 000 多万名用户通过一种新的方式开启了自己的阅读之旅。其中很多人因此爱上了阅读，收获了更多信息，拓宽了自己的知识面，给自己的工作和生活带来改变。

无独有偶，同样从电视台出来，爱读书、爱学习的得到创始人罗振宇，也利用得到平台，网罗了不同领域的专家，为用户提供"省时间的高效知识服务"，让很多专业的知识和信息有了另一种传播呈现形式，也让更多人通过另一种新的形式获得了自己想要的内容，形成一场双赢的内容交易。

当然，并不是所有的内容都需要通过直播或视频等方式表现出来，有些内容的信息通过图文形式，让用户慢慢阅读、慢慢理解，更能打动人。

为个体"加冕"，为品牌赋能，为用户提供服务，是内容在商业中体现的功能和价值。这个目标单纯依靠信息的输出和传播很难达成。只有把信息、背景、媒介和形式结合起来，共同作用，形成合力，才能够让内容更有力量。

在内容商业化时代，内容本身不再需要依赖传统媒体的"推送"，仅仅依靠自己就能吸引潜在用户，并借助互联网技术，促进潜在用户与内容发布方的接触，最终达成更深度的合作。只有内容不再仅局限于信息，而是以满足用户需求、实现内容商业化为目标，内容的真正价值才能够得到彰显。

1.2　抓住内容复兴红利

随着互联网尤其是移动互联网的发展，传统媒体仿佛一夜之间就消失了，之前被普罗大众捧在掌上的报纸、杂志，一下子不见了踪影，取而代之的是一系列新的媒体形式。

媒体可能会衰落，但内容总会长青。人们对内容的需求是永恒的，并会随着需求的不断升级而更加蓬勃发展。一个国家（地区）的人均 GDP（国内生产总值）超过 5 000 美元，是人们从物质消费转向精神消费的重要拐点。早在 2011 年，我国人均 GDP 就已经达到 5 000 美元，早就具备了文化消费的基础。所以，在我国，内容消费不再是一个奢侈品，而是一个必需品，成为人们日常消费的一个必要分支。

当前内容的红利期主要源于以下 4 个方面的因素：内容获取成本的降低、互联网的进一步普及、多彩形式提升体验感以及市场对内容创作的包容度（见图 1-2）。

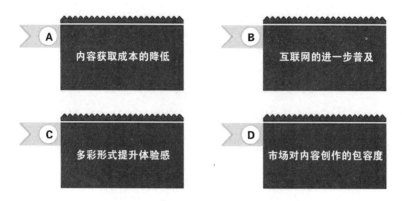

图 1-2　形成内容红利期的 4 个方面的因素

　　首先，用户获取内容的时间和经济成本极大降低。新媒体时期的内容，没有了纸质媒体的排版和印刷成本，而且减少了媒介之间相互转换需要的时间，让用户获取内容的成本降低了。新媒体时期的内容，几乎是即刻产生即刻就能看到，而且很多内容都是免费的，不同于以前的购买或借阅杂志，极大降低了人们获取信息的成本。

　　其次，移动互联网的普及，在方便用户获取信息的同时，也增加了内容消费的人群。中国互联网络信息中心（CNNIC）发布的第 48 次《中国互联网络发展状况统计报告》的数据显示，截至 2021 年 6 月，中国网民规模达 10.11 亿人，较 2020 年 12 月增长 2 175 万人，互联网普及率达 71.6%。

　　武汉大学媒体发展研究中心与社会科学文献出版社共同发布的《传播创新蓝皮书：中国传播创新研究报告（2020）》中的调查数据显示，在 2019 年新增的互联网用户中，40 岁以上的用户人群超过 90%，中老年人成为新增用户的主要来源。这些新增的互联网用户有很大一部分会成为内容的消费者。

　　再次，丰富多彩的内容形式增加了内容的易读性和趣味性，提升了用户消费的体验感，吸引了难阅读文字的部分群体，甚至让部分用户成为内容的创作者。尤其是 AI（人工智能）的出现，给大部分人提供了创作的可能。比如 2023 年 OpenAI 公司的聊天机器人程序 ChatGPT 和百度公司的知识增强大语言模型文心一言，都具有非常优秀的语言理解能力，可以与人类进行自然对话，辅助人类进行内容创作。我们在对话框中输入一些关键词，它们就可以生成与关键词相关的文章、小说、报告、新闻等各种类型的文本内容。

比如对同一主题，AI 可生成文章（见图 1-3），可生成新闻稿（见图 1-4），我们可以看到它们能不知疲倦地不断输出基本符合要求的相关内容。

请以科技、绿色为主题，写一篇100字左右的文章介绍一下杭州亚运会。

杭州亚运会以科技、绿色为主题，展现了亚洲的体育风采。在筹备和举办过程中，绿色理念贯穿始终，智能科技让观众体验升级。作为亚洲最高规格的国际综合性体育赛事之一，杭州亚运会不仅是中国和杭州向世界展示实力的重要平台，也是亚洲体育盛事。通过科技力量的注入和绿色智能理念的引领，本次亚运会将成为一个展示亚洲风采、中国特色和精彩纷呈的体育盛事。

图 1-3　AI 生成的文章

请以科技、绿色为主题，写一篇100字左右的稿件，报道一下杭州亚运会。

杭州亚运会以科技、绿色为主题，将展示亚洲独特的体育风采。本次亚运会是亚洲最高规格的国际综合性体育赛事之一，将为观众带来前所未有的智能科技体验。绿色理念贯穿在筹备和举办的全过程，使本届亚运会成为一次全球体育盛事。观众可以享受智能科技的便利，更可以通过科技的力量欣赏各国运动员的风采，同时，亚运会的举办，也是亚洲体育精神的一次展现，这是杭州亚运会的精彩之处，也是它所代表的独特魅力。

图 1-4　AI 生成的新闻稿

更为重要的是，通过与它们对话互动，我们可以获取难得的灵感和创意，在进行内容创作时，越来越多的人可以思如泉涌、妙笔生花。而且，它们还可以在非常抽象的艺术领域为我们提供帮助。当我们想要创作一幅画时，就可以先让它生成一些素材，为我们提供灵感。

第 48 次《中国互联网络发展状况统计报告》显示，到 2021 年 6 月我国拥有的 10 亿网民中，短视频用户达到 8.8 亿人。而音频内容的出现，则为一部分年轻用户提供了获取内容的又一个渠道，让这些用户的碎片时间得到利用。

最后，市场包容度给了内容服务者更大的空间。用户的需求带来更大市场的同时，内容创作的形式和载体也在不断增加。创作者创作的内容可以是文字或图文，也可以是音频、视频以及其他形式。只要用户喜欢，平台和载体不会在形式上给予过多束缚，给了创作者更大的自由发挥的空间，降低了内容创作的难度。而且，市场对创作者的包容度也非常大，新媒体改变了传统媒体的很多硬性要求，降低了创作门槛，创作不再是专业创作者的专属权利，很多素人创作者也进入内容创作领域，并贡献了一些优秀的作品。

上述都说明内容行业正处在一个创作的红利期，快速进入内容商业赛道，抓住内容复兴后的红利期，是每一个内容行业从业者需要提上日程的事情。

那么，如何抓住内容复兴的红利呢？内容行业从业者可以从用户群体、内容形态和内容本身这三个角度分别发力（见图 1-5）。

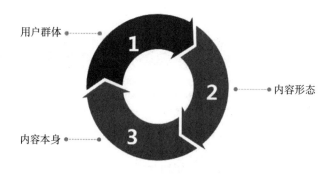

图 1-5　内容复兴红利的三个角度

1）在用户群体上，可以在中老年用户市场上发力，创造一些适合中老年用户的泛娱乐化内容。 中老年用户有一个明显的特点，就是文字阅读能力相对较弱。对于这个群体，以音频、视频为主要形式的内容，会更符合他们的需求。

中国专业移动互联网商业智能服务平台 QuestMobile 发布的《2020 银发经济洞察报告》显示，2020 年 3 月抖音新安装用户中 46 岁以上用户占比达 14.6%，快手 40 岁以上中老年用户占比也提升至 10.3%。在内容追求上，中老年用户对新闻、生活、健康养生类内容会有更多关注。

2）在内容形态上，在图文和视频内容如火如荼发展的同时，立足于"耳朵

经济"产生的有声读物、在线音乐、移动广播、知识付费、脱口秀等形式，也正**在被越来越多的用户喜欢**。在音频类内容中，年轻用户群体占比更高。中老年用户对音频的需求更偏向文娱、曲艺等方面。

艾媒咨询 2021 年上半年的调查数据显示，喜马拉雅、荔枝平台、蜻蜓 FM、酷我畅听、企鹅 FM、懒人畅听都是比较大的头部音频平台。2021 年 1 月，荔枝平台还推出了一款名为"荔枝播客"的垂直类播客内容平台，专注于音频领域细分垂直类内容。创作者在内容创作上，可以参考这几个平台的内容和数据。

3）从内容本身看，垂直和横向需要同时发力。从垂直方向看，当前内容用户圈层分化更加明显，所以，在内容创作上应该针对不同圈层的受众，更加细分和垂直。尤其是专业和小众的内容，需要更加精准地针对某一个圈层的用户创作。在线教育和知识付费满足了人们碎片化学习的需求，未来仍然有很大的市场，但也应该继续往专业方向发展。从横向来讲，泛娱乐化内容一直是大众用户的需求，以短视频为载体的泛娱乐化内容依然会有很大的市场。小镇青年和中老年群体是泛娱乐化内容的主流消费群体。在城市用户中，愿意付费购买音乐和视频类内容的用户还在继续增加。未来几年，音乐、短视频等行业都将处于内容的红利期。

短视频之所以快速发展起来，一个很大的原因就在于其能够给用户带来更丰富的感官体验。在海量的内容喷涌而来的时候，用户希望拥有的，还是能给自己带来良好体验感的内容。这个体验既包括内容本身描写上的故事性、场景感等刺激，又包括通过音乐、画面等形式给用户带来的感官上的体验。更多时候，内容创作者应该综合使用其中的两种或几种形式，给用户带来全面的、沉浸式体验，让用户感觉置身其中、欲罢不能。提升用户体验，才能抓住内容红利。

红利之所以成为红利，是因为它有一定的期限。**抓住了，红利就是在风口上飞起来的机会；抓不住，就只有看别人在风口上飞的羡慕**。所以，如果你希望通过内容变现，马上行动起来。如果你是素人创作者，在市场包容度如此大的红利期，要快速确定自己的定位进入内容领域。如果你已经是相对成熟的内容从业者，在接下来的内容创作上，整体趋势是宜小不宜大、宜短不宜长。无论你是做专业内容，还是娱乐和生活服务类内容，都要往细分领域去着眼。专业内容做得要更垂直，娱乐化和生活服务化内容则重在抓住生活中的小细节。内容在体量上不要太长，1分钟之内的视频更容易被用户喜欢。当然，如果你有足够多的内容，中长视频也有不小的市场。

你方唱罢我登场，从传统媒体到新媒体，内容不过换了一种形式重新上场。但内容的核心内涵没有变，甚至比之前变得更丰富多彩。生活于新媒体时代的用户，有了更多的需求，也从内容中得到了更多的价值。内容的创作者和服务者，也有了更大的发挥自我的空间。在这个缤纷多彩的舞台上，挥斥方遒，尽展才华。

1.3 构成内容商业的关键要素

内容进入商业，内容的功能和价值、意义都发生了变化。从单纯的信息传播、娱乐教化功能，到作为一个产品，满足用户各种各样的精神需求，以及作为一个工具，和万事万物连接，辅助其他事物产生商业上的价值。进入商业的内容变得不同于以往，并在商业的版图中形成自己的板块——内容商业。**内容商业既是一个单独的从产业到商业的过程，又是一个将内容服务于产业的过程**。在此，我提出自己对内容商业的理解。

内容商业，是集信息、形式、媒介和背景于一体的综合体，其运作过程包括策划、创作、呈现、运营、变现、交付和维护用户关系、团队组建，其相连接的关键要素包括媒体、企业、品牌、用户等，共同组成物联网上的一个部分和节点，提供情绪和商业方面的多重价值，并最终打造出个人和企业的品牌资产。

内容商业 =（用户需求 + 生产者创作）× 品牌方推动 × 平台布局

——沈超

要完成内容的商业运行，有 4 个关键要素是不可或缺的，即用户需求、平台布局、品牌方推动、生产者创作，这几个关键要素互相连接、相互推动，共同在商业中成长（见图 1-6）。

图 1-6　内容商业 4 个关键要素

1.3.1　习惯云消费的用户是内容商业的基本盘

有需求才会有市场，用户需求永远是商业的第一生产力。在内容复兴的红利期，持续增长的用户需求是推动内容商业持续发展的基本盘。而用户需求增加的一个大背景，就是移动互联网基础造就的"云消费"风潮。随着移动互联网的普及，我国网民的数量也基本达到顶峰。新榜发布的《2021 年内容发展趋势》报告显示，目前微信公众号月活用户有 12.13 亿人，实际的网民人数可能还要多。网民正在逐渐习惯互联网消费，也就是云消费。

最早的云消费立足于互联网和电商平台，"6.18""双十一""双十二"这些突然出现的"节日"是互联网用户为电商贡献流量和财富的标志。随着移动互联网的兴起和发展，云消费不再仅限于网络购物，点餐、买菜、买药、送礼物、送祝福、跑腿闪送等各种各样的线上消费迅速走进千家万户。

2020 年年初的新冠病毒暴发让不方便出行的人们把大多数生活消费都转到了线上。春节期间表达新年问候的云拜年、从 APP 上寻医问药的云看病、居家隔离的云办公、学生线上学习的云课堂……云服务、云消费几乎成为生活常态。即使居家隔离的生活结束了，不少用户也逐渐把云消费当成了习惯。

用户在云端消费，内容在现实中变现。无论是实体消费还是知识娱乐类的内容消费，所有这些云消费，本质上都是建立在内容的连接上。通过内容的解读、引导等，帮助人们通过云消费，满足自己的需求。

流量走到哪里，哪里就是商业的黄金地段。当用户走到线上，进行云端消费的时候，在云端作为"基础设施"并服务于品牌、企业和个人IP（知识产权）的内容，便成为这些用户的重要消费对象。所以，从内容商业的角度来讲，习惯云消费的用户构成了内容商业的基本盘。

1.3.2 平台瞄准泛知识赛道快速进入商业化

用户的需求就是平台和创作者行动的机会和指示。当用户更多开始在线上进行消费时，众多媒体平台都看到了这个机会，纷纷开始布局线上内容。相比较而言，云消费用户对内容的需求很大一部分是泛知识类型内容。

所谓泛知识，就是不够系统、不够深度的知识。比如，你懂一点历史，对各个朝代的是非功过讲得头头是道，也读过一些帝王将相的传记，但对历史其实没有太多深入的研究；或者你关注航空航天知识，甚至知道一些别人不知道的"冷知识"，但其实对航空航天真正的核心并不了解。这些知识因为让人知道而感觉满足和欣慰。

虽然有些专业人士认为，泛知识会给人造成一种假象，让人们认为自己已经懂得很多，从而不再进行深入的学习和探索。但这种泛知识内容给人们带来的新鲜感和成就感正是其愿意接受的状态。

《2020年中国移动互联网内容生态调查报告》的数据显示，2020年，用户对娱乐型内容的需求下降了3.2%，对科普、新闻、严肃话题等知识型内容的需求上升了21%，对生活技能、课程学习、健康防护等实用型内容的需求上升了16.7%。用户对内容的需求，开始转向泛知识类型（见图1-7）。

上升了21%
对科普、新闻、严肃话题等知识型内容的需求

上升了16.7%
对生活技能、课程学习、健康防护等实用型内容的需求

下降了3.2%
对娱乐型内容的需求

图 1-7 用户对泛知识内容的需求比例变化

到 2021 年，泛知识付费行业稳定发展，市场规模逐年攀升，来自创业邦的调查数据显示，到 2021 年 10 月，全国知识付费企业共有 3 763 家。与此同时，资本也开始布局新兴领域的泛知识赛道，在新技术的带动下，行业基础设施不断成熟，产品载体和应用场景趋向多元化。

内容的目的是满足用户需求，而平台的目标是瞄准内容市场。为了迎合人们的这种需求，从 2021 年开始，各大短视频平台开始纷纷布局泛知识赛道。

《2021 抖音泛知识内容数据报告》显示，2021 年抖音上泛知识内容的播放量已占平台总播放量的 20%，同比增长 74%，成为最受用户欢迎的内容之一。2022 年 1 月，抖音正式推出"学习频道"，并可以自己把学习频道设为常驻入口，继续拓宽平台泛知识赛道。来自快手的《2021 快手内容生态半年报》则显示，快手平台增长最快的 5 类短视频分别是：法律、科学、财经、资讯和历史。而《2021 B 站创作者生态报告》（哔哩哔哩简称 B 站）给出的数据是：涵盖生物、医学、历史、文学等多个专业的知识领域创作者规模同比增长了 92%，学习人数突破 1.83 亿（见图 1-8）。

01 抖音
泛知识内容播放量占平台总播放量的20%，同比增长74%

02 快手
增长最快的5类短视频分别是：法律、科学、财经、资讯和历史

03 B站
泛知识涵盖生物、医学、历史、文学等多个领域，学习人数突破1.83亿

图 1-8 2021 年短视频平台泛知识内容对比

短视频内容平台入局泛知识赛道，打破了平台"过度娱乐化"的生态布局，让用户在享受娱乐的同时，也能得到知识和技能上的提升。同时，平台借泛知识赛道，发力PGC（专业生产内容）进入视频领域，为平台搭建牢固的护城河，让越来越多知识达人加入到短视频和直播传播知识的队伍中。

而平台在发力PGC的同时，还可以与平台用户实现内容共创，即UGC（用户生成内容），实现泛知识内容的破圈。这样不仅可以更好地满足用户的泛知识需求，也更容易形成大众对平台品牌的认知和依赖。

目前大部分泛知识视频的盈利模式主要还是集中在广告、直播带货和知识付费几个方面。而这些远远不能满足用户的需求。当前主流的泛知识用户群体，是新增的40岁以上移动互联网用户群。随着这个群体的增加，视频平台也在调整自己的内容模式，提供更多元的泛知识短视频来留住用户。在消费升级的大趋势下，泛知识内容也成为视频赛道的新增量。

1.3.3 品牌方推动内容商业快速发展

用户有需求，平台同时发力，品牌方自然不会错过这个难得的机会。在内容进入商业这个大环境下，品牌方纷纷下场，成为推动内容商业快速发展的推动力。品牌方主要在两个方向发力：品牌营销和广告变现（见图1-9）。

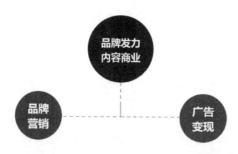

图1-9　品牌方发力的两个方向

2021年年初，美妆品牌完美日记联合新世相，共同打造了新年剧情短剧《老妈出逃记》。短剧的剧情非常简单，事业有成的女儿发现妈妈偷偷瞒着自己要去三亚见网友，在与妈妈争执的过程中，妈妈道出了自己的孤独和对美的追求，女儿也从妈妈的自媒体上知道了，原来妈妈要见的是自己的初恋。最终，女儿理解了妈妈，并帮助妈妈修改了年轻时候最喜欢的小洋裙。短剧最后，女儿在送妈妈去三亚的车上，送给妈妈完美日记的化妆品作为礼物，并当场给妈妈涂上口红。

一个十几分钟的短剧，演绎了一个完整的故事，触动了很多人的泪点，让很多年轻人想起了自己的父母。这就是内容的魅力所在。这个案例在新榜主办的2021 年金奖榜单中，获得美妆日化品类金奖。

品牌营销之外，品牌广告也是品牌利用内容做推广的一个重要手段。品牌做广告有两种方式，一种是品牌借助内容平台的流量插入自己的广告，另一种就是品牌本身的广告内容。前者没有太多可介绍的地方，而后者则有着很大的学问。

传统的品牌广告更多的是一句广告语，广告语强迫性地侵入人们的大脑，有时候确实能够形成不错的效果，但也常容易引起用户的反感，如被无数人诟病的"今年过节不收礼，收礼就收脑 ×× 金"。

品牌做广告，更应该根据用户心理，做出真实性、故事性和场景化。**好内容自带传播力，有好内容才能有好生意。**优质的广告内容常常可以传递一些有内涵的思想和观点，给大众带来启迪，引起共鸣，让用户喜欢。比如，网易云音乐的地铁广告文案"祝你们幸福是假的，祝你幸福是真的""如果每个人都理解你，那你得普通成什么样子"等，都能引起很多用户的共鸣。

当前内容已经不再是一个单纯的产业和行业，而是具有了支撑其他产业共同发展的功能，成为一个支撑其他产业的"基础设施"。

1.3.4　生产者也是消费者，"产销合一"让内容生意贴近群众

无论是用户、平台还是品牌方需要的内容，最终的内容创作都需要内容创作

者来完成。传统的内容生产，需要专业的内容创作者，一方面内容的产量有限，一些需要内容支持的地方得不到应有的支持；另一方面，一些优秀的内容创作者也有可能被埋没。

当前内容行业的市场包容度非常高，平台方对创作内容的门槛要求也比较低，尤其是短视频平台的发展，让很多素人创作者也加入到内容创作行列。素人创作者创作的内容往往更接近生活、更接地气，自然也更被大众喜欢。尤其是一些反映乡村生活的视频，很受三线以下城市和乡村用户的喜爱。

新播场搜狐号统计的 2021 年抖音、快手年度涨粉总榜显示，涨粉速度位列 TOP30 的账号中，记录乡村类及农村美食的账号就有 4 个，分别是排名第 16 位的"康仔农人"，排名第 17 位的"张同学"，排名第 22 位的"牛爱芳的小春花"以及排名第 30 位的"潘姥姥"。其中，辽宁营口的"张同学"涨粉最快，从 10 月初开始发布视频，仅仅靠 38 个视频就涨粉 500 多万人，到 12 月底，"粉丝"量已经达到 1 763.2 万人，被称为"粗糙版的李子柒"。

因为与自己的生活更加接近，用户能够从中看到自己的生活，所以会更加喜欢。视频的点赞、分享和账号"粉丝"的数量都增加得很快，更容易在短时间内成为爆款。

平台门槛的降低，素人创作者的加入，使得人们在消费内容的同时，又是内容的创作者，形成"产销合一"的局面。

因为被利用，所以有价值。在这个内容商业闭环中，用户、品牌方、平台和内容行业从业者，每个角色都在为其他角色服务，也在服务中提供自己的价值，同时收获自己的利益。内容行业从业者借助平台，利用内容为品牌方提供服务，满足用户的需求。反过来，用户和品牌方从内容中获得自己需要的价值，通过流量和利益的形式，反哺内容行业服务者和平台方。在这个商业链条上的每一个环节、每一种角色，都是一个重要的存在。

1.4 内容商业中的文化和品牌

无论是作为一个商业还是一个产业，内容都不是一个独立的存在。内容有它需要依附的载体，也有它需要服务的对象，只有和这些东西在一起，内容才能显示出其应有的意义和价值。从内容向外看，和内容关系密切的，就是文化和品牌。

我们常常会讲我们的地域之间、民族之间会有不同的文化，但我们对文化的认知基本上是模糊的，没有几个人能说得清楚文化到底是什么。曾有著名文化学者给文化下过一个定义：**"文化，是一种成为习惯的精神价值和生活方式。它的最终成果，是集体人格。"** 也就是说，文化其实是一种约定俗成的集体人格，包含着人们的生活方式、消费习惯、风俗、审美、价值观和信仰等。

文化是一种社会现象，也是一个社会的趋势和导向，是一个社会能够持续发展的真正动力。文化引领社会前行的方向，也引导内容的走向。内容必须植根于文化的土壤，才能有根基、有力量，也才能被民众所接受和喜欢。文化是内容的灵魂，而内容则有着更强的技术性。通过科技的方式，让内容变得更丰富、更好看。**文化通过内容的形式表现出来，再反过来给内容以滋养。**

新榜对 2021 年中国文化产业进行了梳理盘点，总结出 12 个热点现象[一]：元宇宙、NFT（非同质化通证）、文化振兴乡村、数字文化、传统文化"活化"、虚拟数字人、直播电商、游戏电竞、沉浸式娱乐、亚文化"破圈"、快文娱、私域流量。

下面来分析这 12 个热点现象的背后原因。

[一] 虽选取 2021 年数据，但代表了近 3 年趋势，其中元宇宙、数字文化等现象依旧火热，微短剧、AIGC 技术等现象兴起。

"元宇宙、NFT、数字文化和虚拟数字人"，这是几个代表科技和未来的现象。科技和未来孕育着我们的希望，是整个社会尤其是年轻群体喜欢并愿意关注的地方。依托于互联网而生的数字文化和虚拟世界，带给人们的是新奇和未来，是年轻人向往的地方。

2021年10月29日，脸书（Facebook）创始人扎克伯格宣布，脸书将正式改名为 Meta（元），并在全球范围内掀起一股元宇宙热潮，我国各领域的行业巨头，也开始纷纷布局元宇宙，游戏、社交、娱乐、教育、内容、消费等领域都开始加入元宇宙的元素。

借用一句话：**"未来已来，只是分布尚不均匀，那我们就到未来浓度最高的地方去。"**代表互联网和科技的数字文化已经在未来等我们，而我们的内容也带着强烈的愿望，向着这个方向奔跑。接下来元宇宙等新科技，将会带来互联网和文化产业商业化模式的升级和市场空间的巨大成长。

在发展新事物的同时，人们也一直有对传统文化的重视和追随。传统文化"活化"和文化振兴乡村，正体现传统文化的回归和发扬。随着国家的日益强大，越来越多的年轻人从意识上向传统文化回归，把目光转移到弘扬传统文化上。利用现代互联网平台和技术，为传统文化"加油打气"，甚至把传统文化发扬到国门之外，让世界范围内更大的群体见识到中华文化的魅力。

"90后"川妹子李子柒，凭借自己拍摄的传统美食短视频，不但获得我国成都"非遗"推广大使称号及新浪微博十大美食红人奖，还在国外 YouTube 平台上获得白银和烁金创作者奖牌，并在2021年2月2日，以1410万人的 YouTube 订阅量刷新了由其创下的"YouTube 中文频道最多订阅量"的吉尼斯世界纪录。而众多来自乡村的"张同学们"，则利用抖音、快手等短视频平台，把最真实、最接地气的生活细节，展现在人们面前。

新榜调查数据显示，2021年上半年抖音平台上，与"乡村"有关的内容数据中，被用户评论为非常好看的占 74.4%，比较好看的为 23.2%，一般好看的占比 2.4%（见图 1-10）。

关键词	播放量	点赞量	评论量	分享量
美丽乡村	46.2亿	1.32亿	2050万	490万
城市融合发展	1200万	10.7万	1.2万	1.7万
乡村非遗	115万	1.7万	0.3万	0.3万

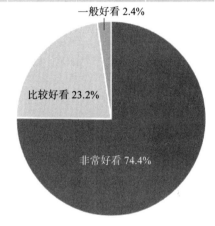

图 1-10　2021 年上半年抖音平台"乡村"内容数据

从 2020 年开始的新冠病毒暴发，不但影响了人们的身体健康，还给人们带来了更多经济和精神上的压力。关系变化、经济受阻以及随之而来的失业、国际局势的紧张等，让整个社会的文化氛围处于焦灼状态。

在这样的社会环境下，追求内容的功能性价值不再是人们的主要需求，在满足功能需求的基础上，人们需要更多精神方面的满足。游戏电竞、沉浸式娱乐、亚文化"破圈"和快文娱有着更强的娱乐性，成为工作生活压力下人们缓解身体和心理压力的一种重要方式。前面提到的文化振兴乡村以及传统文化"活化"，山水田园、民风民俗、传统美食等内容，也同样具有让人轻松愉悦的效果。

物质利益是人们永远不变的追求，只是不同的时代，人们获取物质利益的渠道不同而已。"直播电商和私域流量"更在于经济方面的务实，把陌生变成熟悉，把公域变成私域，最终完成流量变现，满足人们物质方面的追求。

亿邦动力研究院《2021 垂直类电商私域化洞察报告》显示：当前市场上有 80% 的品牌都布局了自己的私域营销，剩下的 20% 中，有 10% 也有未来布局私域的打算，只有 10% 的品牌不打算在自己的私域做营销（见图 1-11）。

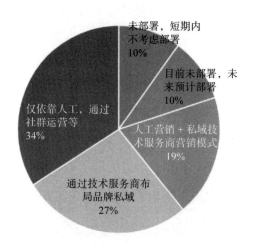

图 1-11　2021 年品牌主私域营销布局情况

文化之外，品牌也是与内容密切相关的一个元素。品牌是消费者对一个产品或一个产品系列的认知程度，"现代营销学之父"科特勒在《市场营销学》中给品牌的定义是："品牌是销售者向购买者长期提供的一组特定的特点、利益和服务。"

在内容商业中，品牌是内容的服务对象，也是内容变现最重要的来源。无论是企业品牌的宣传推广，还是个人 IP 的打造，都需要内容作为工具来支持和辅助。

品牌内容营销是依靠内容帮助销售最重要的部分，在内容商业化时代，几乎所有的品牌都会做内容营销。当前的品牌营销花样百出，但好内容永远是最稀缺的资源。好的品牌营销策略一定是建立在好内容的基础之上的，既要抓住用户痛点，又要反映出品牌的应有价值。

从传统媒体时代进入新媒体时代，品牌营销的内容也更多从图文形式转向多媒体形式。用直播的方式进行品牌"种草"和带货，让用户更直观地获取品牌更多有价值的信息，可以为品牌建立更大的内容营销长尾，将用户对主播的信任，转移为对品牌方的信任，多维度产生长尾效应。

内容营销之外，借势内容平台的流量、插播品牌广告，是品牌和内容衔接的另一种方式。无论是微信公众号、头条号的图文内容，还是抖音、快手这些短视频平台的视频内容，乃至知识付费内容，只要是流量足够，品牌方都可以借助内容带来的流量做广告。和插播硬广对应的，是通过微信公众号或其他平台做软文推广。这种方式是把广告埋藏在内容中，通过内容带出品牌，润物细无声地让用户了解产品和品牌。

内容为品牌提供服务，反过来品牌也推动内容进入商业。在内容商业中，内容和品牌本身就是一种无边界状态。二者相互融合、互相作用，成为内容商业的一个重要组成部分。同时，内容在服务品牌的过程中，也完成了自己的蜕变，从单纯的内容变成内容商业。

文化和品牌都不属于内容，但又都属于内容的一部分，是内容向外的扩展和延伸。**内容植根于文化，文化通过内容得以弘扬；内容为品牌服务，品牌又借助内容发展**。内容是一个产业，也是一个工具，最终更是一种商业模式。在万物皆内容的时代，内容是商业的根本。进入商业的内容才得以在用户的需求中，在品牌的磨砺中，得到成长、发展和壮大，完成它从单纯的产业业态到商业业态的转变。

作为内容从业者，既要有产品思维，又要有用户思维，躬身入局扎根其中，了解他们的需求，成为他们的朋友。当你做得比别人好那么一点点的时候，用户也会以最大的善意来回报你，完成真正的商业闭环。内容商业模式已然开启，让我们一起出发，共同打造这个业态环境！

第 2 章　内容商业战的作战计划

分众传媒董事长江南春曾说过，真正的商业之争，其实是消费者的选择之争。作为一个特殊的商业业态，内容商业也面临着一场创作者争夺消费者的商业战争。随着内容市场的进一步成熟和发展，这场战争更可能成为一场"神仙打架"。能否在这场战争中成为赢家，就看各位如何大显神通了。

2.1　商业闭环是内容商业得以持续的基础

内容本身还是一个产品，作为一个产品进入商业，内容需要完成从内容创作到内容的管理运营，然后到被消费者消费实现变现，再通过用户反馈做出调整和迭代，乃至到后期的客户关系的维护等，这所有的环节，组成一个完成的商业链条，形成内容商业的闭环。**形成闭环才能进行循环，产生循环，内容才能持续实现变现，这才算是真正的内容商业的本质。**

所谓商业闭环，就是以用户需求为核心，围绕用户一系列关联性的消费需求，提供一系列产品来满足这些需求，提供一站式服务。为用户提供更优质的消费体验，以此完成对用户的深度绑定。在内容商业的闭环中，根据内容的形式，以及市场和用户需求，会有不同的环节出现。但最基础的应该包括内容创作、管理运营、消费变现、关系维护这四个环节（见图 2-1）。

图 2-1　内容商业闭环

1. 内容创作

得到 APP 上的很多课程都很受用户欢迎,除了课程内容本身的价值之外,得到 APP 的研发团队通过管理内容,让内容更符合受众群体口味,平台通过宣传运营给课程引流,用户订阅变现的便利性、订阅时的折扣福利,以及 PGC 及平台对用户购买课程之后在留言区反馈的互动和回复,都是促使用户继续留下来,购买该创作者的其他课程以及平台其他课程的动力和理由。

其他内容也是如此,短视频的标题、内容、画面展示、音乐搭配,直播中主播的语言、互动、氛围等,都会影响用户的消费以及消费后的复购。

创作和生产是内容商业的基础和根本,要想通过内容本身吸引并留住用户,需要从内容的深度和广度两个角度同时发力。也就是专业创作者可以做更垂直、更细分的内容,以适应不同圈层用户的需求,让对内容有深度需求的用户被吸引并进行深度绑定。而素人或非专业创作者,则可以在内容的广度上,增加内容的多样性,开创更多的形式,吸引对泛知识、泛娱乐、泛内容有需求的大众用户,同时实现新用户的进入和老用户的留存。

2. 管理运营

内容的生产完成只是第一步工作,还需要对内容进行管理和运营,来适应市场和用户的需求。在内容的运营管理上,一方面在策划选题时,需要更充分尊重用户的建议，给用户制造参与感和成就感，让用户为自己的内容买单。另一方面，利用热点、戳中痛点、制造痒点，给用户带来更高的价值感和舒适感，也是吸引用户流量留存的一个重要手段。而对内容的解读，并进行推广和传播，是通过运营吸引流量最重要的渠道。

2020 年 4 月"世界读书日"之前，得到 APP 的创始人罗振宇出了一本新书——《阅读的方法》，作为合伙人兼 CEO 的脱不花，为他的新书写了序言。脱不花的序言写得非常有意思，关于这本书的价值她没有说太多，而是从另一个角度提出，"不要把读书太当回事儿，随便翻翻、到处戳戳"。不要把这本书放到书架上高高地供起来，而是随便扔在床头、餐桌甚至卫生间，有个三五分钟的时间，随便躺着读、趴着读、跷着脚丫子读……总之就是不要正襟危坐地读。怎么舒服怎么来，怎么开心怎么来！最后脱不花说，这些乐子都来自这本书。

脱不花的这个序言，就是为《阅读的方法》这本书做的内容推广，不但戳中了用户的痛点——想读书却读不下去；又制造了痒点——在任何时候、任何地方以任何方式随便戳戳就能有所收获。

内容的运营管理，不只是有用户裂变，还有平台的衍生。内容在更多的平台发布，才能吸引更多的用户，形成真正的市场化传播，实现其商业价值。

3. 消费变现

内容商业的目的就是实现内容的消费变现，所以，变现是商业闭环中真正体现内容商业价值的部分。变现需要内容的吸引、需要对内容的运营及管理，还需要后期用户关系的持续维护，保证用户的复购率。这些功课之外，还需要给用户一个消费入口，引导用户完成消费。

在线上内容消费中，这个消费入口就是电商和知识付费平台网页上的"一键购买"按钮。"一键购买"的形式可以有多种多样（见图 2-2），但无论什么形式，目的都是让用户能够用极简单的方式一键完成购买，避免用户中途流失。

图 2-2　不同平台的"一键购买"按钮

4. 关系维护

用户是任何商业得以继续的保障，用户关系的维护在任何时候都不能忽略。用户关系的维护需要从用户反馈开始。无论哪种形式的内容，内容发布后，评论区都会有用户的评论。评论包括对内容观点或价值的认可，或因此引发的问题，内容没有满足的需求等。对这些评论和反馈的及时回复和满足，都会提升用户体验，增加用户满意度。而通过评论区用户反馈，对内容进行迭代和更新，给用户提供更优质的内容，则是对用户反馈最好的回报。在根据用户评论对内容进行更新迭代之后，内容的商业模式才算真正完成。

从本质上说，所有商业都需要形成一个闭环，完成从用户需求到用户满足，然后到用户再需求再满足的循环。在内容商业的整个闭环上，从内容创作、到运营管理、消费变现再到用户关系的维护，每个环节都不是独立存在的，需要互相连接，相互促进，同时也会相互牵制。而一个好的模式，则是让闭环上的每个环节匀速发展，蓬勃生长。

在内容商业运行的过程中，闭环上的任何一个环节都很重要，都有其自身的不可替代性。所以在操作过程中，我们不能单独强调某一个环节，希望通过某一个环节的强大来取胜。比如单纯强调内容本身，不关注用户需求痛点，是一些专业内容不能赢得市场、赢得用户的问题所在。而单纯以热点、痛点吸引眼球的文章标题，也很难真正让用户消费内容。过度宣传效果的品牌广告、电商文案，以及直播带货中为了引流随意夸大产品效果的内容，也都不能真正留住用户。而用户购买课程后不能对用户的反馈给予及时的回复和补充，也会导致用户不会复购下一门课程。

商业的本质是交易，而闭环是交易持续的保障。从一个环节的成功开始，推动下一个环节，多环节同时进行，最终推动整个链条循环起来，商业模式得以正常运作。

2.2 内容商业战，从内容策略开始

我们不仅需要完成内容的生产和发布，还需要提前制订一个完整的、详细的、能够持续循环下去的作战计划，也就是内容策略。内容策略是对内容的整体规划，没有内容策略，我们的内容运营就没有前进的方向，在创作和发布内容的时候，就很容易被外界随时出现的新鲜事物扰乱了视线，生产出不符合自己预定目标的内容。**谋定而后动，有了内容策略的谋，后期内容的生产、管理、分发、变现等行动，才能动得有底气、有力度**。内容策略不是一个步骤，而是一个持续的过程，即将当前的业务目标转化成一个详细的作战计划（见图 2-3）。

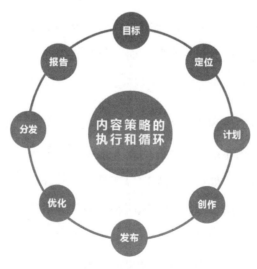

图 2-3 内容策略的执行和循环

1. 制定内容策略

1）目标。制定内容策略之前，需要先确定一个组织或账号需要达成的目标。设定的目标可以是一个长远的目标，比如半年或一年的时间内达到多少"粉丝"量、实现多少的转化率等。

同时我们还可以根据当前所处的阶段制定一个阶段性目标。比如，业务开始之初的目标是涨粉，涨粉之后的业务目标可能是做品牌宣传、曝光品牌，也可以是接广告、卖货变现等。在账号的成熟期，有了一定的变现基础后，业务目标还可能会有变动，如用户关系的维护等。

目标确定后，我们要做的就是目标的具体计划和执行，比如涨粉期间，需要完成的就是用户的拉新、盘活和留存。在此基础上，我们需要制订具体详细的计划。诸如需要发布哪种类型的内容、发布周期、发布平台、需要达成的 KPI（关键绩效指标）等环节，都需要有具体的规定。比如，我们要做一个小红书账号，希望达成的目标是在半年内涨粉 20 万，那么在内容策略中，给内容定的 KPI 就是新增 20 万"粉丝"。

2）定位。定位就是确定内容的类型和账号的人设。内容类型包括内容覆盖的领域及内容呈现的平台和形式。比如，在小红书开教育类账号，或者在抖音开健身类账号。初期进行内容定位的时候，可以根据自己的特点和专长多尝试几种，找到更合适自己的定位。定下来之后就尽量不要再改。账号的人设要和创作者的属性、内容的类型相一致，而且，一旦确定下来，就不要再轻易改变。

3）计划。定位确定后，还需要制订一个详细的行动计划。比如，如何建立自媒体矩阵，从哪个平台切入，内容发布的时间和频率，图文笔记和短视频的阅读量应该达到多少，一个月应该增粉的比例是多少等，后期严格按照行动计划执行。

4）创作。创作就是创作团队根据定位确定更多内容类型，按照预定的执行计划编辑文案或视频内容。

5）发布。 内容完成后要根据之前制订的计划，在预定平台进行发布。比如，在微信公众号、头条号、搜狐号、企鹅号等自媒体每周发几篇图文，在小红书等平台每周发几篇笔记，在抖音发几个视频等。

6）优化。 内容发布后，平台和用户都会有反馈数据，需要根据这些数据，对内容进行进一步优化调整。优化和调整也分两个方面：一是，平台方会对内容进行审核，在审核的过程中，会反馈平台的要求，以及现有内容和平台要求之间的差距。诸如哪些内容不能在平台发布，哪些内容容易引起歧义，什么样的内容容易被推荐、哪些内容更容易被用户搜索等。比如，标题中出现了敏感词语，导致文章不能在某些群体中推送；或者内容标题与内容不符，平台推荐时容易造成归类错误，不能精准推送。根据这些反馈和差距，对后期内容进行调整。二是，后台用户数据，也会给内容的调整提供依据。对数据的分析，可以看出用户对内容的偏好，继而根据用户偏好，对后期内容进行调整。

7）分发。 将内容发布在平台上之后，接下来我们需要考虑的是内容的分发渠道。内容要通过哪些渠道进行分发，需要根据内容属性和用户属性来确定。内容的分发渠道可以非常多，百家号、头条号、企鹅号、搜狐号等自媒体平台；百度知道、悟空问答、搜狗问问等问答平台；知乎、简书、豆瓣和各类博客等社区；百度文库、360doc等文档共享平台；抖音、快手等平台；优酷、腾讯等视频平台……这些外部平台都可以作为内容的分发渠道。公司官网、公司内部和产品或内容相关的栏目、官方微信公众号或微博、工作微信、朋友圈和行业社群等内部渠道，则是内容必须分发的渠道（见图2-4）。具体选择哪些渠道，还需要根据内容的风格以及渠道受众来确定。

8）报告。 制定好内容策略之后，我们要绘制内容策略执行图，也就是形成报告形式的存档。如果再详细一些，可以做成具体的计划清单，把每个环节的具体执行操作步骤、人员、目标等都列出来，更能保证策略的执行。比如，第一个

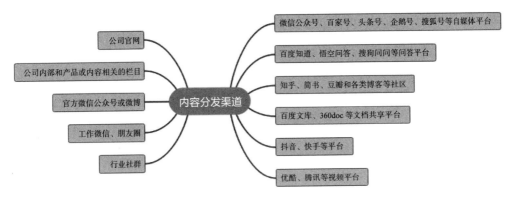

图 2-4 内容分发渠道

月的计划目标是什么，创作什么类型的内容，创作团队负责人是谁，在哪些平台发布，通过什么渠道分发，用户的反馈和优化策略是什么样的，把这些都记录下来，最后形成完整的报告。

内容策略的开始要在内容写作之前，在目标确定后就应该有一整套内容运营策略记录在案，而不能够在内容发布之前临时确定。当然，有些突发的新闻事件、热点事件可以作为临时内容加上，但内容策略中，不能依赖这些临时内容。

2. 执行策略

策略制定后的执行，也是内容策略的一部分。比如，公司内部的沟通是不是畅通，部门之间的配合是不是协调，相互之间有没有冲突，等等。这些都需要我们在制定内容策略时考虑到，并把相关渠道打通，保证所有人员、部门和平台媒体都能够提供足够的支持。

在当前的内容商业进程中，优质内容层出不穷，内容之间的竞争也进入白热化阶段。要想在竞争激烈的市场上站稳脚跟，策略对于内容的重要性不言而喻。**策略是从更高维度思考，要在考虑全局的基础上对内容做整体策划。维度够高，策略才能更全面；同时，策略又是一个需要深入到每个细节的计划，扎得够深，计划才能做得更详尽、更细致。做好策略，既要站得高，又要扎得深。**

2.3 有的放矢，促进营收增长的 4 个关键目标

内容商业的最终目的不是内容进入商业，而是要在商业中完成顺畅运行，实现内容变现，呈现出内容的商业价值。要想达成这个目的，在内容商业运行的过程中，我们需要侧重于几个关键目标。这几个关键目标就是"粉丝"增长、品牌曝光、消费变现和回馈老用户（见图 2-5），这 4 个关键目标如何对营收增长产生作用，可以总结为一个公式：

营收增长 =（"粉丝"增长 ÷ 品牌曝光）× 消费变现 + 回馈老用户

图 2-5 营收增长的 4 个关键目标

1."粉丝"增长

流量是商业的基础，也是内容商业能够存活并持续运行下去的最重要的影响力。所以，涨粉是内容运营期间第一个需要关注的关键目标。

"粉丝"的运营包括"粉丝"的拉新、激活和留存。在账号运营初期，"粉丝"增长主要来自"粉丝"的拉新。也就是吸引新"粉丝"到你的账号。对"粉丝"的吸引包含两个方面：一是内容吸引，二是营销吸粉。

1）内容吸引。内容提供价值，用户需要价值。内容吸引用户，是一种你有需求我有供给的关系，而其中最重要的，是内容提供的价值正好是用户需要的。**你需要的正好是我想给的，彼此之间的配合才能珠联璧合。**所以，依靠内容吸引用户，一是要**关注平台的用户属性和内容的语言风格**，依次找到用户的喜好和需求。比如，用户的地域、年龄、职业、受教育程度、收入等，根据用户属性分析

出他们的喜好并满足。比如，你在小红书发布一篇品牌种草文案，那么，你可以根据小红书的用户偏女性、偏年轻、偏时尚的特点，用更适合年轻女性风格的语言来撰写文案；如果你需要在知乎做一个同品牌同内容的推广文案，则需要语言的逻辑性强一些。

二是，内容要**有自己的独特性**。比如，你想做一个母婴育儿博主，你不能泛泛地发一些大家都发过的内容，而是要与众不同。比如，你去观察身边那些天天看育儿短视频的妈妈，她们还有什么困惑或问题，这样你就能发现别人没有看到的点。或者，如果其他人的育儿账号采用的多是讲道理的方式，你能不能直接换成故事，以及和孩子对话的方式。当一样的道理通过不一样的人讲出来的时候，产生的效果也会不一样。比如，2021 年涨粉最快的短视频账号中，记录原汁原味乡村生活的"张同学"比较有特色。

2）营销吸粉。内容吸粉之外，账号还需要运用一些营销手段来吸引"粉丝"。线下的扫码送小礼物、内容结尾引导、朋友圈集赞、朋友圈和社群转发送福利、直播间"粉丝"数达到多少有福利等，都是我们常用的通过营销手段吸引"粉丝"的方法。比如，"想要了解更多相关内容，请关注×××账号。""'粉丝'到 10 万的时候我们发福利"等。账号要涨粉，还可以通过 @ 官方账号，比如，在小红书上 @ 薯队长 @ 日常薯 @ 生活薯等，增加被官方推荐的概率。

和朋友圈、公众号、社群这些私域分享涨粉对应的是利用其他公域平台分享自己的内容。比如，同一个内容的短视频，你可以发送到抖音、快手、视频号、小红书等不同平台。这样不但可以在不同平台涨粉，还能通过对不同平台用户的分析，发现不同平台的用户偏好，并有针对性地进行内容调整。

2. 品牌曝光

内容能给品牌提供更丰富的内涵，品牌借助内容能得到更多维度的呈现。内容与品牌的合作，是内容实现商业化的另一个重要途径。品牌内容营销和品牌广告，是内容与品牌合作进入商业的两种方式。这两种方式，都是通过内容服务品牌，增加品牌曝光，让用户更多关注品牌，并最终在品牌方产生消费。

1）品牌内容营销。内容营销是把内容作为工具，通过内容的描述，把品牌或产品最独特、最亮眼的特点凸显出来。品牌故事、KOL（关键意见领袖）小红书"种草"等，都属于内容营销的范畴。

内容营销的内容要和品牌的属性和风格相匹配，不能风马牛不相及。同时，内容要有特点、有创意，让用户看到后能够眼前一亮，继而记住和关注这个品牌。我曾经看过一个内容营销的经典案例：

某日化公司的丝华芙（Suave）一直是一个低端洗发水品牌，即使产品打折也没有多少人买。在这个品牌沉寂多年后，该公司想出了一个新创意，把 Suave 倒过来写成 Evaus，寄给网红生活博主试用。这个生活博主试用后感觉不错，于是把这款洗发水分享了出去。

你看，仅仅是一个"把单词倒过来写"的内容创意，就让一个被忽视的品牌，被 KOL 认可，并推向了市场。所以，如果你的品牌没有深厚的背景和有渊源的故事，可以从创意角度做内容营销，提升品牌曝光度。

2）品牌广告。广告是品牌宣传最常用的一种方式，冠名广告、贴片广告、代言广告、广告软文等都是通过广告内容宣传品牌的方式。比如，"本节目是由有 ××× 功能的 ××× 相机赞助播出"就是最简单最直接的冠名广告。

在内容包容一切、内容涵盖一切的时代，内容的能量和影响力似乎比以往任何时候都大。那么通过内容宣传品牌，也会让品牌获得更大的曝光，得到更多用户的关注。借助内容的推动，品牌从一个冷冰冰的和用户隔离开的东西，变成用户更容易接受的、能够跟用户的生活融合在一起的东西，内容成为品牌展示自己的最有力的武器。

3. 消费变现

商业的最终目的就是变现，当前内容变现的方式有很多，如音频、视频、直播带货、知识付费、广告变现等。目前比较火的两种变现方式是：直播带货变现和知识付费。直播带货就是在直播间，借助主播的口播内容，达成线上卖货的目的。知识付费就把知识作为一种产品来实现变现。知识付费的形式，一种是通过直接的卖知识、卖课程，实现内容变现。另一种就是专栏订阅，通过用户购买会员，实现变现。比如，订阅得到 APP 上的某老师年度日更专栏，购买樊登读书的会员，购买喜马拉雅的会员，等等。

无论哪种形式，**只有变现才能创作商业价值**。所以在变现的过程中，也需要一些营销策略。比如，直播带货时的限时限量、有买有送、抽奖、赠品、限时折扣等这些直播间的优惠和福利，直播间主播的倒计时促单，电商网页上的引导购买按钮，电商网页的引导文案等，都是内容变现的营销方式。

4. 回馈老用户

回馈老用户是内容商业中时常被忽略却又是非常重要的一个关键目标。老用户就像内容的亲人和朋友，是内容商业能够持续进行下去的基础和保障，所以，在任何时候都需要维护和回馈。

回馈老用户，一方面是给予实实在在经济利益上的优惠和福利；另一方面是在心理和精神上给予他们足够的尊重和支持。经济利益上的回馈，一般会给老用户送福利、给老用户更低的折扣、老用户分享返现、老用户积分返现等。有的知识付费产品会把内容的一部分赠送给老用户，具体的表现方式根据内容的形式决定。比如，樊登读书曾经推出过积分换书、积分换券的活动。在 2013 年樊登读书成立 5 周年的时候，还有过一次给老用户送樊登亲笔读书导图 PPT 的活动，非常受老用户欢迎。

精神和心理上的回馈，更多是和老用户的互动。及时回馈，用心回馈，鼓励老用户分享，在老用户中征集意见、建议和话题，把老用户的建议和评论内容纳入后续的内容创作中，让老用户感受到成就感等，都是给老用户精神和心理层面的回馈。

内容生意是一门独特的生意，也是一场既要洞察人心又要表达人性的商业之战。用户需求的随时变化，素人和垂直领域创作者的加入，市场的包容，让这门生意覆盖的领域和形式多彩多样，也让这场商业之战变得更激烈，也更精彩。目前，内容赛道依然火热，知识付费、带货主播、美食生活、乡村创作……五花八门，内容服务者和服务商需要把握好上述 4 个关键目标，同时也不能忽略细节的塑造和修炼，才有可能占据用户心智，成为为数不多的赢家。

2.4　用户思维，内容商业从业者的标配

从传统媒体到新媒体，内容市场的开放和包容、创作者横向和垂直领域的大幅度延伸，让内容市场从供方市场来到了需求方市场。短视频、直播等方式带来的流量红利，已经不足以支撑内容长期占据用户心智，用户思维才是制胜法宝，内容行业进入用户时代。谁能够拥有用户思维，洞察用户痛点，满足用户需求，占据用户心智，谁才可能成为大浪淘沙中留下来的金子。

所谓用户思维，就是以用户为中心，针对用户的各种个性化、细致化需求，提供有针对性的产品和服务，真正做到用户至上。从内容的选题策划开始，到内容的标题、结构、观点再到后期的内容运营、变现乃至与用户之间关系的维护，都需要用户思维。在当前的内容市场上，用户思维包含场景化思维、用户共创思维、服务思维、体验思维等（见图 2-6）。

图 2-6　内容行业用户思维

• 场景化思维就是描述场景化，如果内容是一个产品，场景化描述能增加内容本身的趣味性，增强内容的吸引力。如果内容作为一个服务产品的工具，场

景化描述能帮助增加产品的既视感，让用户更容易被产品吸引。

- 用户共创思维是内容服务者和用户同时创作内容，也就是让用户加入内容创作中。这样既能帮助创作者洞察用户需求，让内容更接近用户，又可以增加用户的参与感和成就感，满足用户心理上的需求。

- 服务思维，就是内容不但是一种产品，更是一种服务，是一个贯穿用户需求始末的全产业链的服务和体验。

- 体验思维就是在内容中要注重提升用户体验感，让用户在内容的功能价值中，得到更多附加的体验价值。

所以，内容服务者在做内容服务时，需要注意内容的场景化，同时让用户参与内容创作，让内容更接近用户并给用户带来参与感和成就感。而且，我们要转换思维，不能仅仅把内容当作一个产品，而是作为一项服务，让内容的价值体现在服务用户的每个环节中，让内容给用户带来更好的体验。

那么在内容创作和服务过程中，如何才能拥有用户思维呢？我们需要具备三个方面的基本素质：深入洞察、超预期满足和精准投放（见图 2-7）。

图 2-7　拥有用户思维需要具备的基本素质

1）深入洞察。洞察就是透过表面看到更深层次的需求。在当前的内容市场上，基本上所有的创作者和服务者都能满足用户表面的需求。所以，单纯满足用户表层需求当然没有竞争力。只有看到用户隐藏的、深层次的、表面需求背后根本性的需求，才能创造出与众不同的内容。这个现象在营销学上有一个比喻，用户需要的不是一个打孔器，而是墙上的一个洞。

用户最终想要的不是某一个产品或内容，而是某种需求被满足。当我们看到用户需要的不是打孔器而是墙上的一个洞的时候，除了大家都会有的把打孔器卖给用户的方法，我们还可以用更多的方式来满足用户的需求。比如，我们可以不卖给用户打孔器，而是把打孔器借给他，或者让店里的专业人员直接帮用户把墙上的孔打好。在这个过程中，我们可能还会发现用户更多的需求，比如，打孔是为了什么，是要挂一幅画还是想要挂个支架。如果是挂一幅画，我们是不是还可以卖给他一个画框。如果是一个支架，跟这个支架相关的周边也都可以成为我们可能满足的需求。或者这些需求用户都没有，但你免费给用户打了孔，因为这份情谊，用户可能以后会成为你的忠实用户，经常到你的店铺买东西。

用户对内容的需求也是如此，当前内容市场信息爆炸，同质化严重，供大于求。这个时候去洞察、发现用户表面需求背后的深层次需求，会让你的内容更有竞争力。

洞察一定要够深，够深才能看到用户最底层的需求；洞察还要够细，够细才能照顾每个角落。

继 2020 年《人间烟火花小厨》以分账破亿的票房在市场炸响一声"惊雷"之后，2021 年，优酷视频制作的分账剧《亲爱的柠檬精先生》和《我的邻居长不大》皆以超过 5 000 万元的亮眼成绩拿下年度分账剧的冠亚军，成为几大短视频平台中的佼佼者。

分账剧取得的成绩离不开优酷对用户需求的深入洞察。现在的内容用户，有了更强的圈层分化，每个圈层都有自己独特的文化，而内容也需要紧跟越来越细的圈层化趋势，在细分和垂直领域发力。而优酷正是敏锐地洞察到这一点，把内容做得更垂直更小众，更符合某个圈层用户对内容的需求，所以成功地赢得了用户的青睐。

2）超预期满足。超预期满足就是想到并做到满足用户需求之前，给用户带来意想不到的惊喜。超预期满足可以说是深入洞察后的落地执行结果，单纯的洞察只是在思维层面上的觉察，而超预期的满足则是在这个思维的基础上，把这个思维执行落地。

当人们想要一匹更快的马的时候，福特从人们的回答中看到，人们想要的是更快的出行速度，于是有了福特汽车的诞生。而乔布斯则直接说："人们不知道自己想要什么，直到你把它摆在他们面前""我们的责任，是提前一步弄清楚他们将来想要什么"。于是，苹果电脑和苹果手机成为业界传奇。

在内容行业，声音市场成为最近两年快速发展起来的一个市场。在这个高速增长的市场上，喜马拉雅 APP 是当之无愧的佼佼者。喜马拉雅 APP 不但有多种形式的声音类栏目，还创作出一些业内公认的好作品，给用户创造了超预期满足。

2022 年 1 月 19 日，在喜马拉雅播放的广播剧《三体》以 1.1 亿播放量成功收官，成为全网播放量最高的科幻广播剧。这部由喜马拉雅官方策划的广播剧，在《三体》原著的基础上，借鉴好莱坞剧本模式，代入感极强，让用户产生身临其境的感受，连原作者刘慈欣也表示，"声音可能是科幻故事最棒的载体。"

在当前高速增长的音频市场上，为"耳朵经济"买单的新一代用户群体，对音频内容有着更高品质体验的需求。当前市场上音频内容大多是有声书和线上课程，形式相对单一，而能够带来更多感官享受的视频类内容，要么内容偏情感、相对生活化，要么情境情节设计不够，不能满足更好体验高端内容的用户需求。而喜马拉雅的这款广播剧，用专业的策划和配音团队，打造出一个高端的"商配剧"，超出用户对音频内容的预期，赢得了这个圈层用户的青睐。

"耳朵经济"中还有一个值得关注的领域是播客，通常人的语速是 240~300 字 / 分钟，音频节目如果一期 20 分钟，就有近 6 000 字的内容，信息量还是很大的，因此不少用户开始转为关注播客的主播。

3）精准投放。 在内容市场用户圈层化趋势明显的背景下，任何内容都不可能超预期满足所有用户的需求。所以，我们在给予用户内容产品的时候，需要做的是精准投放。在内容泛化的同时，在更垂直更精细的领域深耕。针对某个圈层，量身定制他们需要的内容，然后做精准投放，提升用户体验度和满意度。

前面提到的分账剧《亲爱的柠檬精先生》和《我的邻居长不大》能成为冠亚军，在于这两部剧在垂直类题材上，能够将人设和人物关系极致化，更精准地满足了不同圈层用户的需求，同时给不属于这个圈层的用户节约了时间，避免了用户把时间浪费在泛内容上。圈层文化是市场发展的必然趋势，一味提供大众潮流的内容，未必能满足所有用户的需求。反倒是垂直精准定制内容，去满足不同圈层群体的需求，才能满足大部分用户。

用户思维不是像用户那样去思考，而是比用户超前一步去思考。想用户能想到的，还要想用户想不到的。 然后把你思考的内容、你的思维，变成内容再投放给用户，就能给他们带来超预期的满足，给他们带来惊喜。同时结合当前内容市场用户圈层化明显的趋势，针对不同的圈层进行精准投放，通过满足众多不同的小众需求来逐渐满足大众需求。当大多数用户需求被满足的时候，用户自然会成为你内容的忠实用户。

2.5　做好定位，锚定你的精准用户群

所谓定位，就是给自己确定一个不同于他人的位置。定位是内容创作的第一步，做好了内容定位，等于锚定了自己的位置，稳定了一个赛道。在接下来的创作和服务中，就有了确定的方向。

定位理论的创始人特劳特给定位的定义是：如何让你在潜在用户的心智中与众不同。也就是说，你要以一个有自己独特特点的形象出现在潜在用户心目中，

才能被用户注意到。定位最关键的要素就是要有自己的独特性。

"5 分钟商学院"曾对特劳特的定位理论做过一个解释：不能成为品类第一，就创造一个新品类。**不能在同一个赛道上跑过别人，就自己开辟一个赛道成为这个赛道的第一。**

当年海底捞火锅以服务制胜，成为火锅品类中的第一，其他火锅如果也想通过服务超过海底捞几乎不可能。所以，巴奴换了一个赛道，不跟海底捞拼服务，而是从食材上下功夫，打出"服务不是巴奴的特色，毛肚和菌汤才是"的口号，给自己做了精准的差异化定位，靠毛肚和菌汤打下了自己的火锅天下。

在短视频领域，比快手晚起步 3 年的抖音，之所以能够后来者居上，也是因为抖音摆脱了快手原来的风格和形式，开创了一种全新的内容呈现形式和内容基调，给自己找了一个不一样的定位。

内容服务定位包含企业服务定位和个人自媒体账号定位。企业服务定位，是指内容服务企业，想要提供哪些方面的内容服务。比如，作为一家内容服务企业，得到 APP 提供的服务包括各行业经营的专业精品课程、一些专业训练营、好书解读、电子书、得到高研院学习等服务。而同样提供内容服务的樊登读书，则更多以好书解读为主。而个人自媒体账号定位和企业服务账号又有不同，一般个人自媒体账号的定位包含角色定位、内容定位、用户群体定位和市场定位（见图 2-8）。

图 2-8　个人自媒体账号定位

- 角色定位就是告诉用户你是谁。比如，你想要在微博、抖音、小红书上开一个账号，平台就会让你选择人设标签：美食博主、美妆博主，或是其他什么类型的博主。这就是角色定位或人设定位，这个定位需要在昵称和简介中反映出来，让用户知道你是谁。

- 内容定位就是你的账号要做哪类内容，提供什么样的服务。比如，你是教育类博主，那么，你提供的内容是独到的学习技巧，帮助学生更轻松地学习；还是做好书推荐，帮助用户读到更多好书，通过读书拓宽自己的知识面。

- 用户群体定位就是你内容的服务对象是哪个圈层的人群，这个群体的性别、年龄、身份、职业等都需要在内容开始之前有明确的定位。

- 市场定位是你的内容面对的是哪个范围和层次的市场，比如，同样是短视频平台，快手在开始时的市场和受众更偏向四、五线城市和村镇市场，而抖音更倾向于面对城市年轻用户群体。当然随着市场的发展，这个界限已经变得越来越模糊，两个平台上的内容有了更大程度的融合。对于个人账号而言，在抖音开设账号和在快手开设账号面对的受众群体就会有所不同。那么，从用户思维角度讲，你需要给用户提供的内容就需要有所区分和侧重。自然与之相关的营销方式、变现方式可能也会有一些细微的差别。

当然，内容定位的这几个方面是相互联系不能截然分开的，或者说本身就是一件事。所以，我们在做自己的内容定位的时候，不能单纯地从一个方面考虑，而是同时把这几种因素综合考虑，最终才能做出合适的定位。

那么，如果是个人账号，应该依据哪些条件给自己的内容定位呢？可以遵从以下 3 个原则：发现擅长的领域并做到极致，先定位用户再定位内容，定位要精准、内容要垂直（见图 2-9）。

图 2-9　个人账号内容定位的 3 个原则

1）发现擅长的领域并做到极致。擅长的东西才更容易做好，也更不容易半途而废。如果你不知道擅长哪个领域，那可以回想一下自己之前在哪个方面取得的成绩比较多、在哪些方面被周围的朋友同事夸奖过，甚至是不是有人曾经因为你某个方面的事情愿意付费。这些事情基本上就是你相对擅长的事。那么，你就可以在这些领域中找到最擅长的，作为自己内容定位的备选。

我有个朋友是一个心理学爱好者，无论在工作还是在生活中，身边的朋友、同事有烦心事的时候，都愿意找她聊聊天，甚至很多女孩子把她当成知心姐姐。后来，她考了国家二级心理咨询师证书，自媒体发展起来后，她开始把自己擅长的内容在不同的自媒体平台发表。在小红书、抖音、微信公众号上，都有持续的内容输出，还成了一些心理平台的优秀内容答主。虽然没有做到头部，但通过自媒体内容得来的收入，已经远远超过她本职工作的收入。现在她已经决定辞去本职工作，专心把自媒体账号做起来。

找到擅长的领域定位自己的内容，等于在开始起步的时候，就有了一个稍微高一点的起点，在冷启动阶段更容易把账号做起来。同样的定位，之所以有人做得很好，有的人却做了几天就放弃了？不是自己擅长的内容，是账号失败的原因之一。

2）先定位用户再定位内容。内容定位永远要以用户需求为第一关键要素，而不是内容本身的特点。在内容开始之前，先清晰地定位用户画像，在确定用户的基础上，寻找用户需求，再根据用户需求来确定内容属性和类型。比如，你想做个育儿类博主，需要先确定你的用户群体是哪个年龄段的孩子的家长，是婴幼儿、学龄前，还是小学生？用户定位好了，内容根据用户需求确定就可以了。比如，婴幼儿的家长更关注的是孩子的身心健康；到了学龄前阶段，家长会注重孩子跟外部世界的互动；到了小学生阶段，会关注孩子的学习、作业、跟同学的关系、跟老师的关系、跟父母的关系、独立能力、自律等。

如果不能快速聚焦到一类人群身上，可以先就自己擅长的某个领域做一些大众普遍关心的痛点内容，根据后台用户对这个内容的关注度来确定哪一类人群对这个话题关注度更高，并最终把这个人群定位为你的精准用户群。

3）定位要精准、内容要垂直。做内容永远不要想着服务所有的用户，**想吸引所有人的结果，就是谁也吸引不到。**当前的内容平台上，内容的领域越来越细分。比如，美妆博主又可以细分为眼妆博主、眉妆博主等。抖音、小红书、快手等博主的标签都有若干种，B站上的内容标签甚至已经达到千万级别。我们的定位越精准，服务的对象就越精准，越容易在一个细分领域做出成绩，用户找到你的机会就会越多，你获得"粉丝"的机会也就越多。

2022年，抖音上有个叫"G僧东"的账号火了，在抖音上的"粉丝"数是95.8万，而在微博视频号上的"粉丝"是153万，B站上的"粉丝"数是57.4万。而让"G僧东"火出圈的内容，就是有强地域特色的、用上海话讲的幽默搞笑内容，那些只有上海人懂得的梗，虽然让很多人看不懂，但精而专的受众，反而让"G僧东"收获了众多江浙沪地区的"粉丝"。

"G僧东"的火，就是因为他目标受众的精准定位，虽然全国大部分用户都看不懂他的内容，但江浙沪地区的"粉丝"看到的是温暖和亲切，感受到一片为他们量身提供的心意。

时常会听到周围有朋友说想在小红书、抖音开自己的账号，定位是教育类博主，但没有在细分领域再做具体的细分，比如，是心理教育还是职场技能教育，是学生学科教育还是才艺教育等。这些教育下又可以有小的细分领域。如果今天发一类内容，明天发另一类内容，用户也不知道你到底要做什么，自然很难做起来。

内容定位，不仅是针对个人内容从业者，还包括提供内容服务的企业。企业内容服务者，可能涉及的领域不止一个，提供的内容服务也不止一种，更需要在内容创作开始之前，做好整体定位。如果说一个内容账号或者一个内容企业，是一条行驶在内容市场这片大海中的小船，那么，定位就是确定小船出发和归来方向的锚。锚定了，小船才不会漂远。

2.6　市场开拓，找到有势能的机会冷启动

所有事情在开启时都非常难，如果没有一定的基础和资源，就必须寻找一个合适的切口和机会进行冷启动。而要找到这个切口和机会，需要建立在对市场洞察的基础上，需要对内容行业市场进行分析。

随着内容行业的快速发展和日趋成熟，内容行业在深度和广度上也有更大的发展，新的形式不断出现。图文类的问答、软文、商品文案；音频类的线上课、训练营、讲书、广播剧；视频类的长视频、短视频、微视频；以及大众媒体中五花八门的综艺类节目等，都是媒体新的形式。每一种新形式的出现，对于内容创作者而言都是一个新的市场和机会。而且，内容市场的高度包容，不只是让你在现有赛道找到新机会，还可以让你利用自己的内容，开创新的赛道。**市场从来都欢迎创新出现，创新也只有在更加包容的市场中才更容易发展起来。**

宽度和广度的扩展和延伸，增大了市场容量，带来了新的流量，也给创作者带来新的机会。在这样的市场趋势下，在自己擅长的领域，找到自己适合的切入口切进去，就是你能够飞起来的风口。那么，如何找到这个让你飞起来的风口呢？我们可以在现有赛道找、成为新赛道的开创者、与品牌和企业合作、从海外市场寻找机会，通过这 4 个切入口寻找机会（见图 2-10）。

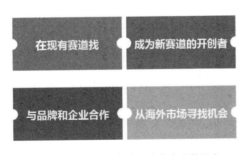

图 2-10　内容服务者进入内容商业的机会

1）在现有赛道找。 得到创始人罗振宇曾说所有的事情都值得重做一次，内容行业更是。同样的内容，图文形式带给人们的感官体验与视频带来的体验就不

一样，而视频带来的体验跟音频带来的体验又不一样。读书和听书带给用户的感觉不同，读纸质书和读电子书带来的感觉也不同。一个故事，在短视频中表现出来的效果和在脱口秀中表现出的效果也不同。当前创新的内容形式非常多，而且新的形式还在不断出现，所以，**不是所有内容都值得重做一遍，而是所有内容可以以不同的形式多做几遍。**而每一种新形式的出现，对于内容而言，都是在原有市场中开拓出来的新市场，是又一个可以飞起来的新机会。

在得到 APP 上，曾经被称为卖课最赚钱的人之一的薛兆丰，看到线上课受到众多用户欢迎后，把线上课的内容集结成书，从"薛兆丰的经济学课"到《薛兆丰的经济学讲义》图书，变换了一种内容形式，重做了一次，赢得了又一波用户，也收获了又一波利益。在得到平台上有过同样操作的还有武志红、刘润、万维钢等大 V。

2）开创新赛道，成为新赛道的开创者。内容形式的多样，市场领域的细分，都是新的赛道，也是新流量的来源入口。只要瞄准一个细分赛道，持续努力往纵深方向发展下去，赢得市场并不太难。

公众号"男孩派"扎根育儿内容的一个细分领域，用户群体是只养育男孩的父母，这个账号在 2021 年 11 月、2022 年 4 月以及 2022 年 5 月新榜每日发布的最具影响力公众号排行榜教育类账号中，一直位列前十。而同样在内容细分领域做心理教育的账号"武志红"，在教育类账号中同样连续霸榜（见图 2-11）。

当前，市场宽容度较高，平台的限制也不多，如果你感觉自己有足够的能力，你完全可以开创一个新的形式或一个新的细分领域，成为一个新赛道的领跑者。

3）与品牌和企业合作，作为工具辅助品牌。在万物皆内容的今天，品牌也清楚地看到了内容的影响力，不断加大内容营销上的投入，内容营销已经成为品牌和企业营销的必备工具。所以，内容服务者在以纯内容取胜市场的同时，还可以把内容作为服务品牌的工具与品牌合作，在品牌方开启一方新的市场。

教育

上榜数：38

	公众号	发布	总阅读数	头条	平均	最高
1	中国日报双语新闻 Chinadaily_Mobile	98/178	1031万+	762万+	57,927	10万+
2	学生安全教育平台	30/190	858万+	288万+	45,178	10万+
3	青小小	150/600	978万+	657万+	16,314	10万+
4	考研政治徐涛	34/74	621万+	276万+	83,941	10万+
5	山东教育电视台	90/340	808万+	575万+	23,781	10万+
6	武志红	30/118	615万+	300万+	52,187	10万+
7	北美留学生日报 collegedaily	30/184	606万+	293万+	32,975	10万+
8	腿姐考研政治课堂	35/64	500万+	290万+	78,179	10万+
9	INSIGHT视界	30/161	561万+	289万+	34,868	10万+
10	中国教育报	122/187	529万+	424万+	28,317	10万+
11	男孩派	30/89	479万+	267万+	53,898	10万+
12	年糕妈妈	30/120	519万+	298万+	43,254	10万+

教育　　新榜 NEWRANK.CN

平均　欢迎访问newrank.cn，查询、冲榜更便捷！　2022/5/20

	公众号	发布	总阅读数	头条	平均	最高	总赞看数	新榜指数
1	中国日报双语新闻 Chinadaily_Mobile	4/8	32万+	24万+	40,791	88,490	2,302	930.4
2	广东省教育考试院 gdsksy	3/3	19万+	19万+	65,382	10万+	842	901.5
3	武志红 wzhxlx	1/4	19万+	10万+	48,021	10万+	2,314	899.2
4	父母志 fumuzhi123	1/6	21万+	10万+	35,492	10万+	1,121	899.1
5	老爸评测 daddylab	1/5	18万+	99,884	36,409	99,884	1,244	891.1
6	年糕妈妈 niangao-mama	1/4	17万+	10万+	44,026	10万+	534	887.2
7	齐鲁安全学习 gh_25850d661c86	1/5	16万+	10万+	33,469	10万+	774	883.6
8	同济大学	3/3	12万+	12万+	42,254	10万+	4,583	879.2
9	男孩派	1/3	13万+	73,238	46,547	73,238	1,421	876.5

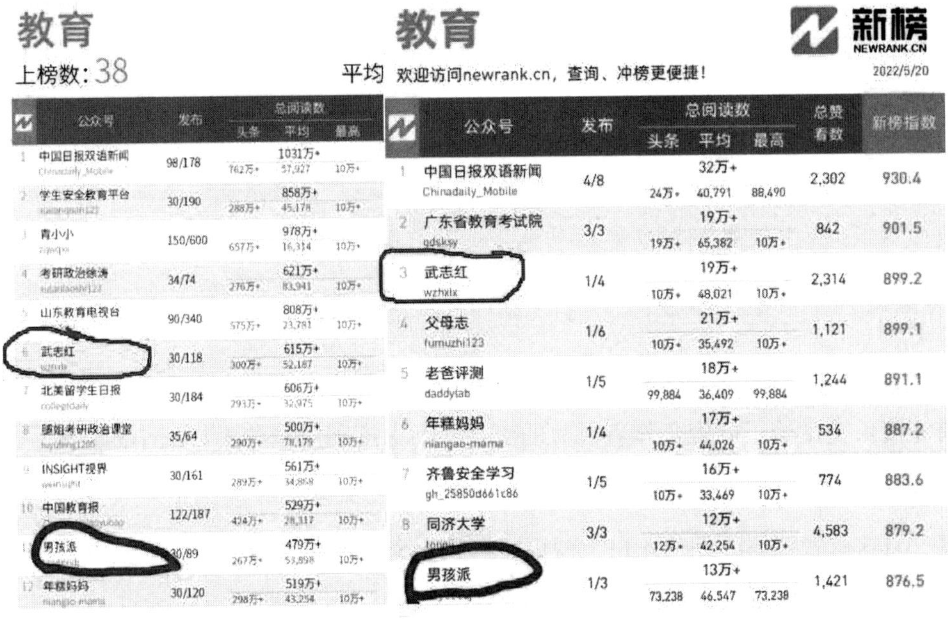

图 2-11　新榜排名

2021 年 6 月，蜜雪冰城奶茶官方号在 B 站上传了主题曲《你爱我，我爱你，蜜雪冰城甜蜜蜜》，简单的歌词、魔性的旋律，让这首 MV 收获了 1 282 万次的播放、65 万次的点赞。在抖音上收获 15.8 亿的播放量。简单直白的“土味”神曲，正好切中了“Z 世代”的口味，引发他们转发互动。歌曲的发酵加上蜜雪冰城薄利多销的亲民价格，让其在 6 月一个月突破了一万家门店。在此基础上，蜜雪冰城又继续乘胜加码，创作了系列歌曲，也成就了它的“奶茶王国”。

蜜雪冰城洞察到其主流用户对内容的喜好，打造魔性歌曲，利用内容的影响力，做了一次非常成功的内容营销。内容作为一种营销手段自然功不可没，蜜雪冰城品牌名利双收，内容自然也得到了回报。

4）从海外市场寻找机会。单独的个人内容服务者可能感觉海外市场跟自己的关系不大，但对于内容服务企业以及品牌方做内容营销来说，海外市场是一个尚未被太多开发的蓝海市场。

抖音海外版 Tik Tok 是海外火爆的社交媒体平台之一，截止到 2021 年 12 月底，Tik Tok 在美国市场的用户已经达到 3 000 万人，巨大的用户数量背后是巨大的市场。而且，当前在 Tik Tok 平台上投放广告的品牌商还不多，这个市场还是一个非常大的蓝海市场。在 Tik Tok 平台上，品牌做营销获客成本也很低，属于典型的低成本高回报的社交媒体平台。对于想要出海的品牌方而言，在这样一个低成本获客平台发布自己的品牌内容做品牌营销，是一个很大的机会。

如今的内容行业，不是一座山，爬到顶点就可以，而是一条河，既有宽度又有深度。宽度给了内容创作者巨大的流量，而深度则潜藏着无数细小的支流。在内容行业这条大河上前行，只要用好巨大的市场流量，盯准其中一条细小的支流，从这里找到自己的切入口，就可能遇到一个成就自己的机会。

2.7 内容商业缺的不是机遇而是好内容

当前正处于内容复兴后的红利期，无论是创作者还是内容平台，都在短时间内蜂拥而至。互联网的加持、人们对精神文化的追求、云消费习惯的形成、市场的开放和包容等，让内容市场每天都有新的东西出现，也带来了更大的市场竞争。虽然内容的竞争每天都在激烈地进行，但从宏观来看整个内容商业市场，**缺少的不是做生意的机遇，而是真正能吸引用户的好内容**。

生产好内容是做好内容生意的第一步。从文字到图文，从音频到视频，创作平台越来越多，内容创作者也越来越多。

可能很多人还没有意识到，随着 AI 技术的不断发展，一个全新的内容创作时代正在悄然来临。有了 AI 的辅助，我们可以快速创造出优质的内容。个人创作者可能会有各式各样的不足或缺点，比如，擅长文字内容，但对图片不是很懂；擅长理科内容，对艺术类内容不是很懂；擅长文案，不擅长小说；不会排版、不会起标题……这都使得自己创作的内容质量不高。而 AI 可以根据主题或关键词生成相关内容，并给出参考意见，创作者可以根据这些意见进行修改和完善，让自己的文章更加丰富和精彩。AI 还可以根据读者的设备和阅读习惯，自动调整文章排版，提高用户体验，让文章更加易读。相信在未来，AI 技术将会越来越成熟，为创作者提供更多更优质的帮助。

还有原来沉浸在自己行业中的各领域的专家也纷纷走上内容创作平台，让内容创作呈现垂直化趋势。

创作者纵向和横向的快速发展，也让市场上的内容良莠不齐。对用户来讲，有了更多选择的同时，也有了更多的选择困难。而对于内容创作者和创作平台而言，拥有用户思维，创作出满足用户需求、让用户喜欢的内容，是做好内容生意的当务之急。

什么样的内容才算是好内容呢？从严格意义上说，好内容的"好"是仁者见仁、智者见智，没有一个绝对的标准。但对于内容生意而言，一个内容好或者不好，衡量的标准就是用户的判断。阳春白雪再美，但用户就是喜欢下里巴人，那么内容在这样的用户那里没有意义。

2022 年 2 月底，经济学教授薛兆丰的音频课程"薛兆丰的经济学课"在得到 APP 上线 5 周年，订阅人数超过 50 万。

在这门音频课中，薛兆丰用通俗的语言、接地气的比喻和场景，把高深的经济学讲得通俗易懂，让"深者不觉其浅，浅者不觉其深"，把经济学从高高在上的学术殿堂，拉回到平民百姓经常逛的菜市场，让深奥的经济学变成人人听得懂、用得上的菜市场理论。而薛兆丰也因此成为大众喜欢的"网红经济学家"，成为把知识成功变现的典型。他依据这个音频课出版的图书《薛兆丰的经济学讲义》，上市一年销售量就超过 100 万册。薛兆丰本人以及得到平台从这门内容生意中得到的收益自然也不言而喻。

在国内经济学家中，薛兆丰的学术能力也许不是顶尖的，甚至一些业内人士对他这样解读经济学的行为是感觉不齿的，乃至于对他提出批评。但从用户的角度来讲，能够通过这门课程，把深奥的经济学和自己的生活联系起来，并能够借鉴其中的思维和道理指导自己的日常生活和工作，这样的内容就是好内容，用户就愿意为这样的内容买单。好内容一般都具备这样 4 个特点：有意义、有趣、有干货、易传播（见图 2-12）。

图 2-12　好内容的 4 个特点

1）有意义。 好的内容一定是有意义的，内容会因为有意义而升华，读者从有意义的内容中，能感受到价值，引发情感共鸣，甚至转发分享。要想让内容有意义，就必须懂得挖掘和联想。每一个人、每一件事情的背后都有故事，承载着某种精神或传承某种思想。

比如，纪录片《我在故宫修文物》展现出的不仅是文物修复师如何修复文物，还介绍了文物修复师对历史、对自己人生和他人人生的感悟。同样的道理，《舌尖上的中国》并不仅仅是分享美食，更是在展现中华美食给生活带来的巨大影响，让越来越多的人更加了解中华饮食文化。

为内容赋予意义，能够增加它的生命力，没有意义的内容或许一时爆火，却不会成为经典。

2）有趣。 无论什么样的内容，一定要有趣。信息目前处于超饱和状态，随便打开任何一个平台，点开任何一家媒体，你看到的内容都铺天盖地。无趣的内容不会吸引用户的注意力，在一开始就输在起跑线上。

想要内容有趣的第一个方法，就是内容中要有故事。故事最能打动人，道理通过故事来呈现，别人才容易接受。

著名心理学家武志红在得到 APP 有一门线上年度大课，上线 4 年多时间，订阅人数超过 30 万。心理学人人都需要，却没有几个人能懂。武志红的讲课特点，就是把高深的心理学理论，放到具体的故事中讲述出来。用户在听故事的过程中，可能发现了自己的影子，解决自己的问题，收获自己的价值。不但学到了心理学知识，还启迪了自己的生活，增加了自己的智慧。

让内容有趣的另一个方法，就是语言有趣，符合目标用户的特点。即使内容没有太多干货，也要有一点甜味，否则，别人听起来、读起来就会如同嚼蜡。曾有个融入辩论元素的脱口秀节目《××说》非常受观众欢迎，辩题之外，他们的语言有趣是重要的一个原因。辩手们在辩论的时候，几乎个个都是段子手。

3）有干货。绝大多数用户喜欢一个内容，愿意为这个内容买单，最重要的还是看重内容本身能给自己带来的价值。内容有干货，用户才会觉得内容值。一些纯粹吸引眼球的爽文，也许能一时火爆，但也会很快被用户忘记。

在得到每年 4 个多小时的跨年演讲中，都是罗振宇一个人在台上讲。但无论是现场的观众，还是线上听众，都不感觉这 4 个小时漫长，甚至很多人在不知不觉听完 4 个小时后，仍然意犹未尽，就是因为他的内容有干货有价值。也因此，很多用户愿意为这样的内容买单。

想要内容有干货，内容中就要有能吸引读者的观点，有解决痛点的办法，或者有道理、有知识、有思想、有深度，让人感觉到有价值、有收获。内容中的干货一定要真干，要有理有据，有支撑。如果是观点，要有理论支撑，比如专业领域的专家学者的权威讲话等；如果需要数据证明，要有专业的官方数据，增加权威性和可信度。如果是方法，要能落地实操，能确实解决痛点问题。

4）易传播。营销界的华杉说过这样一句话："广告，不是我说一句话给顾客听，而是我设计一句话，让顾客说给别人听。"能传播出去让更多人知道的东西，才有商业上的价值。内容也是这个道理，你要把你的内容设计得尽可能多地让看到的用户愿意分享给别人，你的内容才真的具有商业上的价值。

想要让用户愿意分享，首先是用户自己看得懂，同时朋友圈的人也能看得懂。大家都喜欢，都感觉有价值、有意思，用户才会愿意分享出去。所以，内容创作者在创作内容时，内容要有普适性。如果是专业性强、有高深道理的内容，要转化成通俗的语言，用通俗的语言把深刻的道理讲明白。如果是平民化的内容，在表达上简单直白，让用户一眼就看明白。**拥有多少用户，取决于能让多少人看得懂**。做内容最忌讳故作高深，不说人话，别人都不懂你说的是什么，怎么可能愿意看，更不要说转发了。

2021 年 3 月 30 日，在字节跳动 9 周年年会上，总裁张一鸣读了一段摘自公司内部文档的文字，包含闭环、链路、抓手、颗粒度、赋能、打法、组合拳等词语，批评员工不好好说话。这些看起来不明觉厉的词被称为"互联网八股文"，在网上引发一波互联网"黑化"热潮。

内容的最终目的是为普罗大众服务，而且最终为内容买单的也是普通百姓。所以，无论在内容还是语言风格上，内容都要有普适性。干货和普适并不矛盾，有干货是内容的价值，普适是内容的易传播性。让人有收获而且能听得懂愿意传播的内容，才会具有商业价值，成为生意中的商品。

让内容易传播的另一种方法是内容的节奏感强，朗朗上口。用户愿意分享的内容，不但要好理解，还要容易被记住。能够长久流传下来，在大街小巷被人们挂在嘴边的很多广告、歌谣等，都有节奏感强、朗朗上口的特点。

媒体一直在变，创作内容的形式也会不断发生变化，但无论载体和形式如何变化，有一个底层逻辑是不变的，就是在做内容创作的时候，一定要跟用户需求结合起来。**不能让用户喜欢的内容，都只是创作者的自我欣赏**。用户的眼睛是雪亮的，而内容创作者自己的感觉却常常出现错误。所以，不能想当然地根据自己的感觉创作内容，找到你的表达和用户需求之间的交集，这个交集圈中的内容才是好内容。

2.8　好内容也需要一个好形式来呈现

很多内容行业的从业者经常会有一个认知上的误区，就是更注重内容本身的内涵，而忽略了内容呈现形式的重要性。这样的认知在内容相对匮乏、人们对内容有强烈的渴望和需求的背景下无可厚非。但在新媒体时代，信息和内容远远供大于求，人们对内容的内涵和形式都有了更高的要求。形式的重要性并不比内涵的重要性差，更确切地说形式本身就是内容的一部分。形式和内涵同样漂亮、形神兼备的内容才是优质内容。

在新媒体时代，内容有了更多新的呈现形式，讲书、听书、广播剧、短视频等都是当前新媒体内容常用的形式。随着内容行业的持续发展，新形式还在持续不断地出现。只要用户喜欢，创作者可以随时创作出无限多种的形式出来。形式对于内容的意义主要体现在三个方面：给用户带来更好的感官体验、快速占领市场、提高传播速度（见图 2-13）。

图 2-13　形式对于内容的意义

1）给用户带来更好的感官体验。从人性角度讲，用户在内容本身的价值得到满足之外，自然希望能够有更好的感官体验。单纯的文字和图片，阅读起来会很累，而且，形式相对比较单调，很容易造成审美疲劳。如果换一种方式，给用户一种更新的刺激，会更容易吸引其注意力。

内容的呈现形式就像产品的包装，有装饰作用，能给产品本身增色。我们有时购买某些商品，仅仅是因为商品的包装盒很漂亮；或者产品用完了，包装还舍不得扔掉，甚至会上演现实版的买椟还珠，都是因为包装和形式给我们带来了愉悦感。

漫画作为文字之外的一种内容呈现形式，表达内容比较直观有趣，用户接受起来很轻松，不像文字那样难理解。比如，漫画公众号"动物办公室"、心理学公众号"徐慢慢心理话"都是主要用漫画来表达内容，有压力有困扰的时候，看一看很有治愈性。

2）快速占领市场。当前，无论是实物商品还是知识内容这样的虚拟产品，都远远处于一种供大于求的状态。同类的商品，用户不用找都能有一大把。谁能够在众多信息中吸引用户的注意力，谁就能抢先占有市场流量。如果呈现方式不是用户喜欢的，可能你的内容还没有机会跟用户见面，就被用户舍弃了。

2022年1月，亚马逊阅读器Kindle在京东自营旗舰店全线缺货，而在此之前的三个月，Kindle关闭了天猫旗舰店。在单一的阅读功能和读书、听歌、看剧、办公于一体的多功能iPad之间，人们选择了iPad，验证了当年乔布斯在iPad面世时的预言。这个事实与其说是iPad打败了Kindle，不如说是娱乐场景打败了阅读场景。

当然，并不是所有的内容都适合用短视频的方式来呈现，每种形式都有其独到的特点。Kindle虽然败给了iPad，但Kindle并不是没有市场，只是其市场更小众一些，阅读器依然是一部分喜欢读书的人所喜欢的工具。对于喜欢阅读、愿意短时间获得更多干货知识的用户来讲，文字形式的内容更适合他们的胃口。

快手是最早称霸市场的短视频平台，2011 年 11 月，一个名叫程一笑的工程师在北京天通苑的宿舍里，开发出一款制作 GIF 动图的工具 APP——GIF 快手，这就是快手的维形。随后，快手在短视频领域悄然生长，在其刚刚满 4 岁的时候，拥有了 1 亿的用户数。一年后，因为一篇文章引发众人关注的时候，快手已经成为继微博、微信和 QQ 之外，第四大流量 APP。2021 年 2 月，快手 APP 在我国港交所上市，一上市市值就突破 1 万亿港币。成为一家以普通人为主要用户群，让每个普通人都能把自己的原创内容通过互联网展示出来的自媒体平台。

快手的崛起开启了互联网的短视频时代，随后，字节跳动的抖音以服务一、二线城市年轻用户群体为目标，与快手分庭抗争。

3）提高传播速度。内容商业的本质，就是能够让用户喜欢你的内容，并愿意分享和传播，让更多的人喜欢并消费。在内容商业中，好内容是核心和灵魂，而内容的呈现形式是内容的发射器和助推器。只有在形式的推动下，内容才能在用户中间传播，让用户获得价值，让服务者获得经济利益，大家合作共赢。

微博、微信、QQ 是比较早的自媒体，无论是微博，还是微信朋友圈、公众号以及 QQ 说说，内容形式主要以图文为主。图文形式的内容要想产生更大的流量，需要一个很漫长的积累过程。比如，一个微信公众号即使在有平台流量支持的情况下，要做到百万"粉丝"大号，也需要一个长时间的积累。很多文章能做到"10 万 +"的阅读量，就已经非常不错了。

而短视频的传播速度要快得多，多媒体形式带来的感官体验，以及更通俗的表达方式，使得一些素人的短视频账号，也能做到几百万"粉丝"。

我们不能说多媒体形式就一定比传统文字形式好，不同的形式有不同形式的功能和价值，没有绝对的好与坏的说法。但多彩有趣的形式，确实能提升用户的体验度，吸引更多用户的关注。

而确定内容的呈现形式，也需要根据内容本身要表达的意义，以及目标用户群的特点和喜好来确定。比如，故事、段子、生活常识等内容，更适合通过短视频的方式呈现；而知识付费类型的内容，更适合以音频的方式来呈现；而书籍的阅读和传递，用文字的方式呈现更容易被用户喜欢。得到、樊登读书、喜马拉雅等很多知识付费平台，线上培训课程和讲书读书的内容，都会同时有音频和视频两种方式呈现给用户；而无论哪种方式的带货，则通过直播互动的形式更直观，也更便于跟用户互动。

形式之外，内容呈现在载体上的版面设计、图片选择、图文搭配、背景音乐等，都是内容呈现不可或缺而且非常重要的细节。每一个细节都需要根据内容本身的风格和用户群体的特点来设计。细节决定成败，这些细节设计不好，前面所有的努力可能都会功亏一篑。

没有足够的内涵，形式缺少灵魂；没有多彩的形式，内涵没有趣味。只有内容和形式都好，才会产生 1+1>2 的效果。用户永远是挑剔的，你的内容不好看他就会走开；用户也永远是公平的，只要内容满足了他的需求，他也会马上转身成为你的"粉丝"。谁拥有把内容和形式完美结合的能力，谁就拥有免费获得大量优质流量的能力，成为商业竞争中的赢家。

2.9　内容变现，从内容到生意的转身

内容进入商业，无论是作为一种产品，还是作为辅助品牌提升影响力的工具，内容在商业中最终需要追求的目的和价值，就是实现内容的消费变现。内容进入变现环节，才是真正体现内容商业价值的部分。当前在内容行业存在的比较常见的变现方式有 4 种：知识付费、直播变现、内容营销和广告变现（见图 2-14）。

图 2-14　内容变现的方式

1）知识付费。 知识付费变现就是把知识包装成商品的形式，让用户直接购买或订阅，实现变现。一些专业领域的 PGC，本身有很强的知识性，对用户的实用价值比较大。他们的内容可以包装成音频课程、短视频课程、讲书读书等形式，有需要的用户直接付费购买就可以实现内容变现。得到 APP、喜马拉雅、樊登读书以及一些专业内容创作者自己的垂直类内容 APP 上的知识付费产品，有很大一部分就属于直接购买的形式。

知识付费的另一种变现方式是专栏订阅，比如，得到 APP 的得到锦囊、得到头条等，订阅方式中的内容不是现有的内容，而是直接订阅一个栏目，用户通过栏目的内容更新获取栏目提供的知识。而知乎等问答平台的知识付费，则是通过成为知乎会员的方式，在知乎提问，得到答主的解答，获得相关内容。

知识因付费变成商品，内容因变现成为生意。 付费让知识的价值得到了量化，也让用户因为消费对知识多了一分尊重。当前在知识付费领域深耕的大 V，也被一众读者喜欢和崇拜。比如曾被称为"知识付费四大天王"的 IP，个个都有自己千万级的"粉丝"，变现收入自然可观。

2）直播变现。 直播带货从 2018 年开始兴起，也是当前比较火热的内容变现方式。直播变现包括才艺直播和带货直播。才艺直播就是通过主播直播才艺，"粉丝"打赏，实现内容变现。变现的内容关键在于主播的才艺内容。而带货直播是通过直播的方式销售实体或虚拟商品，带货直播变现的关键，一部分在于销售的商品，另一部分是主播销售商品时候的话术和状态，也就是内容部分。

在带货直播中，内容设计得好，就能吸引用户的关注，并产生购买行为。内容设计得不好，即使直播间流量不错，但可能转化率不高，比如，一些带货"翻车"的明星直播。同样的商品，好主播和差主播的用户转化率相差非常大。一些头部主播的带货能力能和一个大型商场的带货能力相媲美，而不好的主播在一场直播中卖出去的商品数量甚至是个位数，这就是内容价值的差别。

2021 年 12 月，淘宝上的几个头部主播纷纷暴雷后，直播行业迎来了"大洗牌"。品牌方也开始转移方向，不再把宝都押在平台大牌主播身上，开始打造自己的直播平台，培养自己的带货主播。在这种情况下，同行业品牌之间的竞争在一定程度上取决于直播内容变现能力的竞争。

3）内容营销。内容营销的实质，是把产品和内容捆绑，通过内容销售产品。随着内容影响力的逐步增强，内容营销几乎成为每个品牌方最常使用的营销方式。有的品牌方会开发自己的短视频平台，在网上开店直播卖货，建立自己的私域流量。有些品牌甚至有自己的 MCN（多频道网络）机构，通过不同的内容形式进行综合性营销，来推动产品销售。

电商产品的商品文案、推广文案等都是品牌内容营销。内容产业兴起之后，大多数品牌都会借助文案内容，给自己的产品赋予情感和心情。甚至年轻人在超市摆个煎饼摊，写上几句有情怀的广告语，煎饼的价格就能比街边小摊大叔的煎饼多卖两块钱。推广品牌和产品的同时，品牌方也会借助内容的方式，打造自己的 IP。

国内有个美瞳品牌以自己一款产品"lenses"为主体，在 Tik Tok 上注册了一个专门分享美瞳产品的内容账号。账号中的视频内容非常简单，就是各种美瞳产品的展示和操作，配上合适的音乐，不到 1 分钟的视频，有时播放量能达到百万量级，少的也有两三万。到 2021 年 12 月，这个账号已经获得超过 30 万"粉丝"

和 700 万的点赞。美瞳品牌方把这些流量导向自己的独立站链接，让用户通过链接更详细地了解产品详情并实现消费变现。

这个美瞳品牌在 Tik Tok 上的视频内容，就是针对自己品牌的内容营销。而它的聪明之处还在于把在 Tik Tok 平台上获取的流量导向自己的独立站，既打造了自己的品牌 IP，又储备了自己的私域流量。

4）广告变现。就是通过内容吸引品牌方，从而实现变现。品牌方支付内容创作者或内容平台一定的金钱，在平台上曝光自己的品牌产品，吸引平台用户的关注，继而引发消费行为。优质的内容可以带来流量，而流量是品牌方最关注的。所以，在优质的内容有了一定的阅读量、观看量后，就能吸引品牌广告，产生变现。

品牌方在内容中的广告一般有两种形式：一种是通过软文给用户"种草"某品牌的产品，另一种是硬广，直接在内容中间或内容的结尾处插入广告。插入广告的方式也根据内容的形式和广告商的要求有所不同。比如，得到每年的跨年演讲，得到创始人罗振宇都会在一个段落需要休息的时候，把赞助商的名字报出来，并做一些功能上的宣传和用户消费引导。网上比较热播的综艺节目《王牌对王牌》等，都会有这样的品牌广告插入。

这四种内容变现形式，是当前内容行业比较常见的变现形式，但在现实操作中，内容的变现形式还有很多，而且，应该还会继续增加，我们这里不再一一列举。另外，在品牌和内容服务者推动内容变现的同时，平台方也利用自己的流量优势，大力推动内容变现的完成。

2021 年 12 月，百度百家号携手第三方平台新榜在广州举办了"百度百家号超级合伙人大会"，发起"破壳计划"，正式进军微短剧领域。百度百家号针对这两年快速抓住用户眼球的剧情类"微视频"，推出了面向小视频创作者的"萤火计划"，对入驻百家号的小视频创作者，提供搜索引擎背景下的流量扶持，使普通创作者也有机会获得千万级流量曝光，新人还有机会与百家号签约。

在变现渠道上，百度百家号推出付费专栏和付费训练营功能，帮助创作者完成变现。对于变现好的创作者，还会提供流量分成和课程销售双层分成。在变现通道上，开通了内容电商、付费咨询和优先推荐商单，让创作者更快更高效地获得收入。

百度百家号的开放和支持，肯定了内容行业的市场趋势，也给内容从业者提供了一个机会。

变现是从内容创意转变成生意的标志，内容创意实现了变现，就从传统的信息传播和教化功能上实现了转身，成为商业领导者中的一分子。不但多了一重身份，也有了更大意义上的商业价值。

变现是商业的最终目标，而用户则是这场生意中最重要的角色。在这场生意中，无论哪个环节，用户都是关键和根本。在从内容创意到生意的变现道路上，抛开变现，把眼光转向用户，才是每个内容行业从业者最需要付出努力的地方。

2.10　用户维护，流量进入私域才更稳固

内容市场竞争愈发激烈，除几家头部自媒体平台外，自媒体平台和账号更多处于维系状态。每天不断有新的平台和账号诞生，现有平台和账号也随时有可能消失。自媒体平台和网红快速出现又转瞬消失，说明用户对平台的依赖性和黏性并没有那么强。

业内曾经流传过这样一组数据：B站网红的生命周期是一年半，而抖音网红的活跃周期仅为3~6个月，更多账号甚至在一夜爆红后，就消失在大众视野再也没有出现。打开抖音、快手、视频号上的视频，能看到很多账号只有一条高点击量的短视频。

　　所以，现有内容平台和账号，在创作和运营内容的同时，更需要做好用户运营。提升用户黏性，成功把用户留住，是当下内容生意应该有的生意经。把用户留住，需要从内容本身与用户的关系，以及内容服务者和用户的关系这两方面发力，具体来讲就是持续输出优质内容和评论区互动运营（见图 2-15）。

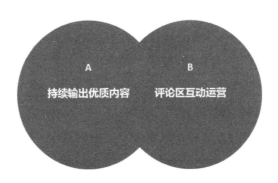

图 2-15　内容生意中维护用户关系的两种方式

　　1）持续输出优质内容。 新媒体平台有很强的马太效应，能够在流量红利消失后快速发展成熟起来的，都是有一定资源和流量基础的成熟大号。他们本身的流量和成熟的运作方式，可以迁移到一个新的平台和新的账号。而对于素人、小白而言，这是一场不在一条起跑线上的比拼，仅仅希望通过吸引流量挤进头部非常难。

　　但值得庆幸的是，互联网时代的消费者，尤其是内容行业的消费者，正在逐渐摆脱对品牌的依赖。用户对内容价值的判断有自己的标准，谁的内容更能够给用户提供足够的价值，满足用户的需求，用户就会流向谁。只要能够洞察到用户需求，持续输出满足用户需求痛点的内容，就能把用户留在你的平台。所以，对于从零起步的素人创作者和账号，在没有前期储备的情况下，首先需要保证能够持续输出优质内容，吸引用户关注。

　　优质内容既包括通过有深度有方法的干货，让用户收获实实在在的实用价值，又包括把内容以更有趣更好看的方式呈现出来，给用户带来幸福感。持续输出优质内容，需要在拥有用户思维的基础上，分阶段调整内容发布策略。在内容开始之初，做好账号定位，确定精准用户群体并洞察到他们的精准需求，以此有针对性地创作内容，并精准投放。

在账号运营过程中，还要时时关注用户评论区，通过评论区以及同类账号评论区的用户留言，精准找到用户痛点，不断调整内容，以满足用户需求。

2）评论区互动运营。好的用户关系不是等来的，而是时时互动聊出来的。与用户的互动，是内容本身之外最好的维护用户关系的方法。通过互动，可以加强与用户的连接，增强用户黏性，建立强客情关系。无论是图文版的知乎、头条、微信公众号，还是短视频版的抖音、快手、小红书，通过互动留住"粉丝"的效果，甚至不比内容本身的效果差。

曾看过一篇报道，"新华社"微信公众号主编，用产品思维运营公众号评论区，创新了内容互动方式，把公众号"粉丝"从 20 万做到超过 3 000 万。

当然并不是每个人都能像这位主编一样创造出这样的神话，但做好内容评论区的用户运营，是维护老用户关系、把用户留住最简单最直接的方法。我朋友身上发生过的一件事，也验证了这个方法。

我朋友是个内容方面的高手，创作的内容有思想、有观点、有深度，无论是在公众号还是头条号，他的文章点赞和转发率都不低。他自己很自得，也更专心地调研市场，找用户痛点，希望能给用户提供更多优质内容，把自己的账号做起来。但他的公众号运营一年时间，也只有 2 000 个"粉丝"。

一次聊天的时候，他说起自己的苦恼，我询问之后才发现，原来他只专注内容，但并不重视给评论区用户的回复。他的逻辑是，既然大家喜欢，多给用户提供好内容，用户自然会来。但这个逻辑被现实打了脸，他开始反思自己。在我的提示下，他开始认真回复用户留言。本来内容不错，加上他风趣幽默的文字表达方式，评论区里有很多"神回复"都被用户点赞回复，"粉丝"量开始直线上升，仅仅 3 个月时间，"粉丝"量就涨到 20 000。

在内容评论区和用户互动，其实是换一种方式在做内容的"售后服务"。用户在使用你的内容产品的时候有什么样的感受？他们是不是喜欢你的内容和风格？你的内容有没有满足他们的需求？关于这个主题，他们还有什么样的想法和要求等，这些关于用户使用产品过程中的感受和问题，都可以通过在评论区和用户的互动聊天来获得。而聊天获取的这些用户反馈信息，其实就是指导我们的内容下一步前行的方向。按照这个方向调整内容，后续的内容才更容易被用户喜欢。

而对于用户而言，如果自己提出的问题在后续的内容中得到解决，用户会感觉到被重视。如果在评论区提出的意见和建议能够被采纳，用户还会有一种成就感和参与感。这样用户就容易留下来，成为账号的忠实"粉丝"，成为内容的忠实复购用户。

如果没有用户评论，内容服务者本身要自己发布引导性评论，引导用户参与进来。引导评论的内容要能够引起用户的互动，一般是置顶，这样才不会被其他用户的评论淹没。

另外，相比线上音频和视频的内容，直播有更强的互动性，这也是直播"粉丝"黏性更强的原因。一个好主播与用户互动的能力，对一场直播的成败起着至关重要的作用。如果是秀场直播，主播的互动能力几乎直接决定了直播间用户的留存。

内容是一个双向游戏，内容行业的服务者和用户处于内容生意的两端。当创作者绞尽脑汁地找痛点的时候，评论区里的用户也正揣着自己的痛点希望被发现。在内容生意中，无论在哪个阶段，用户都是心中不能放下的目标。创作内容的时候，不要去思考文章应该怎么写，视频怎么拍，而是思考用户喜欢什么样的内容；运营内容的时候，不要想着用什么样的方式呈现，用什么样的方式传播，而是想用户喜欢什么样的方式；内容在平台发布了，不要看有多少点击、多少点赞，而是到评论区看看用户在说什么。只要把用户放在心上，用户永远在等你。

第 3 章　内容创作，高质量差异化的内容是制胜之本

推特的联合创始人伊万·威廉姆斯说过，只靠广告盈利的模式已经走不通了，只有提供高质量信息的人，才能建立起强有力的商业模式，消费者也将得到更好的服务。所以，提供高质量、差异化的内容，争夺消费者的付费意愿，才能在内容商业战中胜出。

3.1　要设计能让用户上瘾的机制

说到上瘾，人们自然想到的是吸烟、喝酒、喝咖啡、打游戏等事情，"瘾"是人们对外在生理和心理刺激形成的一种强烈依赖性。这种刺激能持续带来愉悦感，会让人对其形成强烈的、周期性的期待和依赖。人们之所以会对某些事物上瘾，是因为它的刺激让人的大脑分泌多巴胺和内啡肽，多巴胺能让人愉悦，内啡肽能减少痛苦。这正符合了人趋利避害的本能。

咖啡、烟酒等对大脑的刺激是一种生理层面的刺激。而游戏带来的上瘾，是提升人的某些心理体验，产生愉悦感。而我们通过对内容的设计让用户上瘾，不是某种刺激下形成的上瘾，而是让其养成一种强大的习惯。比如，我们每天都看几十上百次手机，我们刷视频、逛淘宝会停不下来。之所以如此上瘾，是因为这些产品的设计，让人们不知不觉地跟着这些产品走。

在《上瘾：让用户养成使用习惯的四大产品逻辑》一书（简称《上瘾》）中，作者尼尔·埃亚尔和瑞安·胡佛提出了"上瘾模型"的概念。作者把"上瘾模型"分为 4 个部分：触发、行动、多变的酬赏和投入。

"上瘾模型"的意思就是，一个产品要想让用户上瘾，需要从产品对用户的触发、让用户产生行动、给予用户多变的酬赏以及让用户更多地投入这四个角度，让用户对产品养成强大的使用习惯。这个理论，是这本书的两位作者，对上千家公司进行观察评测后得出的结论，也在他们为硅谷的很多公司服务的过程中被充分验证过。

借鉴这个"上瘾模型"，我们在内容的设计上，也设计一个让用户上瘾的机制。内容的上瘾机制可以从 5 个维度设计：触发用户兴趣、制造行动动机、降低行动难度、设计不确定性、增加深度投入（见图 3-1）。

1）触发用户兴趣。任何一个习惯的养成，在最初的时候都需要一个原始的推动力，触发就是这个原始推动力。**有触动才有意愿，有意愿才有行动。**在用户对内容未知，

图 3-1　内容上瘾机制设计的 5 个维度

第一次和用户亲密接触时，设计能够触发用户兴趣的兴趣点，会让用户更愿意接触内容。

2022 年，一位在上海居家隔离的我国台湾歌手，凭借和妻子一周五天的燃脂健身操直播，成了直播界的"现象级"主播。众多"刘××女孩"成了他的"粉丝"，最高一天涨粉 1 000 万人，到 2022 年 5 月初，他的抖音"粉丝"数已经超过 6 000 万人。

他的健身操之所以产生如此火爆的效果，在于他把周杰伦的《本草纲目》歌曲和简单律动的健身操结合起来，这两个本身用户都感兴趣的事情结合在一起，加上他魔性的跳操口号，产生出一种更有意思的氛围，让用户一听就上瘾，一看就想跳。

触发用户的兴趣点可以分成内部触发和外部触发。内部触发就是你的内容真正触动到用户的内心情绪，解决了他的痛点，找到了他的痒点和爽点，让用户不由自主地想要购买。而外部触发就是内容的分享和传播。外部触发包括付费式触发、回馈式触发、人际性触发和自主性触发（见图 3-2）。

图 3-2　内容对用户外部触发的 4 种方式

付费式触发就是通过用户付费，让内容和用户之间建立连接，比如内容平台、内容 APP 的新用户注册送会员的活动就是付费式触发方式。回馈式触发是指制造爆款内容，让用户自行传播，比如，爆款短视频、"10 万 +" 的微信公众号文章等。人际性触发，就是把好内容分享出去，在朋友圈、社群等进行病毒式传播。自主性触发，就是给用户你的更新提醒、每日动态，让用户知道你一直在，用这样的方式留住你的老用户。

2）制造行动动机。有行动才能养成习惯，产生行动就是"使用"你的内容。比如，试听线上课，刷短视频，关注你的公众号，每天进入你的直播间看直播等。想要让用户付诸行动，首先要给用户一个行动的理由，也就是用户的行动动机。让人们产生行动动机可以从 3 个方面着手——制造稀缺性、利用锚定效应和使用赠券效应（见图 3-3）。

图 3-3　行动动机的 3 个效应

① **制造稀缺性。**东西越少的时候，人们越珍惜，越有紧张感。直播带货、

电商文案或知识付费类内容，都可以通过限时优惠、限量售卖等方式，制造这种稀缺感。

② **利用锚定效应**。利用人们贪便宜的心理，制造打折、活动等方式，引导用户消费。比如，电商平台的"6·18"促销文案、知识付费的"4·23 世界读书日"优惠活动等。

③ **使用赠券效应**。就是在人们的行动和目标之间，提前铺设一段路，让人们感到目标实现起来更容易。**当人们认为自己距离目标越来越近时，完成任务的动机会越强烈。**

作为得到 APP 的老用户，我知道得到 APP 有这样一个机制：650 分学分以上的用户报考长江商学院中文或金融 MBA 专业可以直通面试。但每一个得到学员的初始学分只有 300 分。在这 300 分的基础上，用户更有动力行动起来，去获得另外的 350 分。得到的这个机制，就是利用赠券效应，这最初的 300 积分就是赠券（见图 3-4）。

而内容本身的新鲜感和价值感也是用户是否愿意行动起来使用内容的重要影响因素。你的视频是不是有意思、你在直播间播的内容能不能给用户带来新鲜感、你的线上课能不能给用户带来价值感等，都直接决定你的用户愿不愿意行动起来，使用和消费你的内容。

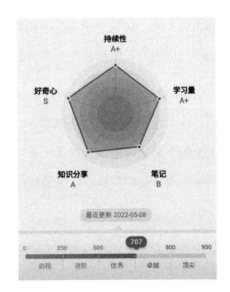

图 3-4　得到 APP 学分机制

3）降低行动难度。人的本能是不愿意去做太麻烦、太烦琐的事情。所以，在内容的设计上，要减少用户的行动难度。减少行动难度的设计，可以从 3 个维度来进行——时间维度、金钱维度和脑力维度（见图 3-5）。

图 3-5　降低行动难度的 3 个维度

① **时间维度**。就是用户在使用时，不需要额外花费太多时间。比如，注册 APP 时只需要手机验证就可以一键注册，用户注册起来很简单，就会愿意注册。

② **金钱维度**。就是用户初次接触内容时，不需要花费太多的金钱。比如，设计 9.9 元、19.9 元就能购买的小课，甚至有的平台可以 1 元购买，让用户用极低的成本得到超值的内容。当用户感觉到内容的性价比时，会更愿意付诸行动，购买你的内容，成为你真正的用户。

③ **脑力维度**。就是所有的内容都要设计得通俗易懂，让用户不用花费太多脑力去了解，即使是学习类的内容，也要让用户能较为轻松地听懂。绞尽脑汁才能明白的内容，用户基本上都不会想要。

4）设计不确定性。 游戏中经常会设计很多的关卡和奖项，在《上瘾》一书中，作者把它称为多变的酬赏。在多变的酬赏中，关键不是酬赏而是多变，是对未来的不确定。当用户对接下来出现的情况不能确定时，会对下一步可能出现的情况充满兴趣和期待，继而愿意继续下去。

心理学家斯金纳曾经做过一个多变性对动物行为影响的实验：在第一阶段，他把鸽子放到装有操纵杆的笼子里，压动操纵杆，鸽子就能得到一个小球状的食物。为了得到食物，鸽子会去按压操纵杆。但鸽子吃饱了之后，就不再按压操纵杆了。在实验的第二阶段，斯金纳变换了游戏规则：鸽子压动操纵杆后，有时能得到食物，有时得不到。当鸽子只能间隔性地得到食物时，它压动操纵杆的次数明显增加。

这个实验后期更多的实验也证明，不确定的因素能够提升大脑中多巴胺的分泌，让人们对未来的酬赏充满期待。内容设计中的不确定性，可以以 3 种奖励的形式进行设计：人际奖励、意外惊喜和自我成就（见图 3-6）。

人际奖励就是用户通过你的内容，和其他人互动，获得更多的社交机会和人脉资源。比如，点赞评论、社群活动等。意外惊喜就是在内容生产和运营环节，给用户制造意外的惊喜。比如直播带货、电商文案中的"秒杀""抽奖"等。自我成就是指用户从内容中体验到的操控感、成就感和终结感。比如游戏

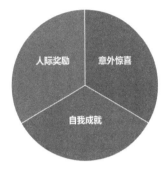

图 3-6　内容不确定性设计的 3 种形式

中的升级、排名、即时奖励等，都能够给用户带来成就感。这也是游戏之所以易让人上瘾的重要原因。而很多知识付费类 APP 的打卡送时长、学习送勋章和送结业证书等活动，都能给用户带来自我成就感。

5）增加深度投入。增加深度投入就是让用户参与内容创作和运营。相比较而言，对于自己亲自参与生成的产品或事情，人们会更加高估其价值。宜家的家具可以由用户自己组装完成，这让用户无形中增加了对家具的喜爱，增加了家具在用户心中的价值。所以这个效应也被称为"宜家效应"。小米手机最早就是靠给用户制造参与感，收获了一大批"米粉"。

我们习惯单纯地输出内容，用户接触内容的方式也是被动接受。这样创作者和用户处于内容的两端，不但双方之间没有交集，而且用户也没有参与感。而让用户参与内容创作，不但能生产出更接近用户的内容，还能增加用户的参与感。一方面，用户在参与内容创作的过程中，付出了自己的精力和心力，对创作出来的内容就会有一份情感，也会愿意留下来继续使用。比如，线上课的老师可以让用户在留言区提出问题，老师根据用户问题调整课程。如果老师的课程中，针对某位用户的问题做了更有针对性地回答和分析，这位用户就会有非常强的参与感，成为这个课程的忠实"粉丝"。

另一方面，用户在内容使用过程中的经历、记录等，在平台或账号中存储下来，也是一种让用户留恋的投入。比如，用户的学习时长、取得的勋章、获得的奖励、发过的笔记或评论等（见图 3-7）。

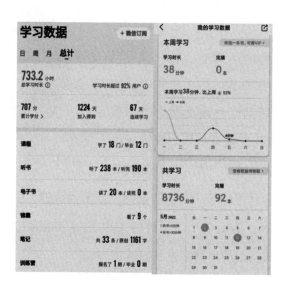

图 3-7 内容平台的学习数据

人们对一件事情投入越多，会越不舍得放弃。这些学习记录，是用户无法带走的沉没成本，让用户舍不得离开。而继续留下来的用户，又会在此基础上，延伸出下一次的触发和行动，继而形成一个完整的"上瘾模型"闭环。

上瘾不是目的，创作有价值的内容才是。我们设计内容的目的，是通过优质内容吸引用户，让用户对内容上瘾，继而愿意留下来获得更多高价值内容。价值是目的，创作是手段，消费是途径，在此基础之上，形成创作者和用户双赢的局面。

3.2 9种常见内容类型

借助品牌和产品，内容通过不同形式，让其自身价值得到更大程度的呈现和利用，人们对内容的价值也有了更具体、更量化的认知。商业价值给人们带来的利益，以及市场和用户对内容的需求，也倒逼内容服务者和创作者设计出更多新的形式，让内容继续创造出更大的商业价值。而每一种具体的内容形式，在内容商业中，都有着自己不一样的风采。

3.2.1　微信公众号，红利期已过但流量稳定

微信公众号是微信上线之初就开发出来的一个内容平台，其内容以图文为主，也支持语音和短视频。最早的自媒体内容用户很大一部分是从微信公众号开始的，公众号也一度成为自媒体用户追逐的热点平台。但抖音、快手、小红书等短视频平台的出现，对公众号市场造成一定的冲击。

早在 2018 年年初，公众号行业的从业者就有一个共同的感受：公众号越来越难做了。选题不好找，编辑不好找，内容每日更新更是把人逼得快崩溃。再加上短视频和直播的冲击，夺走了用户的大部分时间，公众号似乎进入夕阳行业。

但事实并没有如人们预料得那么悲观，短视频的出现确实给微信公众号平台带来不小的冲击，但用户消费的最终目的，终究是优质的内容。**在内容行业，"内容为王"是不变的真理。**无论什么形式，内容好就更容易活下来，内容不好，形式再好也没有用。相比较图文的形式，短视频和直播的形式，确实能给人带来更好的感官体验，但不同的内容形式有各自不同的特点，有些内容更适合以图文的形式呈现。而且，很多内容在不同形式之间是不能够"平移"的，在微信公众号上的优质内容，放到抖音上可能什么都不是，反之亦然。

当前在微信公众号平台上，依然有很多头部大号，靠着优质的内容，有着自己稳定的用户群。比如，职场类的"馒头商学院""插座 APP"；教育类的"武志红""男孩派""年糕妈妈""凯叔讲故事""小小包麻麻""小十点"；文化类的"洞见""十点读书""樊登读书""新世相""最人物""拾遗"；情感类的"李月亮""桌子的生活观"，以及文娱类的"Sir 电影"、时尚类的"黎贝卡的异想世界"、生活类的"一条"等。

当然业界对微信公众号已过红利期已基本形成共识，所以，如果现在开始在微信公众号领域做新号，最重要的不是多和快，而是做好自己的定位，在自己熟悉的、擅长的领域内做细、做深。深耕一个或者两个领域，做深度和爆款内容，获得长线流量。同时借助微信强大的连接功能，打通自己的视频号、头条号、百家号、搜狐号、知乎等平台账号，相互引流，建立自己的私域流量池。

从商业角度讲，早期的公众号变现，更多是通过用户打赏、品牌软文、文末广告这几种方式。随着公众号的发展和成长，公众号的变现模式也有了更多改变。公众号不再仅仅是为别人"做嫁衣"，通过品牌来完成。而是用户根据自己对内容的需求，量身定制自己的公众号，在自己的公众号平台上售卖自己的内容和产品。

比如，樊登读书用自己的"樊登读书"公众号发布跟读书相关的内容，吸引自己的用户群体，在自己的公众号平台售卖自己的产品。这样的销售不需要借助别人的内容，直接把自己的内容做成产品详情页发到自己的公众号平台就可以。

当然，这样的操作不仅仅限于樊登读书这样的知识付费产品，其他实体产品也都开始建立自己的公众号平台，通过平台吸引专属于自己的"粉丝"用户，把流量往自己的私域引导。

红利可以过期，但好内容永远不会过期。只要你的内容足够吸引人，在未来很长一段时间内，公众号依然会是一个相对稳定的流量平台。朋友圈的分享、和其他平台的打通，都更利于内容的传播。

3.2.2　商品文案和电商文案，用内容演绎商品

商品文案和电商文案是最直接的跟商品有关的内容。利用内容为产品做宣传和推广，引导用户消费，是商品文案和电商文案最重要的功能。

商品文案的目的性非常强，就是要把产品介绍给用户，让用户喜欢并最终形

成消费。所以，在商品文案的内容中，最重要的部分是商品详情页，一般以图文的形式呈现。商品文案的另一部分内容，是引导用户消费的利益点。就是在内容中给出用户一个购买产品的理由，比如，你的产品能够给用户带来什么好处，解决什么问题，带来什么感受等。

这个利益点的描述，不是泛泛地叙述，而是通过故事和场景带给用户。通过场景化描述，把用户带到商品实际的应用场景中，让用户产生自己实实在在地在这个场景中使用这个产品的感受。用户体验到真实的使用感受时，会产生自己已经拥有这个产品的感觉，更容易产生购买的欲望。

而故事则是让用户为情感和心情买单。当前社会环境下，多数用户不是在为产品的功能性作用买单，而是为产品带来的情感和具有的情怀买单。**当一件商品触动了人们的情感时，商品在人们心中的价值，会远远高于它本身的功能性价值。** 新榜曾经对用户消费趋势做过一个调研，调研数据显示，77.2% 的用户表示，一件商品的文化内涵会影响他们购买时候的选择，甚至有 10.1% 的用户表示，商品的文化内涵是他们购买某件商品的首选因素。

2021 年 11 月元气森林推出的广告短片《冒泡吧，出嗝青年》记录了五位从事着不同职业的年轻人，打破常规的行为和故事。阐述了"Z 世代"不仅敢于"出嗝"（出格），还敢于"冒泡"表达自己的"出嗝"（出格）——"总有人不被现实安排，冒个泡表达""当我们不得不潜入世界的深海，别忘了按时冒个泡"。

元气森林就是一个气泡水，小清新风格，已经为产品赢得了一波年轻用户。而这个《冒泡吧，出嗝青年》则通过阐述年轻人敢于突破自我这样一个主题，触动了一大部分年轻用户的内心，也让简简单单的气泡水，成为热销网红产品。

商品文案重在产品描述，却是美在故事和场景。把用户带入场景，让用户被你的故事感动，通过商品文案中故事和场景的描述，让用户有沉浸式体验，被产品传出的情怀所触动，继而产生购买行为。

3.2.3 直播，带来亿万级成交量的线上现场秀

直播分为秀场直播和带货直播。在这两种直播的基础上，很多领域的专业人才加入直播行业，分享自己的专业知识，也就是知识分享直播。知识分享直播一方面是一场专业人士的知识秀，另一方面也是一场直播带货，只不过所带的货是一种特殊的产品。所以，从这个角度讲，知识分享直播，与秀场直播和带货直播都有交集（见图 3-8）。

1）秀场直播。秀场直播主要是才艺表演，用户的关注重点在主播身上。比如，主播唱歌、表演武术、表演各种绝活等。秀场主播依靠主播的才艺吸引用户，变现则主要来自"粉丝"对主播的打赏。

图 3-8　直播的几种方式

给主播打赏，完全看"粉丝"对主播的喜爱程度，打赏金额也有非常大的差别。从几元到成百上千元、上万元甚至更多。比如，抖音的用户刷一个嘉年华要3 000 元，有时候一位用户喜欢一位主播，会刷几个嘉年华。2022 年一位反诈骗民警在做直播时，有位用户为他刷了 300 个嘉年华。当然，他把这些打赏的钱都捐了出去。

2）带货直播。带货直播主要是卖货，重点在货身上。用户到直播间的目的是买货，变现方式也主要是卖货变现。最典型的罗永浩、董宇辉等，都是带货主播。直播带货的方式也分两种：一种是借助第三方专业的直播平台和专业主播带货，如罗永浩卖科技产品；另一种是品牌方组建自己的直播带货团队，用自己的平台带货，如东方甄选。

直播带货的内容跟纯粹的商品文案内容差异较大。直播带货在介绍产品功能时，会有更多的现场演绎，场景化非常明显。而且，有些主播会把自己试用产品的心得分享出来，对用户有非常强的感染力和说服力。

在直播带货中，看似主播随口说出的内容，实际上在直播之前都是设计好了的。比如，产品的功能特点要怎么介绍，什么时候报价，如何借势，如何和"粉丝"互动都有话术。

3）知识分享直播。知识分享直播，既包含生活类的旅游、摄影、美食、美妆等知识分享，又包含教育类的知识分享。比如，小红书账号"吕白聊商业"、抖音账号"熙饭团"分享的都是如何通过内容赚钱的知识。

知识付费领域有很多专业知识虽然是真正的干货，但很多人理解起来会比较困难。而且，基本上专业领域的主播，都只是某个专业领域的专家，但不是专业的主播。所以，把高深的知识讲得有趣，是知识分享直播最关键的要点。比如，在 B 站直播分享法律知识的罗翔被誉为法律界的"段子手"。

知识分享的变现一部分来自"粉丝"给主播的打赏，另一部分是销售更多知识的知识付费变现。"粉丝"在直播间听大咖免费的知识分享，出于对主播的喜欢，或者对知识的尊重，"粉丝"会给主播打赏。而这些知识领域的专业人士，也会在免费分享知识的同时，给"粉丝"推荐自己更多更有深度的付费内容。当用户购买这部分内容后，就完成知识付费内容的变现。当前非常多的业界大咖如樊登、刘润、武志红、李玫瑾等，都在直播间做过知识分享。

无论是才艺表演还是直播带货和知识分享，**直播其实都是一场线上现场秀，谁能够在这个秀场赢得观众的喜欢，观众就为谁的产品买单**。在这个秀场里，货不是重点，人才是重点。而能够表现主播特性的，最终还是内容。

3.2.4　短视频，用精炼的语言呈现精彩的内容

短视频因为使用声音、图像、文字等多种媒体手段，给用户带来感官上的刺激，能够让用户有更好的感官体验，超过图文的微信公众号，成为最近两年内容行业最受欢迎的内容形式之一。

能够在 30 秒甚至十几秒的短时间内，呈现一个完整的内容，更便于人们碎片时间观看。即使在等车、等人或排队的一两分钟时间内，都能看几段视频。让人们的等待变得不再漫长，迎合了用户的消费心理。

先开始，短视频以生活娱乐类题材为主。在 2020 年后，用户的消费趋向发生了变化。艾瑞网的数据披露，在抖音平台，休闲娱乐、幽默搞笑等娱乐类型的短视频内容减少，而健康防护、生活技能、课程学习等泛知识类内容涨幅超过了 10%。B 站、百度、抖音、西瓜视频、网易等平台，也都先后推出扶持知识类创作者的相关计划。所以，当前短视频在内容类型上，更偏重于泛娱乐和泛知识类。

在生活和休闲娱乐类短视频内容的具体创作上，关键是小和细，呈现生活中的小细节，更能吸引用户。**细节决定内容的流量，细节也决定内容的生命**。短也是生活和休闲娱乐类短视频的一个特点。短视频一般时间都很短，15 ~ 60 秒。虽然时间短，但视频内容需要呈现一个完整的故事和场景，故事要有前因后果，要有高潮有"包袱"。所以，在内容的语言上，要有很强的逻辑性和连贯性，语言要精炼，不能有太多废话。

而泛知识类短视频创作，更需要讲究贴近生活，把知识和人们的日常生活融合起来，才更容易被用户接受和喜欢。比如，这两年人们对健康知识关注较多，但很多传说中的健康知识我们不知道是真是假，那么，如果由专业医生来科普一些日常健康知识，就会受欢迎。

在 2022 年 5 月新榜发布的抖音健康类内容排行月榜中，位于第二位的叫作"心中有术"的账号，是北京安贞医院的一名心血管外科医生开的。我点开看了其中一部分视频，视频内容其实都很简单，是一位医生从医学的角度对人们生活中经常出现的一些困扰、对医学和健康的一些认知误区做了解读。很多个视频的点赞都几万、十几万甚至几十万，可见人们对这个账号的喜欢（见图 3-9）。

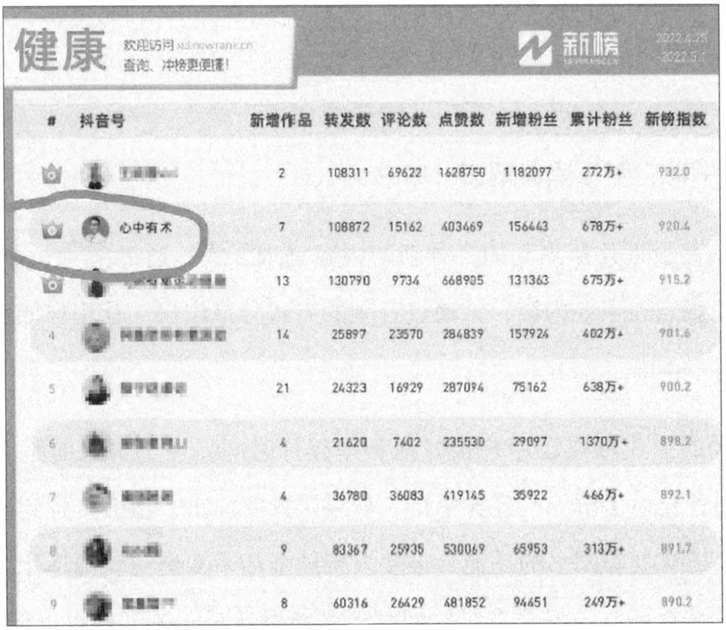

图 3-9　新榜排行榜——抖音健康类内容账号

背景音乐和背景图片都是短视频内容的一部分，在音乐和图片的选择上，要与文案风格一致，否则会让人感觉不伦不类。如果是有故事情节和角色扮演的视频，在故事的演绎和角色上，也需要事先根据剧情进行设定，做好视频剪辑。

抖音、快手、视频号等都属于短视频平台。当前平台对内容的要求门槛也相对较低，给了素人创作的机会。但这并不等于什么内容都可以随便发送。因为用户才是真正的验收官，只有被用户认可，并让他们愿意消费的内容，才是真正的好内容。所以，短视频创作不难，创作出爆款并不容易。需要熟悉身边的生活，洞察用户的需求，在此基础上，加上文字功底和技术手段，才有可能创作出好的内容。

短视频中涌现出一种逐渐受欢迎的形式，即短剧。《逃出大英博物馆》等极大地吸引了观众的眼球。付费模式简单，加上受众数量庞大，短剧的播放量破亿已不罕见。很多影视团队，甚至行业龙头，纷纷转投短剧创作。2023 年，仅横店可能就有 100 多个短剧剧组开机，抖音、快手等平台的 MCN 机构，仅 2023 年就制作出 100 余部短剧。但是，短剧内容低俗化、同质化，收费过高等问题频出。

在这里，我认为内容创作者应坚守创作底线，摒弃急功近利的思想，对内容题材积极探索。

3.2.5　讲书稿，引领读者精读一本书

讲书稿是最近几年兴起的一种新的内容呈现方式，通过精简一本书的内容，提炼出主题观点和主要内容，并通过音频的方式分享出去，让用户能够在短时间内快速了解一本书。

讲书稿的方式可以让用户很好地利用碎片时间，在上下班的路上、闲暇的时间，相对泛化地了解一些经典书籍。如果用户有需求，他会再找到原书进行精读。讲书稿还有推荐图书的功能，很多人想读书却不知道应该选择什么样的书来读，如果没选择好，不但浪费了时间，还可能引起对问题和观点上的错误认知。而且，对于自己不了解的领域，有时候从头到尾读完一本书很难，而讲书稿拆解后，在领读人的解读和引导下，对一本书的内容有了大致了解后，再读起来就不会那么难了。

对于这一点我自己的感悟也比较深。我和樊登老师是朋友，自然也是樊登读书的忠实用户。一直在商业和经济、管理领域耕耘的我，阅读的不少人文和心理学方面的书籍，都是从樊登老师推荐的书单中来的。

因为被用户喜欢，所以，讲书稿市场发展得也比较迅速。很多讲书稿的拆解不完全来自领域内专家，一些有一定知识储备，能够逻辑清晰、语言简练地提炼图书观点和主体内容的素人创作者，也加入到拆书行列。当前几个大的讲书平台有：樊登读书、得到 APP、十点读书、慈怀读书会等。樊登读书和得到 APP 的用户都已经达到 5 000 多万。

讲书稿的内容基本上按照原书的内容进行拆解，有时候讲书人为了让听众更容易接受书中的观点，拉近和听众之间的距离，会加入自己的故事，或者身边生活中的案例，引申出一些更符合当前社会形势和用户需求的观点，启迪用户。比

如樊登读书、得到讲书栏目都是如此。讲书稿的拆解是一个连续的过程，要经过选书、阅读、撰稿、审阅、讲述等环节（见图 3-10）。

图 3-10　讲书稿的拆解流程

1）选书。拆解讲书稿，选书是一个重点。要选择自己熟悉的、能够驾驭的内容。初期拆书可以从一些方法论主题的书开始，这样的书逻辑性比较强，拆解起来相对比较简单，比如，《高效能人士的七个习惯》《理解未来的7个原则》等。

2）阅读。选定一本书之后，要把一本书精读 2~3 遍，把内容完全理解，能够融会贯通了。读书一定要做笔记，或者用思维导图把一本书的主题脉络列出来。这样写文字稿的时候，更容易把握主题。而且，在平台发布讲书稿的文字稿时，把思维导图一起发到平台，也会让听者更容易理解。得到 APP 和樊登读书 APP 上的讲书稿都有思维导图同时发布。

3）撰稿。在具体写文字稿时有 4 个原则：需有作者简介、原书观点不变、贴近现实生活和符合讲述习惯（见图 3-11）。

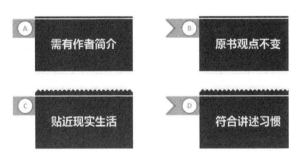

图 3-11　撰稿的 4 个原则

① **需有作者简介。**讲书稿中必须要有对作者的简介，一方面是对原书作者的尊重，另一方面，作者背景是听众理解一本书的基础。尤其是一些国外著作，

很多作者写作一本书的初衷跟这本书本身的内容会有一定的关系。

经久不衰的心理学书籍《共情的力量》的作者亚瑟·乔拉米卡利写作这本书的原因，就是他误入歧途的弟弟在逃亡的过程中心情崩溃，而他作为心理学家，却没能给到弟弟恰当的共情，最终弟弟选择了自杀。作为哥哥的作者最终化悲痛为力量，写成了这本被称为教科书级别的共情书籍。

② **原书观点不变**。讲书过程中，原则上不能改变原书作者的观点。即使不同意书中的观点，也要在讲述时向听众说明，哪些观点是作者的观点，哪些观点是自己的观点。

③ **贴近现实生活**。有些国外的书籍在写作的时候，有其特定环境和特定背景，这个背景如果跟我们国家的现代生活差距比较大，就会造成听众理解起来比较难，不能很好地理解作者想要表达的观点。那么，讲书的时候，把这些观点跟我们现代生活中的案例结合起来，会更便于用户理解。

④ **符合讲述习惯**。讲书稿最终要以音频的形式讲述出来，所以，虽然是文字稿，但在语言风格上，要符合我们口头表达的习惯，讲述的时候不会感觉拗口，听众听起来也舒服。

4）**审阅**。审阅的目的主要是对内容的审核，发现文字稿中和原书主题观点不一致，或者对原书内容有误解的地方。如果有团队，审阅的工作应该由专门人员来承担。如果是个人独立作战，不要完成文字稿后马上审阅，需要间隔一段时间，让自己的思维从原来的内容中抽出来之后，再回过头审阅。

5）**讲述**。讲述也分两种情况，有的是讲书者自己讲述，有的是团队有专业的配音工作人员。无论哪种情况，能够声情并茂地把内容讲给听众，让听众愿意听，是唯一的标准。

读者读书的目的是获得书的使用价值，而讲书的标准就是让用户感觉有使用价值。所以，无论原书的故事背景和内容如何，对书中主题观点的提炼，以及这些观点对现代人的意义和启迪，都是拆解一本书的难点和重点，也是衡量一本书拆解得好不好的关键标准。

3.2.6　音频课程，通过声音的方式传递知识

音频课程是通过专业创作者把自己精通的专业领域的知识进行总结提炼，通过线上渠道分享出去，让更多的用户了解并消费。音频课程是知识付费的主要形式，在得到 APP、李善友教授的混沌学园、喜马拉雅、十点读书、樊登读书等知识付费平台都有音频课程。

音频课程的创作者主要是内容行业的 PGC，他们大多是行业内的精英群体，有丰富和系统的专业知识，但受限于地理环境、工作环境等条件，他们的知识只能在固定的圈层分享和传播，传递给小范围用户，使得好资源不能得到最大限度的利用，造成资源的浪费。另外，还有很大一部分人想要学习更多相关的知识，却没有很好的渠道。而线上音频课程，正好解决了这个矛盾。

比如，关于"三高"、心血管病的预防和治疗的基础知识，是很多普通人应该了解也希望了解的。但对于没有相关疾病的人群而言，大多数人并不知道相关的知识。而那些生病住院从医生那里得到这些知识的人，都感觉知道得太晚了。因为早一点知道，原本很多病是可以预防的。

北京阜外医院心脏康复中心主任冯雪，把关于高血压、高血脂、高血糖的相关知识，各自打造成 10 节课左右的音频小课分享出来，让普通人通过线上方式，对这些基础病的预防和治疗有了初步了解，在一定程度上帮助人们预防了病情。

同样在得到 APP 上，还有浙江大学生命科学院教授王立铭的"给忙碌者的糖尿病医学课"、北京协和医学院医学博士张遇升的"给忙碌者的大脑健康课"、北京同仁医院总药师王家伟的"王家伟·日常用药健康课"、骨科副主任医师赵辉的"给忙碌者的骨科医学课"等。

得到 APP 上其他领域类似的音频课程有很多，心理学家武志红、华东师范

大学哲学教授刘擎、金融学者香帅等，都把自己的专业知识打造成通俗易懂的音频课程，让更多外行人对这个领域有一定的了解，帮助很多人解决了困扰。

在音频课的创作方面，因为内容更多来自专业领域的创作者，所以内容方面由作者把关即可。但在语言和讲课的过程中，需要把握下面的原则：

1）语言尽量通俗口语化，案例要来自生活。线上音频课程的内容创作者大多数是PGC，虽然他们有非常专业的知识，但习惯了面对专业听众讲课的他们，在语言风格上也往往没有那么通俗，没有专业基础的普通用户往往听不明白。所以语言的通俗口语化是他们需要把握的一个原则。甚至，在课程的设计和打造上，需要平台专业编辑的帮助。

"薛兆丰的经济学课"的演讲者薛兆丰教授曾经说过，在录制这门课程的时候，他满怀信心地录制内容，却被得到平台的编辑一次次打回，原因是他讲的经济学内容太专业，适合北大的学生听，不适合广大普通用户听。经过多次打磨之后，才有了现在的"薛兆丰经济学课"。

2）和听众的互动。课程发布的目的是帮助用户解决问题，如果问题得不到解决，课程就失去其存在的意义。所以，音频课程一定要设置留言区，让用户把没有听懂的问题，以及好的建议提出来，来优化迭代后面的课程。

线上音频课是互联网时代的产物，通过线上音频的方式，让很多专业领域的知识得到更广泛的传播，也让普通人有更多了解新知识、新领域的渠道。同时，普通人被一些日常生活中的问题困扰时，也能够通过专业的音频课程得到一定程度的解决。而对于创作者而言，自己潜心研究的知识能帮助到更多人，本身是一种收获和成就。在帮助别人的同时，还能够让自己得到经济上的收益，也是对他们知识价值的认可和回报。

视频能给用户带来更好的感官体验，而音频占领了"耳朵经济"的市场。短视频的出现给音频内容带来了一定的冲击。但和视频相比，音频的方式因为不需要观看，用户获取知识更便捷。而且，相对专业的内容，也需要配上文字版让用户慢慢学习、慢慢消化。所以，能够有文字稿呈现、用声音讲述出来的音频课程，占领了一个不小的市场份额，而且，会在较长的时间内，稳定地占据音频市场。

3.2.7　广播剧，情景和故事最能打动人

广播剧是通过不同的角色配音、旁白以及后期其他声音的模拟，借助广播作为媒介，单纯通过声音的方式，把故事剧情展现出来。

广播剧的起源比较早，早在 1920 年国外就出现了第一部广播剧，国内广播剧的高峰时期是在 20 世纪七八十年代。儿童广播剧"小喇叭开始广播了"是很多那个时代的人的童年记忆，《刑警 803》也成为那个时代的经典。这个剧还在后续加上了新的内容，有了续集，目前在喜马拉雅已经更新到 900 集。20 世纪 90 年代初电视普及后，广播剧逐渐被有图像的电视代替，进入低谷。进入互联网时代，网文创作飞速发展，开启了大广播时代，很多网文被改编成广播剧的形式，在网上传播，并逐渐形成规模，广播剧重新回到人们的视野。

和音频课程通过语言传递知识的方式不同，广播剧更多通过声音展现故事和剧情，有更强的娱乐性，但制作起来有一定的难度，不但在内容上要求故事和情节符合广播剧的模式，制作过程也需要团队协作共同完成。

目前广播剧的剧情大多还是改编自小说，我国传统的四大名著在喜马拉雅都有广播剧版本。但新的内容也在逐渐增加，并呈上升趋势。刘慈欣的科幻小说《三体》，在作品制作完成收官之时，就达到了 1.1 亿的播放量。到 2022 年 5 月，这个数据达到 1.3 亿。

目前国内广播剧做得比较好的平台是喜马拉雅。以声音类内容为主的喜马拉雅专门开辟了广播剧频道，广播剧的内容分成都市、言情、武侠、奇幻等多种形式。

声音产业是一个正在高速发展的大市场，有声书、广播剧、脱口秀是当前用户收听比较多的三种形式。而广播剧也正在从原来爱好者自己策划制作的"网配剧"开始走向商业化，由专业的策划、配音、制作团队精心打造成"商配剧"，乘着"耳朵经济"的东风高速发展。

在广播剧背后，其实还有一个巨大的市场，就是配音演员的市场。一个专业配音演员，首先是科班出身，后期还要经过至少3~5年漫长的专业打磨的时间。如此长时间的培养，远远不能满足"商配剧"市场的需求，于是有了一个不专业的专业圈——"pia戏圈"。pia戏和线上K歌的形式类似，玩家不需要完全根据角色定制自己的声音，只要根据自己对剧本的理解，调动自己的情绪和调整台词，本色出演就可以。而一些优质的声音就在这个过程中被筛选出来。这些人再经过更为专业的培训，便会从业余走向专业。

作为内容行业的从业者，如果你是个人从业者，可以在广播剧市场成为剧情的编剧或声音从业者；如果你是企业从业者，也可以开发"耳朵经济"中的新赛道，在广播剧市场有一番大的作为。

3.2.8 脱口秀，从有趣的内容到有趣的人

提到脱口秀，人们自然想到的是"脱口秀大会""开心麻花"等节目。在内容商业这个赛道上，脱口秀开启的时间并不长，正式启动也只有5年左右的时间。脱口秀从一开始就进入商业化模式，在变现方式上，除了脱口秀演员代言、直播等商业变现外，线下表演也收入不菲。

从2017年第一季《脱口秀大会》后，脱口秀就同时在线上和线下站住了脚跟。一场线下脱口秀的演出票价已经接近一线歌手演唱会的门票价格。演出地点也从北、上、广、深等一线城市向更多城市辐射，而脱口秀公司也呈现出遍地开花的趋势。

在我国脱口秀的形式更看重平台资源和IP，而且，相比较而言，脱口秀的创

作难度比较大，而且脱口秀的表演不只是写好稿子的问题，还有很大一部分是在舞台上的表现。所以目前脱口秀的从业人员也非常少。

不过，内容创作还是脱口秀前期最基础的准备，稿子准备得充分了，到台上才不会紧张。2022 年在一本知名脱口秀演员出版的脱口秀工作手册中提到："要写逐字稿""不要写谐音梗、网络用语""字词要删到不能再删""找比你厉害的人帮你改稿""天天写"。而这些只是脱口秀稿子最基本的要求，至于"包袱"什么时候抖，舞台上掌握什么样的节奏，用什么样的风格来呈现，这些都需要大量专业的训练。

相比较微信公众号、电商文案、短视频脚本这几种形式，脱口秀和广播剧的形式，在创作难度上相对较大，还没有走上大众创作的规模。但也正因此，对于内容服务企业而言，这两种形式的内容是可以深挖的蓝海市场。

当前的内容行业不再是一座山，你努力向前爬到山顶就是胜利。而是一片海，不断催生新的形式、新的机会和更宽广的市场。当然也有更多的不确定性，如果你选择好了，赶上了浪尖，就可以乘风破浪飞起来。但如果你陷入了谷底，也可能被大海吞没。但最重要的是，把自己的内容做好，即使不能赶上浪尖，优质的内容也有更多翻盘的机会。

3.2.9　沉浸式内容体验：意犹未尽的灯光秀和"剧本杀"

2023 年 7 月，主题为"新千里江山图·壮美陕西"的灯光秀在西安古城墙闪亮登场。在古城墙上，能够欣赏到一幅跨越千年时间长河、壮美秀丽的陕西历史画卷，旅客纷纷表示深感震撼。

随后，这场西安古城区灯光秀在网络上引起大家的热议。灯光秀是未来旅游产业发展的一种非常重要的趋势，消费者越来越倾向于这种沉浸式夜游体验项目。景区展出灯光秀，不仅能让游客在游玩过程中享受到光影的乐趣，还向游客展示出景区的整体形象和旅游特色。

灯光秀让人大饱眼福，而"剧本杀"则会让人有一种身临其境之感。"剧本杀"是一种互动娱乐游戏，魅力在于其趣味性和挑战性。玩家会扮演特定的角色，成为故事剧情中的一部分，在剧情中需要寻找线索、推理出真相，最终揭开故事的谜底。

从剧本创作、出版、发行到游戏运营、推广等环节，"剧本杀"都形成了自己的体系特色，且市场规模也在扩大。很多知名影视公司纷纷进场，加紧布局。

在国内，沉浸式内容体验是一个新兴的内容消费领域，尤其是灯光秀和"剧本杀"正在逐渐成为消费领域的"下一个风口"。

3.3 让你的第一张名片价值百万

人们对一件事情的认知，在很大程度上会受到第一印象的影响，这就是心理学上的首因效应，这个效应也适用于内容行业。用户见到内容的第一面，内容以什么样的形象呈现出来，给用户留下什么样的印象，在很大程度上决定着用户对内容的认知，甚至决定了用户是否在你的内容上停留，会不会打开你的内容。

内容展现在用户面前的形象，包括两个部分，一是内容账号的昵称、头像和简介，代表了内容背后创作者的人设，决定着用户喜不喜欢你这个人；二是内容的标题，决定着用户会不会点开你的内容。

3.3.1 昵称、头像、简介，你要给用户什么样的人设

无论哪种类型的内容账号，给用户留下第一印象的，都是你的账号昵称、头像和简介。从这几个要素中，用户就能够看出你的人设，知道你的账号想要分享的是什么类型的内容，是不是他需要和喜欢的，以此决定他会不会留下来观看你的内容。所以，在设定昵称、头像和简介的时候，就要考虑好给到用户什么样的人设。

1. 昵称

在平台开设一个账号，第一件事就是取名字，也就是昵称。账号昵称的命名有两个原则：一是简单、好写好记，二是昵称中要显示你的内容方向。

1）简单、好写好记。 账号的昵称就是你的名字，目的是让用户记住。所以，昵称一定要简单好记。千万不要为了显示自己有学问，故意用一些深奥艰涩的词语做昵称。可以用真实名字，或者你喜欢的昵称。如果你在某个领域有影响力，也可以把头衔加上。比如，"教育学博士后""三甲医院营养科医生""北大学姐"等，这些头衔能帮助你的账号提升影响力，让用户更愿意相信你说的内容是有价值的。

2）加上内容方向。 把你的内容细分领域关键词放到昵称中，用户一眼就能知道你是做什么的。比如"健身小凡""小北读书"等。如果是美食类账号，昵称中可以加上美食、探店等关键词。如果你是做亲子教育的，可以在昵称中加上"育儿""教育""亲子"等关键词。如果你是宝爸宝妈，就可以直接用"××妈育儿""××爸教育"等。

2. 头像

内容账号的头像可以是真实头像，也可以是卡通头像。如果是做相对严肃专业的内容，比如，文化类博主、教育类博主、摄影类博主、旅游类博主等，最好放自己真实的头像，头像背景不要太复杂，最好跟你的内容有关联。比如，小红书博主"都靓读书"，用"名字＋'读书'"的结构作为自己的昵称，简单直接，也符合她的人设。她的头像也是一个知性优雅的形象，而一张她正在读书的图片作为背景图，非常简洁又进一步强化了她的人设。

如果你本身的内容专业性较强，可以用跟专业有关的头像，比如，小红书上一位健身博主的头像就是她的一张健身照片，背景图也是她身着健身服的侧面照片，这让她看起来有了更强的专业性。

如果内容比较搞笑、比较卡通，也可以用卡通形象的头像，跟内容的风格一致。比如，漫画、冷笑话等内容。抖音上有个讲冷笑话的账号，头像就是一个卡通的蛋壳。

3. 简介

简介就是要一句话讲明你是做什么的。无论哪种自媒体，你的简介就突出三个方面即可：你的特长、你的专业性和你的独特性。

特长和能力就是把你在某个领域的成就、成绩、特长在简介中客观地呈现出来，让用户感觉你很厉害，愿意相信你。比如，小红书护肤博主"清华护肤易博士"的账号简介是"清华大学协和医学院博士、曾至美国 Oregon Health and Science University 学术访问"；另一位护肤博主"护肤博士妈妈 Anna"的账号简介是"曾任法国某大厂护肤品研发师、法国医学 TOP| 巴黎大学博士"这样的介绍都给人很专业的感觉。

如果你没有过硬的头衔，但有相关的经验，用具体的数据来描述你的经验，同样具有说服力。而且更直观也更客观，不会给人夸大不真实的感觉。比如，某个美妆博主的简介是"4 年平面模特 +3 年美瞳模特经验；美妆博主，可盐可甜可'沙雕'"。

如果你没有过硬的背景，也没有长时间专业领域的知识和经验，就是一个单纯热爱这方面内容的新手，你可以把账号打造成某个领域具有独特性的账号，让你在众多账号中被用户一眼看到。比如，抖音账号"时尚奶奶"的简介是"展示中国老年人健康、时尚、优雅而美好的生活"，利用了自己年老依然追求时尚的独特性，来吸引用户。

简介的内容不需要太多，一句话说明白就好。无论是展示特长、表现专业还是用自己的独特性吸引用户，目的都是把你的账号内容要做什么，明明白白地告诉用户，让用户在一开始就对你的账号有一个清晰的认识，想要了解相关内容的时候，就到你的账号来找。这样才更容易留住"粉丝"，拥有属于自己的私域流量。

3.3.2　标题决定着内容的点击量和推送量

无论是微信公众号、头条号等图文版的内容，还是抖音、快手、视频号、小红书笔记等视频内容，内容的标题永远是用户面对一篇内容时最先看到的部分。一个标题能不能吸引人，在很大程度上决定着用户会不会点开你的内容。

能够一眼就让用户决定看不看的是内容标题中的关键词。标题中的关键词能够让用户眼前一亮，或者让用户一眼就感觉到被触动，这个关键词就是能吸引用户的关键词。如果标题中的关键词在用户看第一眼的时候不能刺激到用户，很多时候，标题就会被用户滑过去，没有被用户看第二眼的机会。所以，标题中加入吸引用户的关键词非常重要。标题中容易吸引到用户的关键词大致有：热点关键词、痛点关键词、共鸣关键词、数字关键词和特殊关键词（见图 3-12）。

图 3-12　标题中容易吸引用户的关键词

1）热点关键词。 热点永远是不会过时的关键词，是内容流量的保证。如果你的内容能够借热点，一定要把热点关键词写上。新闻事件、明星八卦、节日活动、当下发生的社会事件等，都是热点关键词。

2）痛点关键词。 痛点就是用户想解决但又解决不了、不知道如何解决的问题、感受等。痛点放到标题中，让用户看到就感觉到触动，想要从中找症结、找答案。痛点关键词一定要跟你的文章内容一致，你的内容中要给到用户答案。**你不仅唤起了用户的痛，你还需要给用户药。**

3）共鸣关键词。 所谓共鸣就是你的话说到了我心里，我对这个问题有和你一样的看法。共鸣关键词更多时候会是一些比较让用户扎心的词语，比如，"裁员""中年""月薪3 000元""失眠"等。标题中出现这类关键词，用户就感觉这篇内容说的就是跟自己有关的事情，所以会愿意点开来看。比如，"裁员第36天，我去公园喂鸽子假装上班"。你看到这个标题，是不是想要看看标题后面的内容呢？

4）数字关键词。数字的意义更在于给用户感官上的刺激。在一大片文字中，出现阿拉伯数字很醒目，给人带来不一样的感官体验，让用户注意到这个标题。比如，"《平凡的世界》里的10句话，读完你就不累了""18考南大、23进华为、27入围环球小姐、44成为中国海军首位女舰长……"，这些数字在标题中非常醒目，也让用户看一眼就印象深刻。

5）特殊关键词。特殊关键词不是指具体某种关键词，而是人们比较熟悉的有名气有权威有影响力的名词的代称，看到这些词，人们大脑中会有一种特殊反应。比如，新华社、清华大学等知名机构的名字；知名人物的名字、校长、老板等常用的头衔，都属于这类特殊名词。比如，"北大心理学博士：什么时候，可以结束一段婚姻？""这届'00后'已经开始回顾自己的黑历史了"，这两个标题中的"北大心理学博士""00后"就是特殊关键词。

有时候针对内容主题，我们可能找不到合适的关键词，或者感觉用关键词有只用标题吸引人的嫌疑，也可以通过标题中语言的巧妙运用，来调动用户情绪，引起用户的情绪共鸣。通过标题给用户制造情绪一般有5种方法：制造冲突和悬念，让用户看到利益点，制造对比、突出效果，点明特定用户人群和标题展现故事梗概（见图3-13）。

1）制造冲突和悬念，让用户产生好奇心。最常用的就是3W法则，即Why（为什么）、What（什么）、Who（谁）。比如，"'为什么感觉月薪过万很

图3-13 标题中制造用户情绪的5种方法

普遍？'抱歉，这才是大多数人收入的真相"；再比如"唐僧师徒四人一马，必须辞退一个，会是谁？"等。看到这几个标题，有没有激起你的好奇心，想要点开看看里面的内容呢？

2）让用户看到利益点。所谓利益点，就是你的文章或者你的内容能够给用户带来什么，在标题上就能体现出来，用户一看到标题，就知道自己能够从这篇内容中收获什么。比如，"为什么越休息越累？教你 7 种正确的休息方式""减少精神内耗的 10 个方法""居家隔离好烦好烦好烦！做什么事儿能让心静下来？"这几个标题虽然表达方式不一样，但标题中都给到了利益点，让用户看到这个标题后，想要知道标题后面的答案。

3）制造对比、突出效果。对比会因为让人产生心理落差，继而看到主题观点更明显的效果，从而对用户产生吸引力。比如，"他做事不如我，凭什么混得比我好？""平庸的人千篇一律，优秀的人以终为始"这两个标题都是通过前后的对比，突出效果，让用户过来观看。

4）点明特定用户人群，提醒这部分用户来看。比如，"7~15 岁做好这件事，普通家庭的孩子，也可以'逆袭'成人生赢家！""写给很累的你：停止精神内耗，做有用的事""'刘 × × 女孩们'注意啦！"，就是提醒"普通家庭的孩子"的家长、"很累的你"和"刘 × × 女孩们"这些群体的用户来看。

5）直接在标题上展现故事梗概，吸引用户。比较常用的模式是"故事 + 观点"或"观点 + 故事"。比如，"刘 × × 50 岁爆红，涨粉 6 000 万：世间坎坷，都是强者的试金石""糕妈：37 岁生了俩娃，身材比年轻时还好！我的独家健身秘籍，今天第一次公开"，这几个标题都是用故事 + 观点的模式来展示主题的。

情绪是优质内容必须具备的因素，情绪是最能触动人心，也是最能从深层次吸引用户的东西。**好内容中蕴涵着用户需要的情绪，用户也因为其中的情绪而喜欢内容。**所以，从严格意义上讲，通过情绪共鸣吸引用户，比用关键词吸引用户要效果更持久。

无论是账号的昵称、头像、简介，还是具体内容的标题，都是内容的第一张名片，是用户接触内容、了解内容的开端和窗口。这张名片如果做得好，用户就愿意接受你的账号，愿意了解你的内容，你的用户之间就有了最初步的连接。在此基础上，再用你的具体内容来打动用户，让用户留下来，乃至成为你的忠实"粉丝"，变成你的私域流量，才有可能最终通过内容变现，完成一个完整的商业闭环。

3.4 正文内容暗藏的技巧

无论什么形式的内容，正文都是内容表现的主体，是一个内容中需要重点呈现的部分。内容的主题观点、故事剧情，创作者想要表达的思想、希望达到的目的，都需要通过正文表现出来。从开篇到框架再到内容文字，每一个部分都需要做好规划做好设计。

3.4.1 黄金 3 秒原则，有意思的开篇拥有吸引人的魔力

广告学上有黄金 7 秒定律，意思是广告要在 7 秒时间内吸引用户，否则这条广告就是失败的。在当前内容行业中，所有形式的内容都已经是超量供应，蜂拥而至的内容让用户应接不暇。所以，对于读者和观众而言，7 秒时间已经太长，很多时候用户根本等不到 7 秒就已经没有耐心看下去了。尤其是短视频内容，这个时间应该是 3 秒甚至更短，你的内容如果在开始的 3 秒时间内不能抓住用户的注意力，就可能错失和用户亲密接触的机会。当前用得较多的开篇方式有：开篇点明主题、开篇抓住痛点、用故事和场景开篇、用热点事件开篇、用名言或金句开篇（见图 3-14）。

1）开篇点明主题。在内容一开始就把主题观点亮出来，不需要太多铺垫，让用户知道你接下来要讲的内容是什么。比如，央视前主持人的一则亲子教育视

频的开篇这样说"在引导孩子交朋友这个问题上，我劝大家都要做个势利的妈妈……"，这个开篇一开始就告诉用户接下来的内容说的是"孩子交朋友的问题，以及在这个问题上妈妈的态度"，非常简单明了。有需要的用户就接着看下去，没有这方面需求的用户，也不会在上面浪费时间。

图 3-14　常用的 5 种开篇方式

2）开篇抓住痛点。痛点是最让用户有感觉的，在开篇 3 秒时间内抓住用户痛点，让用户一开始就感觉到这个内容对自己有价值。开篇可以用提问的方式，直接把痛点问题提出来，这种方式既能快速点名主题，又能快速抓住用户注意力。比如，"你有没有经常遇到这样的问题？""经常有朋友这样问我……"，也可以直接提出痛点进行分析。

3）用故事和场景开篇。用和主题有关的故事或场景开篇，是图文类内容比较常用的一种方式，在干货文和观点文中都比较常用。故事是最能引起人们兴趣的，场景则能给人带来真实的体验感。和主题有关的故事和场景，能吸引用户快速了解主题内容。而把故事或场景和痛点结合，则会让用户对痛点有更切身的感受，更有兴趣继续了解后面的内容。比如，"最近，'粉丝'小兰向我大吐苦水……"而用痛点生活场景开头，更容易把用户带到现场场景中，带给用户更深的体验，比如，"先做一个小调查：你经历过以下几种情况吗？　A……B……C……"。

4）用热点事件开篇。热点本身就自带流量，用热点内容开篇，一下子就能吸引用户的注意力。所以，几乎所有类型的内容，都可以用热点开篇。比如，"最近，北大的 ××× 又上热搜了。"就是借助当时北大数学学院老师上热搜这个热点事件来吸引用户。

5）用名言或金句开篇。名言、金句本身就具有权威感，在内容一开始用名言或金句，能给人带来权威感和力量感，具有振奋人心的力量，更容易让人信服。

开篇是内容和用户的第一次亲密接触，开篇能吸引用户，用户才更容易继续观看你的内容，才会有机会和用户后续接触。如果刚第一面，用户就厌烦了内容，即使后面的内容再精彩，用户可能也不会往下看。

3.4.2 用好框架结构，内容创作其实没有那么难

确定好了开篇，接下来就是正文内容的创作了。对于正文内容，有些人写起来很顺畅，有些人却写得很辛苦。差别在于有没有做好规划、搭好框架。

我身边有很多做新媒体的朋友，不止一次跟我诉苦，说自己脑子里有一个想法，也看了很多文章、查了很多资料，但把这些资料看过一遍之后，脑子里还是一团糨糊，不知道怎么把这些资料整理成逻辑清晰的内容。他们对于具体写什么、怎么写都没有一个清晰的逻辑和框架。

其实内容创作不应该是这样吃力不讨好，很多的爆款文章也并不会特别耗时。重要的是做好规划。这个规划就是内容的框架。只要确定好了主题，按照固定的框架，把相关的内容填充上去，一篇逻辑清晰的内容初稿就出来了。

在微信公众号、头条号这样相对长篇的内容中，用框架的方式写文章，很容易快速成文，而且，内容不会逻辑混乱。微信公众号和头条号、百家号、小红书笔记等文字版的内容的框架，大体上分为以下几种：

1）干货文最常用的框架逻辑是"是什么＋为什么＋怎么做"。"是什么"是整篇文章的主题观点，或是对概念的解释与澄清，或是对观点的分析解读。在"为什么"部分，一般是分析核心原因，比如，写这篇文章的原因、解决这个问题的原因等。这两个部分一般是整篇内容的背景，告诉用户接下来的内容会提供什么样的价值。而在"怎么做"部分，会提供真正的干货方法，这也是整篇文章的重点，是用户需要的价值。"怎么做"部分一般会从平行和递进两个角度来写。

2）观点文比较常用的有 3 种框架结构：从不同角度用不同的分论点论证、从同一个角度用不同的案例论证、从同一个人不同生活侧面论证（见图 3-15）。

图 3-15　观点文常用的框架结构方式

① 从不同角度用不同的分论点论证一个观点。比如，公众号文章《把儿子"养废"后，我才明白：只会讲道理的父母，永远养不出有出息的孩子》，是一篇"10 万 +"阅读量的文章。这篇文章的一个观点是："只会讲道理的父母，永远养不出有出息的孩子"，而正文内容分别从"给孩子讲道理是无用的教育方式"和"有时讲道理也是一种语言暴力"这两个角度进行论证。接下来则给出不用讲道理来养孩子的方法案例，做进一步升华论证。

② 从同一个角度用不同的案例论证一个观点。如果觉得不知道如何从不同角度去论证一个观点，也可以从同一个角度论证，但可以用不同的案例，这样创作出来的内容也会很丰满，让用户愿意阅读和观看。比如，公众号文章《越来越多的人，正在被内耗压垮》，这篇文章的观点是：人生变好，从停止内耗开始。文章分别从三个角度论证了这个观点：情绪内耗正在压垮你的生活；人生变好，从停止内耗开始；拒绝内耗，是人生最好的解药。

③ 从同一个人不同生活侧面论证一个观点。这样的方式在以写人物为主的内容中更常用。比如，公众号文章《选秀女孩，逃离噩梦》，从某个选秀女孩上学时参加选秀开始说起，大致按照时间顺序，分别从"选秀、签约、练习生、出道、退圈"几个角度，讲述她的人生选择。

内容创作不是思维的天马行空，也不能依靠与生俱来的天赋。创作是一种技能和技巧，是在信息沉淀基础上，在一个确定的范围内，把信息按照一定的规则和逻辑梳理成让用户喜欢的内容的方式，而框架就是这个确定的范围。既给了创作者一定自由发挥的空间，又让创作者创作出的内容不偏离主题。

3.4.3　内容要让 AI "听得懂"

有了确定的框架和规划，我们把资料梳理成一篇好内容看起来并不难，但想要让自己的内容被更多用户看到，在内容的语言表达方面，还需要注意一个关键因素，就是能够让 AI "听得懂"。因为我们的内容在被用户看到之前，需要根据平台的算法，决定推荐给用户的推荐量。

不同的平台有不同的推荐算法，而且，每个平台的推荐算法也都非常复杂，涉及的内容关键词会根据社会环境、地理位置、用户的身份、性别、年龄、兴趣、浏览记录、停留时长乃至在某一个时间段的偏好、完读率（或完播率）等各方面的因素进行推荐。所以，想要得到平台更多的推荐，第一步是了解要发送的内容平台的算法规则。

比如，抖音平台的推荐算法是，根据用户过往的浏览记录，猜测用户的个人喜好，并根据用户的兴趣，推荐他感兴趣的内容。也就是说，你在抖音上刷到什么样的内容，不是算法决定的，而是你的行为轨迹决定的。你点开的哪类内容多，在哪个内容上停留的时间长，算法都会捕捉到，并以此判定你的喜好，继而给你推荐你喜欢的内容。所以，如果在抖音上创作短视频内容，就要反向推算，研究你的内容受众人群的浏览习惯和搜索习惯。

而小红书的推荐算法是，不但会在笔记的标题和正文分别抓取关键词，还会在内容的开头和结尾以及图片标签抓取关键词。所以，在小红书创作内容笔记，要在标题、开篇、结尾和图片部分，都放上关键词，便于平台抓取。

容易被 AI 抓到的关键词包括热点关键词和爆款内容关键词。微信公众号热榜、微博热搜、抖音热榜、头条热榜、知乎热榜等热搜、热榜中涉及的关键词，都是大众感兴趣的热点话题。如果不能确定热点，你也可以从同类内容的话题中找，看哪些关键词出现的频率高，这些关键词基本上就是热点关键词。需要注意的是，如果你在以往的内容表达上有偏差，曾经内容被推荐但用户完读率（或完播率）不高，平台不会再给你更多的流量推荐。所以，内容追热点没有问题，但不能单纯为了热点而热点，更重要的还是内容一定要跟热点一致。

而爆款内容关键词就是爆款内容中经常会出现的关键词。爆款内容关键词不固定，是平台算法根据用户关心的话题算出来的。你可以去平台搜索相关主题的爆款内容，分析同一类爆款内容中，都有哪些相同的关键词。把这些关键词整理出来，在你的同类内容中用上，就更容易被平台推荐。

了解算法可以帮助内容被推荐，但内容不能仅仅依靠算法来取巧。内容是否被用户认可，形式是否被用户喜欢，最终还是取决于内容本身的价值。对于内容而言，用户永远是最终的也是最公正的考官。

无论是内容的开篇、搭建框架，还是让 AI "听得懂"，都是创作者在内容创作过程中的技巧。**技巧只是手段，价值才是根本，技巧可以使用但不能依赖。**真正让用户感受到内容显现的价值的，是对用户需求的用心洞察。用心洞察用户需求，让你的内容不但用户会看，而且愿意持续看，看完了还想继续看，看完了意犹未尽，这样的内容才是好内容。而要做到这一点，创作时还需要在结尾上下一番功夫。

3.5　总结和升华，好的结尾让用户回味

去过宜家的人都知道，在宜家购物的出口处，有一款只有 1 元钱的冰淇淋，购物结束离店之前，吃一个美味又便宜的冰淇淋，会让前面一些不好的购物体验都烟消云散，离开宜家的时候，你的心情是愉悦的。

宜家的这个设计来自管理学上的一个定律——"峰终定律（peak-end rule）"。"峰终定律"的提出者是 2002 年诺贝尔经济学奖获得者、心理学家丹尼尔·卡尼曼（Daniel Kahneman），意思是人们对一段体验的评价由两个因素决定：一个是最高峰的体验，一个是结束前的最终体验，过程中的其他体验对人们的记忆几乎没有影响。

峰终定律被很多企业用在自己的经营管理中，而直接和用户体验连接的内容行业，更适合通过提升用户在内容体验中的峰值和终值体验，提升用户对内容的满意度。峰值体验来自正文的内容，而终值体验就来自我们的内容结尾。

内容结尾设计得好，用户对你的内容体验感就会相对比较好，就会愿意传播和消费。那么，内容的结尾如何设计，才能给用户带来好的体验呢？下面介绍 5 种常用方式（见图 3-16）。

图 3-16　常用的 5 种内容结尾方式

1）总结升华主题。 总结就是带领用户重新整理一遍前面的内容，让用户对整体内容有一个清晰的逻辑和印象。几乎所有线上音频课程在最后都有"本课小结""本讲小结"等，这就是总结式结尾。在总结之后，在原观点的基础上继续做一些主题观点的延伸，把主题升华到一个更高的高度，让用户从升华中得到更多的启迪。比如，"如果你问我：'热爱我的职业吗？'我的回答是：'不，我敬畏它，因为这是一个生命工程。'"

2）金句激发共鸣。金句有哲理有力度，本身就有很强的说服力。通过金句的方式，重新进行主题升华，点燃用户的情绪，用户很容易被感染，认可你的观点。如果你的内容是营销文案，那么结尾金句的情绪点燃，则会让用户认可产品，并产生消费行为。比如，"人生旅途上，最慢的脚步不是跬步，而是你无数次的徘徊；最快的脚步也非冲刺，而是你一个接一个的行动。"

3）突出强调重点。结尾再次强调内容观点或产品价值，会加深用户对观点的印象，冲击用户的记忆力，让用户模糊的印象得到强化，更容易产生认同感。线上音频课的创作者也常常在结尾进行总结并强调重点。得到的所有线上音频课在最后都有一个"划重点"板块，这个板块就是强调式结尾。

4）提出鼓励祝福。鼓励和祝福是对美好未来的向往，也是给用户的希望。让用户在认可内容本身的同时，在结尾产生美好体验。比如，"十倍速远离消耗你的人，多去靠近能滋养你的人，活成自己的太阳。"

5）畅想美好未来。畅想就是对未来寄予美好的希望，给用户展现一幅未来的美好画面，让用户带着向往结束这部分内容，而这一点正好符合的峰终定律的"终"。比如，"后半生，愿你我都可以像《菜根谭》里写的那样处世：宠辱不惊，看庭前花开花落；去留无意，望天上云卷云舒。"

结尾就是一段内容的结束，无论哪种形式的结尾，在结尾处一定不要再提新的观点和想法。如果你感觉有些东西还想跟用户说，可以留一个开放式的结尾，让用户自己思考、回味。比如，"如果关于这个问题你还有什么观点和想法，欢迎在留言区留言，我们在留言区继续探讨。"

无论开篇、正文和结尾，对于内容创作者而言，一个都不能忽略，一个都不能少。**开场精彩绝伦，结尾余音绕梁，正文能够给我们提供价值和意义，是所有内容创作者应该追求的目标。**

3.6 如何利用 AI 辅助创作

3.6.1 AI 对创作者有什么用

文心一言、ChatGPT 等大语言模型，以人类从古至今现存的海量知识中的几乎所有有价值的数据进行训练，它们的撰写能力、推理能力能够达到普通人的标准，它们的知识储备量和广度无人能及。所以，对于创作者而言，AI 在许多方面都可以提供帮助。

1）AI 可以提供巨量素材。创作时缺乏素材是创作者经常遇到的一个问题。创作某一主题，需要查找与此主题相关的信息、数据或背景知识。在 AI 出现以前，我们寻找资料时，可能需要到很多平台、很多网站去收集，然后花大量时间去梳理、整合。但是现在，只需把自己的想法输入到 AI 模型中，它就能很快给你一个完整系统的答案。这样在创作时，我们就会事半功倍，写作效率大大提高。

2）AI 可以启发创作灵感。写作遇到瓶颈也是创作者的一大难题。尤其是长时间创作之后，创作者的脑袋可能都木了。自己的知识储备用尽，继续创作可能会出现重复、无从下笔的状况。而 AI 则储备了大量的文章、新闻、书籍等文本资源，这时候可以利用 AI，让它以某种角度或某个身份生成一些内容提供参考，我们可以从中挑选或根据它生成的内容寻找灵感。

比如同一段故事，批判型的可以以鲁迅的风格来写，法治类的可以以罗翔式的口吻来创作，欢快一点的可以以郭德纲的风格来写……我们可以作对比，挑选自己认为合适的风格做素材。

3）AI 可以提高写作准确性。AI 可以对文本内容进行编辑和校对。它可以快速发现创作者的错误，并加以改正，使内容更加规范。有时候，我们自己很难发现自己的错误，如果找别人帮助校对，费时费力，需要的时间可能还很长。现在 AI 就可以帮助我们校对。输入你想要校对的内容，让它对这段内容进行评价，并生成一些可能的修改建议，这样我们就能知道自己要修改哪些地方了。

4）AI 可以提供实时的市场数据分析。 内容发布之后，AI 可以对此内容的各项数据进行监测。你发布一篇文章后，AI 可以汇总此文章的阅读总量、总分享次数及读者的评论等数据，创作者可以根据这些数据了解读者的兴趣偏好，进而优化创作手法。AI 还可以根据读者反馈回来的数据，生成个性化的推荐内容，帮助创作者提升用户黏性。

AI 是一种跨时代的产品，它可以让创作者从烦琐的工作中解放出来，有了 AI，我们在创作时效率会高。

3.6.2　如何使用 AI

要想得到 AI 高质量的回答，提问的方式很重要。与人沟通，我们可以通过对方的语气、表情、肢体动作做出判断，得到自己的答案。与 AI 沟通，我们则需要注重逻辑、数据和算法。只有使用 AI "听得懂" 的语言，AI 才能精准地理解我们的意图。

受 AI 技术所限，目前 AI 生成内容的质量，还非常依赖提示词。下面以百度文心一言举例。

比如，同样的问题，普通的提问，得到的回答是这样的（见图 3-17）[⊖]。

加上提示词后，得到的答案是这样的（见图 3-18）。

加上提示词后，AI 的答案逻辑更通顺，方法更具体。那么，怎么样才能够问出高质量的提示词呢？

高质量提示词 = 设定身份 + 阐述问题 + 表明目的 + 补充说明

⊖　声明：本书中由 AI 给出的回答仅作为举例使用，其内容真实性需进一步考证，不作为投资、决策依据。本书以文心一言举例，只是出于介绍知识，不为推荐，读者也可尝试其他大模型工具。全书余同。

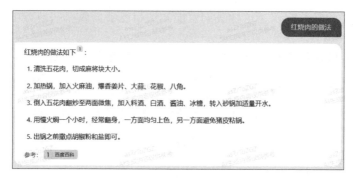

图 3-17　普通提问的回答

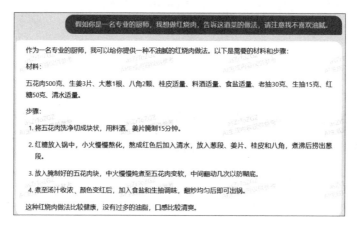

图 3-18　加入提示词的回答

继续以上面的提问举例，一个高质量的提示词要把四点全部提出来（见图 3-19）。下面具体说明。

图 3-19　高质量的提示词举例

1. 设定身份

为 AI 赋予行业专家身份，以便引导它进入一个具体明确的场景中。

一个行业的专家，在这个行业已经深耕多年，他对这个行业的历史、相关的专业知识了解得非常丰富和深入。专家角色可以帮助 AI 指定特定场景，清晰问题的范围。如果我们问的每一个问题，都是相关领域的专家来回答，那么这个答案的质量，一定会更加准确、透彻。

1）无专家角色的回答（见图 3-20）。

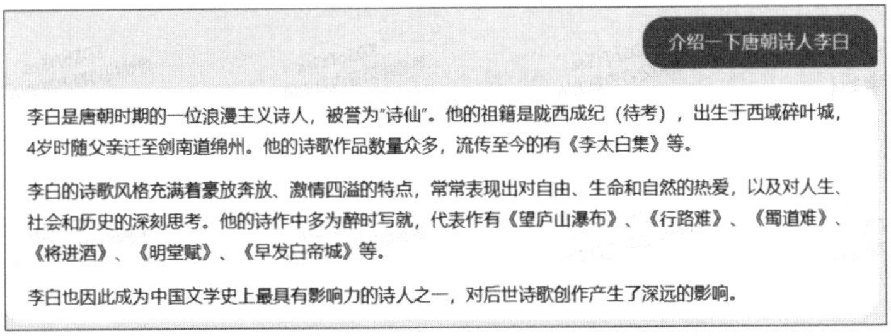

图 3-20　无专家角色的回答

2）有专家角色的回答（见图 3-21）。

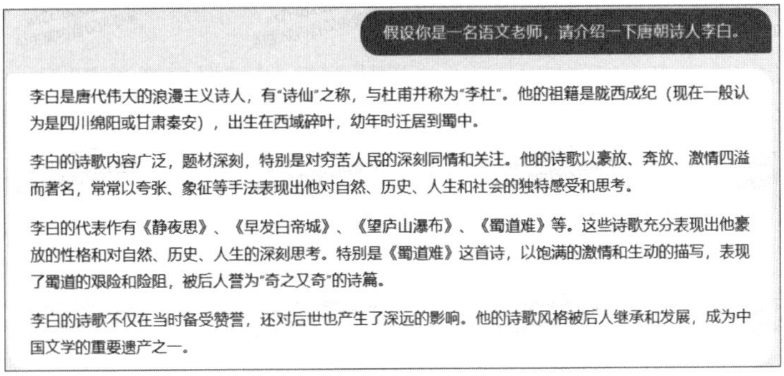

图 3-21　有专家角色的回答

可以看到，给 AI 添加一个语文老师的身份后，它给我们的答案的内容更加丰富，用词更加严谨，不论准确性还是专业性，都比没有专家角色时更好。所以，有专家角色的回答，会更加详细具体，更加专业准确。

2. 阐述问题

说出你要问的问题，说明你的疑问并补充该问题的背景信息。

提出的问题不能笼统宽泛，要具体清晰。AI 是一种基于深度学习的大语言模型，它没有人类那种感性细腻的理解能力。我们的问题不要太过笼统，有歧义。提问时，语言要尽量简洁，这样 AI 能更容易理解问题。如果问题过于复杂，最好将其分解，拆解成多个相关但较为具体的小问题。

发出的提问最好附带与问题相关的上下文，如历史脉络、背景知识、关键信息等。如果上下文信息不足，AI 给出的答案可能会偏离主题。

1）笼统的提问得到的回答（见图 3-22）。

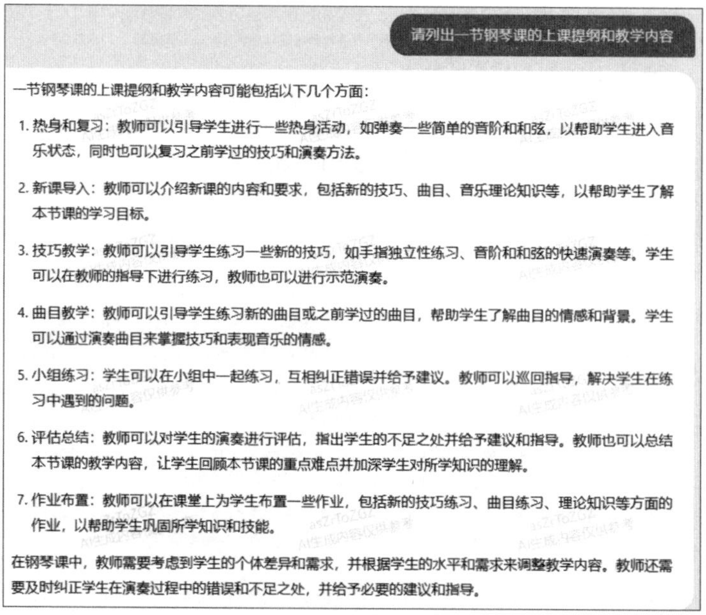

图 3-22 笼统提问得到的回答

2）具体的提问得到的回答（见图 3-23）。

提问得越具体，AI 的回答就越详细、越有针对性。还有，如果对它的回答不满意，也可用追问的方式，来引导 AI 作进一步的回答，追问的问题可以澄清上一个问题的模糊点，也可以继续补充问题。比如，可以使用"请解释""请举例"等开放性提问（见图 3-24），而且这样提问更容易获得 AI 更详细的回答。

听课对象是10岁的学生，他们没有任何钢琴基础，都是第一次上课，请列出一节钢琴课的上课提纲和教学内容。

一节针对10岁零基础学生的钢琴课教学提纲和教学内容可能包括以下几个方面：

教学提纲：

1. 课程目标和主题：这节课的教学目标是让学生了解钢琴的基本知识和弹奏技巧，为后续学习打下坚实的基础。

2. 教学步骤和时间安排：

- 热身和介绍（5分钟）：开始前让学生适当地活动手指，为接下来的学习做准备。然后向学生简要介绍钢琴的历史、特点和弹奏方法。

- 钢琴基础知识（15分钟）：首先，教授基本的音乐知识，如音符、节拍等。然后介绍钢琴的基本构造，包括琴键、音箱、踏板等，并让学生试着弹奏，熟悉琴键位置。最后，讲解钢琴的调律与维护知识，包括频率、维护方法和常见问题的处理方法。

- 钢琴技能训练（20分钟）：首先，教授手指练习，帮助学生熟悉琴键和基本技巧。然后，从易到难地挑选一些练习曲，让学生在学习中逐步提升技巧。为了增加趣味性，可以挑选一些适合10岁学生的音乐游戏，让他们在游戏中学习和提升。

- 特色教学内容（15分钟）：首先，播放一些适合10岁学生的音乐欣赏曲目，让学生感受音乐的魅力。然后，通过简单讲解乐理知识，帮助学生了解音乐的基本规律。最后，设置互动环节，例如小组竞赛或即兴演奏，提高学生的学习积极性和参与度。

- 评估和反馈（10分钟）：课程结束前，对学生的表现进行简单评估，总结他们在知识和技能方面的进步。同时，收集学生对课程的反馈，以便更好地调整后续的教学计划。

教学内容：

1. 钢琴基础知识：

- 音乐基础知识：教授基本的音符、节拍等音乐知识。

- 钢琴基本构造：介绍钢琴的基本构造和各部分的功能，让学生试着弹奏琴键，熟悉其位置。

- 钢琴调律与维护：简单介绍钢琴的调律方法以及日常维护和保养的注意事项。

2. 钢琴技能训练：

- 手指练习：从基础开始教授手指练习，帮助学生逐渐熟悉琴键和掌握基本弹奏技巧。

- 练习曲：挑选适合10岁学生的练习曲目，从易到难进行弹奏练习，逐步提升学生的演奏技巧。

- 音乐游戏：设计适合的音乐游戏，让学生在游戏中学习和提升琴技，增加学习的趣味性。

3. 特色教学内容：

- 音乐欣赏：挑选适合10岁学生的音乐欣赏曲目，让学生感受不同风格的音乐魅力，培养学生的音乐鉴赏能力。

- 乐理知识：通过简单讲解乐理知识，帮助学生了解音乐的基本规律和常识。

- 乐理知识：通过简单讲解乐理知识，帮助学生了解音乐的基本规律和常识。

- 互动环节：设计适合的互动环节，例如小组竞赛或即兴演奏等，提高学生的学习积极性和参与度，增强学生之间的合作与交流。

总结：

对于10岁零基础的学生来说，一节成功的钢琴课需要教师在教学过程中充分考虑学生的年龄特征和实际需求。通过生动有趣的教学内容和灵活多样的教学方法，激发学生对钢琴的兴趣和热情，帮助他们逐步掌握钢琴的基础知识和弹奏技巧。在今后的教学中，教师可以根据学生的实际情况和反馈来调整教学计划和方法，以达到更好的教学效果。

图 3-23 具体提问得到的回答

有些学生可能不爱听课，有没有什么讲课技巧，让他们更容易、更喜欢我的讲课。最好实际举例说明。

当有些学生可能对听课不感兴趣时，以下是一些实际的讲课技巧，可以帮助他们更容易和更喜欢你的讲课：

1. 创造有趣的开场：在开始讲课之前，创造一个有趣的开场可以吸引学生的注意力。例如，你可以通过讲一个有趣的故事或播放一段有趣的视频来引入课程。这样的开场可以让学生对你的讲课产生兴趣和好奇心。
2. 使用简单易懂的语言：使用简单易懂的语言可以帮助学生更好地理解课程内容。尽量避免使用过于专业的术语或复杂的表达方式。你可以使用简单明了的语言来解释概念和技巧，并确保学生能够轻松理解。
3. 结合实际例子：将课程内容与实际例子相结合可以帮助学生更好地理解和应用所学知识。例如，在教授音阶时，你可以使用日常生活中的例子来解释音阶的概念，比如楼梯或音阶表。这样的例子可以帮助学生将抽象的概念转化为具体的图像或情境。
4. 互动式教学：互动式教学可以让学生更积极地参与课程，并帮助他们更好地理解和掌握所学知识。你可以邀请学生回答问题、进行小组讨论或进行简单的演示。这些互动活动可以帮助学生保持专注并积极参与。
5. 使用音乐游戏：将音乐游戏融入讲课中可以帮助学生以有趣的方式练习技巧和增强音乐素养。例如，你可以设计一个节奏游戏，让学生按照节奏拍手或使用音乐软件进行和弦探索游戏。这些游戏可以让学生在玩乐中学习并提高音乐能力。
6. 创造音乐氛围：创造一个良好的音乐氛围可以让学生更好地感受音乐的魅力并提高学习效果。你可以使用音乐背景、播放音乐欣赏视频或组织小型音乐会来营造一个愉悦的音乐氛围。这些活动可以让学生更好地沉浸在音乐中，并增强他们对音乐的兴趣和热爱。

以上是一些实际的讲课技巧，可以帮助你吸引学生的注意力并让他们更喜欢你的讲课。记住，最重要的是根据学生的兴趣和能力灵活调整教学策略，确保每个学生都能得到适当的指导和支持。

图 3-24　追问得到的回答

继续深入一些的提问（见图 3-25）。

还有其他更好的方法吗，学生反馈比较好的教学方法。

当然，以下是一些学生反馈比较好的教学方法，也可以尝试融入你的讲课中：

1. 实践性教学：将课程内容与实践相结合，让学生通过实际操作和练习来加深对知识的理解和掌握。例如，在教授弹奏技巧时，可以引导学生进行实际操作，通过反复练习来提高技能水平。
2. 小组讨论式教学：将学生分成小组，让他们互相学习和讨论课程内容。这种教学方式可以提高学生的参与度和互动性，同时也可以促进学生对知识的深入理解和掌握。
3. 问题式教学：通过提出问题和引导学生解决问题的方式来教授课程内容。这种方式可以激发学生的学习兴趣和主动性，帮助他们更好地理解和掌握知识。
4. 探究式教学：引导学生进行探究和发现，让他们自己得出结论和解决问题。这种教学方式可以培养学生的创新思维和实践能力，同时也可以提高他们对课程内容的兴趣和参与度。
5. 个性化教学：针对学生的不同需求和特点进行个性化教学。例如，针对学生的不同学习风格和能力水平，可以制定不同的教学计划和教学策略，让他们更好地理解和掌握课程内容。
6. 反转课堂式教学：将传统的课堂教学模式反转过来，让学生在课前预习和自主学习，老师在课堂上进行答疑解惑和深化拓展。这种方式可以提高学生的自主学习能力和课堂效率，同时也可以让老师更好地了解学生的学习情况和需求。

以上是一些学生反馈比较好的教学方法，你可以根据实际情况进行选择和融合，让你的讲课更加生动有趣、实用有效。

图 3-25　深入提问得到的回答

如果对 AI 的回答不满意，你可以一直提问，问题越多，问得越深入，AI 回答的质量就越高。

3. 表明目的

告诉 AI 你的目的是什么，你希望它为你做到什么，你想得到什么样的结果。

在提问时要指明你的需求，这样 AI 就有了回答的方向，它的回答才会满足你的需求。针对同一个问题，不同的需求得到的回答是完全不一样的。

比如，去杭州游玩，给出的答案（见图 3-26）。

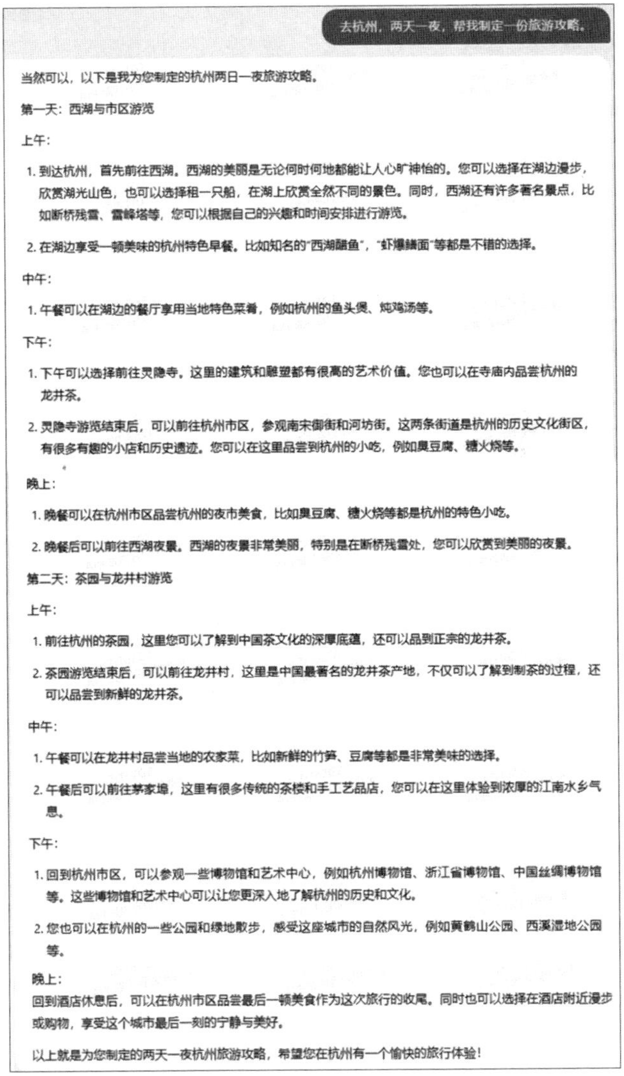

去杭州，两天一夜，帮我制定一份旅游攻略。

当然可以，以下是我为您制定的杭州两日一夜旅游攻略。

第一天：西湖与市区游览

上午：

1. 到达杭州，首先前往西湖。西湖的美丽是无论何时何地都能让人心旷神怡的。您可以选择在湖边漫步，欣赏湖光山色，也可以选择租一只船，在湖上欣赏全然不同的景色。同时，西湖还有许多著名景点，比如断桥残雪、雷峰塔等，您可以根据自己的兴趣和时间安排进行游览。
2. 在湖边享受一顿美味的杭州特色早餐。比如知名的"西湖醋鱼"，"虾爆鳝面"等都是不错的选择。

中午：

1. 午餐可以在湖边的餐厅享用当地特色菜肴，例如杭州的鱼头煲、炖鸡汤等。

下午：

1. 下午可以选择前往灵隐寺。这里的建筑和雕塑都有很高的艺术价值。您也可以在寺庙内品尝杭州的龙井茶。
2. 灵隐寺游览结束后，可以前往杭州市区，参观南宋御街和河坊街。这两条街道是杭州的历史文化街区，有很多有趣的小店和历史遗迹。您可以在这里品尝到杭州的小吃，例如臭豆腐、糖火烧等。

晚上：

1. 晚餐可以在杭州市区品尝杭州的夜市美食，比如臭豆腐、糖火烧等都是杭州的特色小吃。
2. 晚餐后可以前往西湖夜景。西湖的夜景非常美丽，特别是在断桥残雪处，您可以欣赏到美丽的夜景。

第二天：茶园与龙井村游览

上午：

1. 前往杭州的茶园，这里您可以了解到中国茶文化的深厚底蕴，还可以品到正宗的龙井茶。
2. 茶园游览结束后，可以前往龙井村，这里是中国最著名的龙井茶产地，不仅可以了解到制茶的过程，还可以品尝到新鲜的龙井茶。

中午：

1. 午餐可以在龙井村品尝当地的农家菜，比如新鲜的竹笋、豆腐等都是非常美味的选择。
2. 午餐后可以前往茅家埠，这里有很多传统的茶楼和手工艺品店，您可以在这里体验到浓厚的江南水乡气息。

下午：

1. 回到杭州市区，可以参观一些博物馆和艺术中心，例如杭州博物馆、浙江省博物馆、中国丝绸博物馆等。这些博物馆和艺术中心可以让您更深入地了解杭州的历史和文化。
2. 您也可以在杭州的一些公园和绿地散步，感受这座城市的自然风光，例如黄鹤山公园、西溪湿地公园等。

晚上：
回到酒店休息后，可以在杭州市区品尝最后一顿美食作为这次旅行的收尾。同时也可以选择在酒店附近漫步或购物，享受这个城市最后一刻的宁静与美好。

以上就是为您制定的两天一夜杭州旅游攻略，希望您在杭州有一个愉快的旅行体验！

图 3-26　表明目的——游玩

去杭州吃美食，给出的答案（见图 3-27）。

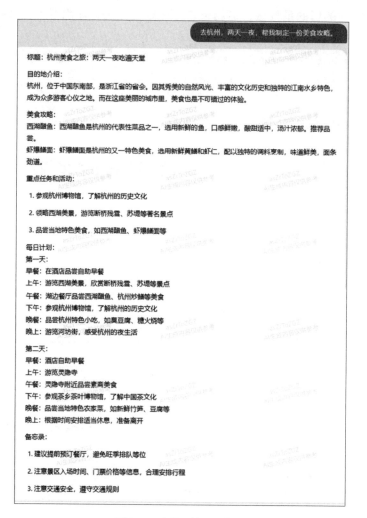

图 3-27　表明目的——美食

提问的目的越清楚，越具体，越好，还有如果没指出需求，AI 可能就会自由发挥，根据自己的理解给出答案。

4.补充说明

告诉 AI，回答问题时需要注意哪些方面。

补充说明是对你提问的补充，你有什么特别的要求都可以在提问后，以"请注意"的方式，特别提醒 AI。就像点菜一样，你喜欢什么样的口味，甜的、酸的、辣的都要向厨师说明，否则别人不会知道你口味的偏好。

1）没有补充说明的回答（见图 3-28）。

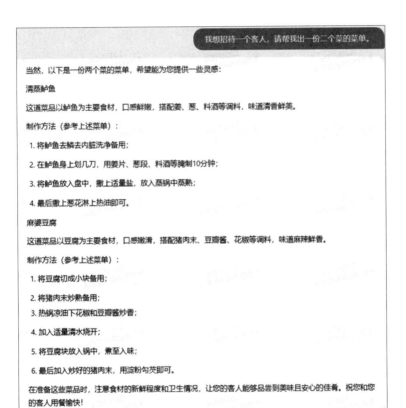

图 3-28　没有补充说明的回答

2）有补充说明的回答（见图 3-29）。

补充说明部分也是描述得越具体、越细致、越全面，AI 的回答就会越符合需求。

最后，AI 给出答案后，我们可以给出反馈和评价，或者对 AI 的回答进行打分，让它对自己的回答效果有所感知。一个积极的反馈有助于 AI 提高交互质量。

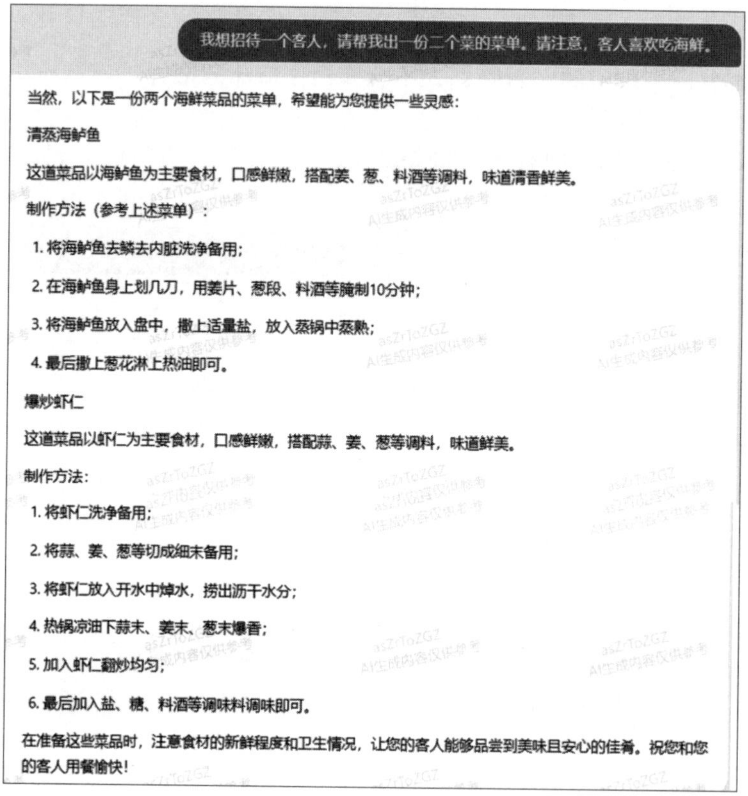
我想招待一个客人，请帮我出一份二个菜的菜单。请注意，客人喜欢吃海鲜。

当然，以下是一份两个海鲜菜品的菜单，希望能为您提供一些灵感：

清蒸海鲈鱼

这道菜品以海鲈鱼为主要食材，口感鲜嫩，搭配姜、葱、料酒等调料，味道清香鲜美。

制作方法（参考上述菜单）：

1. 将海鲈鱼去鳞去内脏洗净备用；
2. 在海鲈鱼身上划几刀，用姜片、葱段、料酒等腌制10分钟；
3. 将海鲈鱼放入盘中，撒上适量盐，放入蒸锅中蒸熟；
4. 最后撒上葱花淋上热油即可。

爆炒虾仁

这道菜品以虾仁为主要食材，口感鲜嫩，搭配蒜、姜、葱等调料，味道鲜美。

制作方法：

1. 将虾仁洗净备用；
2. 将蒜、姜、葱等切成细末备用；
3. 将虾仁放入开水中焯水，捞出沥干水分；
4. 热锅凉油下蒜末、姜末、葱末爆香；
5. 加入虾仁翻炒均匀；
6. 最后加入盐、糖、料酒等调味料调味即可。

在准备这些菜品时，注意食材的新鲜程度和卫生情况，让您的客人能够品尝到美味且安心的佳肴。祝您和您的客人用餐愉快！

图 3-29　有补充说明的回答

3.6.3　优化 AI 给出的内容

AI 既给我们带来了极大的方便，又有自身的局限性，甚至是一些意想不到的风险。

1）有些内容 AI 并不是百分百准确。AI 是基于大量的文本数据进行学习和模仿，有些时候它所生成的答案是不真实、不合理的，甚至它还会胡编乱造。创作者需要对其生成的内容进行审查、核对，找出其中错误、虚假、不合适的信息。

2）有些内容 AI 可能会存在版权争议。AI 是基于已有的大规模数据进行拆分组合，它生成的答案可能是别人的观点、别人的文章、别人的报道。创作者需要对这样的内容进行修改和个性化处理，规避版权争议。

3）有些内容 AI 可能会有道德风险。 AI 基于人类的文本数据进行模拟和输出，虽然它已经非常智能，但它毕竟还不是人类。它生成的内容可能会与当代的社会规范、价值观或道德准则相悖。创作者就需要检查和调整，删除其中不规范的内容。

AI 是一种非常好的辅助工具，我们要合理地发挥它的优势，让它最大限度地帮助我们完成创作。

《HBO 的内容战略》这本书的作者小比尔·梅西说过这样一句话："你永远不知道未来什么样，直到你亲自走到未来。"对于内容创作者和服务者而言，我们不能左右用户一直关注我们的内容，但我们可以做的是，尽可能把我们内容的每一部分都做精彩，做得有价值，让用户感觉到需求被满足，感受到更好的阅读和观赏体验，让用户能一直在我们的内容中不走开。那样我们就可以和用户一起拥有内容的未来。

第 **4** 章　呈现形式，从感官上征服用户

当信息以一种更精彩的方式呈现出来的时候，人们看到的信息，往往不再是之前的信息。因为精彩的呈现，从感官上征服了用户，让用户模糊了自己的认知，在意识上产生了一种美好的错觉。

4.1　形式和信息要风格一致

一说到内容，我们自然想到的是通过文字、图片或者声音、视频等形式传递出来的信息。但新媒体时代的内容，不仅仅是形式承载的信息，更有承载信息的形式，以及所有能够展现信息，让信息得以表现得更彻底更精彩的一个信息综合体。对于内容而言，信息和形式都是其中的一部分，信息依托形式存在，形式承载信息的同时，通过外在表现让信息的价值得以更好地呈现。信息和形式是互相依存、相互支撑的关系。**没有形式的信息，是枯燥乏味的；而没有信息的形式，则好似没有灵魂的皮囊。**所以，我们在创作内容的时候，不能单纯追求信息的传播，还要关注信息以什么样的形式进行传播。

作为信息的承载者和表现者，在表现信息的时候，需要遵循两个基本原则：一是形式和内容信息的风格要一致，二是形式为辅、信息为主，形式需要根据信息的需求来呈现。

1）形式和内容信息的风格要一致。什么类型的内容，就要用什么样的呈现形式。专业的知识在呈现和表达的时候，我们要相对严肃严谨，而娱乐类型的信

息就可以轻松随意一些。知识付费的内容用音频和直播的形式呈现比较好，而故事和场景则通过视频和广播剧的形式呈现比较好。

同理，广受用户欢迎的形式也不是万能的，需要找到跟形式相匹配的信息，最终呈现出来的内容，才能让用户感觉到舒服。比如，用视频和直播的方式呈现专业知识，有音频无法达到的效果。有些专业知识不容易理解，需要借助图标、案例等内容进行解读，在这种情况下，视频的形式显然更容易被用户理解。而直播的好处在于，用户能够跟主播实时互动，有什么问题，直接跟主播沟通交流，能够完全达到线下实际场景中的效果。但这并不意味着所有内容信息都可以用视频和直播的方式来呈现。如果设计得不合理、不协调，不但不能提升用户体验，反而会让用户感觉不伦不类。

某知名商业顾问在他之前的一篇公众号文章中曾经说过，自己当时不做直播的理由是"专业的商业知识，对于读者来说，更适合图文这种深度阅读。"虽然后来他的"5 分钟商学院"也有短视频，也开了直播。但在这些商业内容的短视频中，依然是他一个人坐在那里，以讲课的方式讲给用户听，是一种线下课程在线上的再现。

而 2021 年以拍摄乡村日常生活出名的"张同学"，则用短视频的方式传递了普通人日常本真的生活状态，甚至在他的有些视频中，为了烘托气氛，调动用户的情绪，故意搞一些插科打诨、耍宝搞笑的场景。这样的场景化呈现，让用户感到简单、直接、接地气，感到亲切和温暖。他描述的好像就是用户身边的事情，是用户曾经经历的事情，拉近了内容和用户的距离。但如果用这样的方式表达他的商业内容，就让用户感觉莫名其妙、啼笑皆非了。所以，什么样的信息需要什么样的形式来呈现，什么样的形式表现什么样的信息，是有一定的规则的，需要彼此协调、风格一致才能和谐。

2）形式为辅、信息为主。修于内方能形于外，无论形式多么重要，最终形式都需要为内容服务。我们注重形式的目的，最终是为了让内容中的信息本身更好看，更容易被用户理解和接受，更容易被用户记住。我们希望用户得到的，以及用户最终需要的，还是内容中的信息价值，而不是辅助信息的形式。

我们看电影的时候会发现，有时候斥巨资拍摄的大片，声、光、电各方面效果都挺好，明星阵容也非常了得，但走出影院之后再回想起来却全无感觉。而有些描写生活日常的电影，看似平淡无奇，却能直击灵魂、余味无穷，让人看了还想看。

我在抖音上曾经看过一段视频，视频音乐很好听，但视频的内容实在不敢恭维。这条视频下方就有不少用户评论，说除音乐好听之外，就没有什么了。这就是过于看重形式，而忽略了内容。

所以，无论形式如何漂亮、如何震撼，我们都要记住一个原则：**形式要服务于内容，而不是内容服务于形式**。如果弄颠倒了，就失去了内容本身的意义。一个好的呈现形式，能够让内容锦上添花，以更丰富、更多彩的形式呈现在用户面前，但用户最终想要得到的还是有花的锦。

形式和内容之间，**不仅仅是一个服务与被服务的关系，更是一个合作伙伴的关系**，是不可分割的共同体。信息需要通过合适的形式呈现出来，才更容易被用户接受和认可；同样，形式只有在有价值的信息充实后，才能显示出形式的作用和效果。我们不能过于强调内容的核心信息，而忽略外在形式的呈现。同时，也不能把形式看得太重，把内容本身的信息内核忽略了。

4.2 多形式呈现，从感官上征服用户

形式是内容的一部分，也是让内容中的信息变得更有趣、更容易被用户接受的辅助工具。每个用户喜欢的形式不一样，而且，用户也不喜欢单一的形式，愿意通过更多形式去感受信息，让不同形式的信息给自己带来不一样的体验。

4.2.1　用声音为内容打开另一个渠道

声音是承载和传递信息的一种形式，相比较文字内容而言，声音内容把人们的眼睛解放了出来，增加了更多内容可以应用和传播的场景和机会。这对于忙碌的现代职场人而言，是一个很好的利用碎片化时间的方式。在上下班途中、运动、乘车、做家务的时候，都可以通过声音内容，来学习了解更多知识和技能，让自己多一些自我成长的机会。

通过声音的形式呈现内容，不但能帮助现代社会的年轻用户群体充分利用碎片时间进行自我提升，还可以帮他们缓解压力，让他们生活得更轻松、更幸福。而对于通过声音内容获取泛知识和泛娱乐内容的用户群，在帮助他们节约时间的同时，也会让他们的时间变得更丰富，更有价值。

音频类内容之所以在沉寂一段时间后再度兴起，正是因为迎合了当前用户时间、空间上的需求。声音还具有疗愈的功能，一个专业的声音工作者可以把内容读得声情并茂，打动人心，让用户不知不觉沉浸到内容中。

有声书、大咖讲书、好书精读、线上音频培训课程、用声音展示场景的广播剧、演讲、有趣味和有道理的脱口秀等，都是以声音作为载体的内容形式。樊登读书 APP，依靠樊登讲书、精读、慢读、作者光临等不同的讲书方式，成为当前国内知识付费领域的佼佼者。而当前国内最大的声音内容平台之一的喜马拉雅，不但有有声书阅读，还有广播剧、FM 广播、相声评书、戏剧戏曲、教育培训等多种形式。而且，喜马拉雅还开启了自己的官方配音学员培训计划，为平台培养更多的后备力量。而这个计划背后，也可以看出声音内容的巨大市场。

声音为内容插上了翅膀，更为内容提供了更大的市场。这个巨大的声音内容市场，正张开怀抱，期待着更多优秀的内容创作者加入其中。内容从业者只要把内容做好，都将在这个市场上，分得一块小小的蛋糕。

4.2.2 视频更能体现场景感和故事性

集声音、图像、音乐于一体的视频内容，有着更强的场景感，让用户产生身临其境的体验，也是故事和场景最好的呈现方式。视频形式给用户带来的最大好处就是能够带来更好的感官体验。所以，视频是当前吸引人群最多的内容形式。用户不需要动脑筋、费力气就可以清清楚楚地了解视频的内容，也迎合了人类天性中愿意省时省力的本性。抖音、快手、微信视频号、B 站、小红书短视频都是目前常见的短视频平台。

在视频形式的内容中，泛知识和泛娱乐类的内容偏多，这些类型的内容有很大的受众群体。而且，视频中的内容通过剪辑，比线下实际发生的内容更有趣，有着更强的故事性。反映乡村生活的、记录一家几口日常生活的、用乡村美食吸引用户等方面的……这些都是普通素人创作者创作的反应普通百姓日常生活的作品，它们通过视频的方式展现出来，让用户看到了自己熟悉的生活，自然也会有更多普通用户成为这些内容的"粉丝"。

而且，泛知识类的内容通过视频的方式呈现出来，扩大了内容的用户群体。一部分原来对图文内容不感兴趣的用户，会成为泛知识视频内容的主流用户。这些用户包含一部分"小镇青年"和部分慢慢接受和习惯互联网的中老年用户。

短视频平台的低门槛、市场的包容度以及内容的易创作特点，吸引了很多素人创作者加入，让一部分人既是创作者又是用户，但**低门槛不意味着低水平低要求，高宽容度反而意味着更大的市场竞争力**。

短视频是当前极受欢迎的一种内容呈现形式，因为能带来更好的体验而被用户喜欢。但糖吃多了也会腻，再好的形式也需要其他形式来搭配，才能让内容市场更丰富多彩。

4.2.3　文字和图片是内容不变的根基

音频和视频能够给用户带来更好的感官体验，但也会在一定程度上分散用户的注意力，使用户从中获取的信息比较分散。从宏观的维度上看，文字和图片依然是承载内容信息的基础方式，便于获取深度内容，是内容的根基。文字之所以取代图像来传播和传递信息，是因为文字包含的信息量更大，内涵更丰富，而且文字表达的信息更容易留存和传播。

历史上，我们绝大多数的信息资料都是以文字的形式留存下来，书籍是我们一直以来学习进步的最基础的信息来源。即使在网络时代，人们获取信息的方式也是通过电子书、电子文档等。

对于大多数人来讲，尤其是在受教育程度相对较高的人群中，人们养成了文字阅读的习惯，尤其是对深度知识的学习和了解，还是习惯通过文字的深度阅读来获取。而且，我国文字源远流长，用文字形式记载的内容，不但蕴含着强大的内涵，更散发出无穷的魅力和美感，**让沉浸其中者流连忘返，让从中踏出者回味无穷**。从文字中获得的这种美感，是其他媒介形式无法取代的。

有语言学者曾在得到 APP 上解读过《新华字典》，原来在我们熟知的每个字的背后，都蕴藏着深远的内涵和无穷的故事。而由这些文字组成的语言，能表达的意思更是无可限量。顺序的颠倒、逻辑的变化，每一种组合都会变换出不同的意义。我在听过这个音频讲解之后，完全打破了之前对《新华字典》的印象。

在互联网高度发展的今天，虽然信息的存储和传播都不再受形式和载体的限制，但无论从用户的使用习惯，还是信息保存的快捷和便捷上来讲，文字和图片的形式，依然是其他形式暂时无法取代的。

所以，无论对于内容创作者还是平台用户，文字和图片的形式都是一个需要一直存在的内容传播形式。当前人们应用比较多的微信、微博、头条、知乎、小红书笔记等，都是以文字和图片内容为主。而且，对于品牌而言，图文并茂的内容营销也是内容生产最快、成本相对较低的营销形式。

4.2.4　用多种形式调动用户多种感官体验

无论是图文、音频还是视频，都是内容的一种载体，没有好坏高低之分。每种形式都有其适用的内容类型，也有其适合的用户群体。

内容创作者和服务者可以找到一种最适合自己内容类型的形式，比如，用图文形式在知乎或微信公众号、小红书笔记发布自己相对专业有深度的内容。比如，同样是听樊登老师讲书，有的用户喜欢音频的方式，可以一边听书一边跑步，一边听书一边做家务；也有的用户喜欢视频，看着樊登老师绘声绘色地讲，会感觉很过瘾，很入戏，能够被代入场景中，把内容听得更仔细。

我自己在选择内容的形式上，也会根据自己对内容的需求，有比较强的偏向性。比如，需要深入了解一些东西时，我倾向于阅读文字版的内容。工作中需要查资料时，我更倾向于在书籍、微信、知乎、36氪、头条等图文类型的平台上找。

如果需要优质的图片，尤其是大量的图片，我更倾向于利用AI，它能够生成大量优质的图片。现在很多文章都是图文并茂的，尤其是一些精彩的内容，需要专门制作与主题或者观点匹配的图片。但是作图对很多作者来说很难，如果在网上搜图，图片质量可能不理想，图片也可能与内容不匹配，甚至遇到版权问题。有了AI工具，通过输入一些关键词，它就可以生成对应的图片。下面继续以文心一言举例，请它提供一幅水墨画（见图4-1）。

如果对提供的图片不满意，可以继续让它生成（见图4-2）。我们可以通过输入关键词持续调整，直到生成的图片符合我们的要求为止。

对于泛知识类型的信息，我会更倾向于音频方式，当然有时候也会看一些视频内容。

所以，我们做内容时，可以不局限于一个平台、一个账号，而是把同一内容同时以多种形式呈现出来。当前很多内容都同时有图文、音频、视频和直播好几种形式。比如，心理学家武志红的微信号连续很长时间在教育类具影响力的公众号 TOP 榜中位居前列；而且他的微博点赞、评论量都非常大；在得到 APP、武志红心理 APP 上有多门音频类心理学课程；此外，他在抖音、小红书上还有视频内容；他每周在固定时间还有视频内容直播。

图 4-1　AI 生成的水墨画

图 4-2　继续生成图像

内容领域的大多数创作者，尤其是一些大 V，都有自己的自媒体矩阵，以多种形式呈现自己的内容，甚至有时候会把完全相同的内容以不同的形式呈现出来。比如，樊登读书同时有音频和视频内容，而且音频和视频之间可以同时切换。而得到 APP 上很多大 V 把自己的线上音频课以图书的形式出版。比如，武志红、刘润、万维钢、薛兆丰等。

"一枝独秀不是春，百花齐放春满园"，让内容以多种形式呈现出来，既可以从不同角度给用户提供更好的感官体验，又可以让同一个内容多次被加工，让内容的价值最大化，产生更大的商业价值。

4.3　版式、图片和音乐，周边要素一样重要

在不同形式呈现内容的同时，我们还需要在形式的具体呈现上下功夫。一个内容不只是一条图文或者视频音频的信息，还需要其他周边的要素辅助信息的呈现，让信息呈现得更漂亮，让用户感觉更舒服。辅助内容呈现的周边要素包括图文的版式、图片，以及音频、视频内容的音乐等。

4.3.1　版式设计，让用户第一眼就喜欢上你的内容

不讲究标点、不讲究版式，是现代一部分年轻人的习惯，他们认为有固定的版式会过于拘束。很多人在用微信交流的时候不用标点和格式，满屏的文字一拉到底。这样的文字习惯在个人的微信聊天、自由沟通中没有什么问题。但作为专业的内容创作者和服务者，这样的习惯可能会给用户带来困扰，甚至影响到内容会不会被用户喜欢。

对于图文类型的内容，版式是内容中除信息之外很重要的一部分。当用户点开标题看到你内容的代言，就像一个挑剔的老板第一眼看到面试者。这一眼的印象分非常重要。

电影《当幸福来敲门》中，主人公克里斯·加德纳在去银行参加面试的前一天，正穿着背心在家里刷墙，因为违规停车，被拖到警察局关了一夜。等到第二天能够放出来的时候，已经接近约好的面试时间，他根本来不及换衣服就匆匆赶到银行参加面试。当他穿着溅有油漆的衣服，衣冠不整地出现在面试官面前的时候，面试官甚至都不想给他一个面试的机会，乃至他的推荐人也为他穿成这个样子去面试感到很生气。

虽然后来在他的坚持下获得了实习机会，但并不是所有人都有这份幸运。用户见到内容也是如此，如果用户看到内容的版面不整洁，就好像面试官看到穿着邋遢的人，即使你的内容很有价值，也可能被用户舍弃。

我自己在面试员工的时候，也曾经遇到过这样的求职者：在正式面试前的笔试中，有的面试者笔试卷交上来后，通篇看起来一塌糊涂，让人没有看下去的欲望。对于这样的面试者，我基本上都不太会看里面的内容，只让人事主管简单聊了一下，就让对方回去了。那么，对于这位面试者而言，就是失去了一次就业机会。

图文版的内容，在版式上有 5 个方面需要注意（见图 4-3）。

图 4-3　图文内容版式 5 个注意事项

1）顶格和空行。跟传统纸媒不同的是，自媒体的图文内容没有首行缩进，所有段落都是顶格排版；微信公众号段落与段落之间会空一行，这样版面看起来更清爽、不拥挤，不会有满屏字的压迫感。不过头条号、百家号等平台没有空行的规定，但我个人认为，如果你感觉文字太多，可以把行距拉大。至少自己看起来，不要有满篇密密麻麻文字的感觉。

2）**短句子短段落**。用户大多在手机上阅读图文类内容，而手机屏幕上一行能够显示的字数只有十几个。正常情况下一个完整的句子在手机上可能要占据2~3行的空间。所以，内容的段落一定要短，否则用户在手机上看到的就是大段大段的文字。而在电脑上2~3行的内容就可以形成一个段落，甚至一行也可以形成一段。如果把握不好，在排好版预览的时候，自己在手机上有意识地提前看一下，如果感觉文字太多，要转回来做调整。

3）**金句加粗亮色**。金句或需要重点突出的内容，需要加粗以突出其重要性。在微信公众号文章中，有的作者还会把这些内容加成比较亮眼的彩色，这样整体版面看起来比较亮，重点内容也更突出，但只需要加上一种颜色就可以。而且，一个账号每篇内容的风格要一致，不能一篇用橙色，另一篇用蓝色。

4）**内容分板块**。对于比较长的图文内容，还需要把整体内容分成几个部分，用分隔符分开。一方面，让内容逻辑更清晰，另一方面，不会让用户感觉一篇内容太长，没有耐心看下去。知乎和小红书笔记都相对短一些，但也有些创作者会把内容分成几个板块，会让用户看得更清晰。

5）**版式简洁清晰**。图文内容的版式，不要太复杂、太花哨，简洁大方就可以。最重要的是清晰明亮，让用户一眼看下来就很舒服，不感觉累。

在用户注意力稀缺的时代，谁的内容能给用户带来好的体验，谁就能够抓住用户的注意力。对于内容创作者和服务者而言，你的文字和内容是给用户看的。无论哪种形式，版面呈现出来的效果，最终是让用户阅读起来不吃力，给用户更好的阅读体验。

4.3.2　学会配图，让图片帮文字说话

图片是图文内容中重要的一部分，在文字中插入图片，既能够让内容的版面

更加好看，又可以辅助文字传递出更多信息。内容中的图片包括封面图和内文图两种形式。封面图和内文图有各自的分类和要求（见图 4-4）。

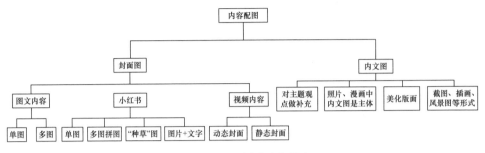

图 4-4　不同形式的内容配图

1）封面图。无论是图文形式还是短视频形式，封面图都不仅仅是一张图片，更具有辅助标题表达主题的功能，而且比标题更好看。图文内容的封面图相对比较简单，可以是单图也可以是多图。公众号、百家号等图文形式的封面图，一般不需要太具体的内容，但一定要和内容主题相关，和内文的整体风格一致。这样用户在看到文字内容之前，从手机上只看到封面图，就会对内容整体风格有一个大致了解。如果没有特别设定，系统会自动选取一张内文图作为封面图，但我不建议用这种偷懒的方法。

小红书是一个独特的存在，小红书笔记中图文和图片形式比较多，所以，对封面图的要求也相对高一些，分为单图和多图拼图。单图重在简单，而多图拼图重在丰富。如果是单图，要求图片好看，让用户看到就想点赞。图片的亮度和饱满度要高，要足够清晰。比如，你在小红书的定位是旅游博主，就可以找一些风景好的景点照片，或者酒店房间照片做封面图。如果是多图拼图，要突出图片的对比效果和丰富性。旅游博主用风景照做拼图效果会非常好。如果是美食博主，那最好的拼图自然是不同的美食。

小红书笔记中，还会有另一种性质的图片，就是"种草"图片。如果是宣传某类产品，可以用产品使用前后的对比图，来突出产品的效果。比如，穿搭前后效果对比、减肥产品或减肥方法使用前后对比等，都会有很好的吸引用户的效果。如果是零食类产品，可以把多种零食的集合图片拼成一张内容丰富的封面图，会对用户更有吸引力。

小红书的封面图，除了图片本身的信息之外，很多博主会在图片上加文字，来辅助说明主题，让用户一眼就看明白笔记想要表达的主要内容。

短视频的封面图会相对具体一些，创作者可以根据每篇视频的具体内容，选择视频中的经典图片，或者选取更能代表主题观点的图片来做封面。短视频的封面图一般分为动态封面和静态封面，如果不做特殊设定，系统默认自动从你的视频中截取一个动态封面。如果是想要强调某个静态的画面，可以自己在视频中单独截一幅图，在发布视频时，作为视频封面。

无论是动态还是静态，短视频的封面图，都一定要是短视频中最吸引用户、最能反映出内容主题的一帧图片，这样才能让用户第一眼对视频产生兴趣。

2）内文图。 图文内容的内文图是整体内容的一部分，通过内文图，有的能够对主题观点做一些补充；在某些以照片、漫画为主的图文内容中，图片是内容的主体；也有的内文图起美化版面的效果，尤其在美文类内容中。所以，图文中的内文图，在很多时候，有着跟文字同等重要的地位。一般而言，内文图的使用要遵循的原则有：能反映出主题观点、与内容风格一致、不需要加图例解释、注意规避版权问题（见图 4-5）。

① **能反映出主题观点。** 内文图不但要跟主题相符，还需要跟配图部分的内容相符。内容图的种类很多，根据内容不同，使用不同的图片。人物截图、案例对话截图、电影截图都可以用。有些人喜欢在公众号正文中用风景图，如果想用风景图，也要选择看起来跟正文内容相关的风景图。

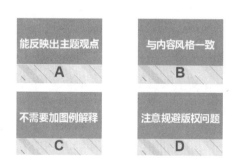

图 4-5　图文内容中内文配图的 4 个原则

② **与内容风格一致**。除了与内容主题保持一致之外，内文图还需要和内容的风格保持一致，如商业或职场干货内容，不能配萌宠的照片或卡通类图片。而且，一篇文章的全部配图风格要一致，不能一会儿用截图，一会儿用插画，一会儿用风景图。

③ **不需要加图例解释**。自媒体内容中的内文图，和传统纸媒不同，图片下面通常不需要加解释。图片本身反映的就是这部分内容，是一个对这部分内容的补充说明，再解释反而会有画蛇添足的感觉（但注明来源的除外）。

④ **注意规避版权问题**。特别需要注意的是，图片一定要注意版权。电影、电视以及一些官方媒体上的截图，都需要注明来源。有人物照片的，更要注意肖像权。千万别因为版权问题毁了辛苦完成的成果。

无论是图文还是视频形式，图片都是内容的一部分。**图片不但让内容的外在更漂亮，还能让内容的内涵更丰富，更重要的是能够表达出文字无法表达的含义，让内容在更大的外延上呈现其价值**。图片的形式、格调都需要和内容的主题和风格保持一致。这样，内容才能因为有图片的加入，而变得美观和灵动。

4.3.3　背景音乐，伴随视频一起起舞

背景音乐是视频内容很重要的一部分，尤其是没有太多故事和人物的视频，背景音乐成为视频非常重要的一部分。有了背景音乐的加入，不但会增加内容的丰富性，还会增加一些艺术气息。甚至有些用户对内容本身无感，但因为喜欢背景音乐，而把视频看完。虽然音乐很重要，但在视频中选择背景音乐的时候，需要谨慎，不能选错了。在选择视频内容的背景音乐时，一般需要遵循 7 个原则（见图 4-6）。

1）与内容格调一致。音乐是视频内容的一部分，也是视频信息的辅助。所以，音乐和视频表现的内容在格调上要保持一致。比如，情感类内容适合稍微抒情一点的音乐；旅游类内容适合轻松一点的音乐，运动健身的内容适合比较有动

感的音乐，而职场干货则需要一些能激发人们热情和斗志的澎湃激扬的音乐。

图 4-6　短视频背景音乐 7 个原则

2）**迎合大众情绪**。在一些特殊时期，用户会有一种情绪。比如，工作不理想时会有担忧和焦虑情绪。那么，在这个时期，在一些不是特别有情绪倾向的内容中，可以用一些能舒缓焦虑、有疗愈功能的音乐；如果是重大纪念日期间，能够激发人们爱国热情或昂扬斗志的音乐就很容易符合当时的主题。

3）**做好音乐剪辑**。背景音乐不是把音乐加到内容中就可以，而是需要根据内容做一些剪辑和处理。一方面，根据内容的节奏，剪辑音乐的节拍。比如，需要变换多个场景有多张图片的内容，可以通过剪辑，让音乐的节拍和图片转换的节奏同频。另一方面，通过剪辑，让背景音乐的高潮部分，在视频开始的 3~7 秒就出现，抓住用户的注意力。

4）**音乐和图片一样，也要注意版权问题**。最好用公开版权的音乐。如果必须用版权音乐，一定要联系原创者。即使不是商业用途，也要注明音乐的来源，也是对音乐原创者的尊重。

5）**无歌词的纯音乐最合适**。无歌词的纯音乐最适合做背景音乐。有歌词的音乐，歌词都有自己的内涵，歌词的内容很少能完全跟视频内容相符。如果歌词跟内容有冲突，还会冲淡内容本身的效果。而无歌词的纯音乐，感情色彩不浓烈，包容性更强。

6）**热点流行音乐。**背景音乐也可以追热点。正在热播或刚刚完播的电影、电视剧主题曲，都可作为视频的背景音乐，引起用户共鸣。如果是账号刚起步，可以用热点音乐为账号吸引流量。如果你对热点音乐不了解，可以从现有的短视频平台搜一下。比如，刷抖音的时候，在连续多个内容中都刷到同一首音乐，这个音乐有可能就是当时的热点音乐。你可以把这些音乐记下来，搜索确认。确认是热点音乐且跟你的内容风格一致，就可以用到视频中。需要注意的是，如果是商业用途，用热点音乐需要注意版权问题。

7）**创作原创音乐。**热点音乐虽然能引起用户共鸣，吸引用户注意，但大家都在用，用户就会厌烦。而且如果选择的热点音乐和内容的格调不一致，还会影响用户的体验感，影响视频效果。所以，如果能够根据视频内容，创作符合自己内容的原创音乐，肯定能够让视频带给用户的体验效果大大提升。当然，原创音乐门槛有点高，只能是少数人的选择。

音乐给人力量，音乐让人陶醉。**有音乐做背景，内容不但能传递功能信息，还能传递情绪价值，让内容产生荡涤人心的力量。**

版式、图片和音乐虽然在图文和视频内容中只起辅助作用，但它们的作用不可小觑，每一个部分在使用的时候，都需要仔细研究、认真考虑；都需要拥有用户思维，从用户角度思考喜好，这样做出的内容，才能在整体上满足用户的需求，呈现出一个接近完美的效果。

4.4　好内容需要不同平台载体来呈现

我们做内容的目的，是让自己的内容在更大范围内对用户产生影响力，为用户提供更多的价值，得到更多用户的喜欢和认可，并愿意消费，从而达到用户和创作者双赢的目的。所以，我们需要让内容的覆盖面更广，让更多用户看到。而想要更大的覆盖面，一个相对简单的方式就是通过不同的平台媒介来发布内容。虽然不同平台的用户群体会有重叠，但每个平台有每个平台的属性，上面有自己固定的用户群。在不同平台发布类似的内容，会在一定程度上覆盖更大的用户群。

那么，我们要如何在不同媒介平台发布内容呢？可以遵循以下 5 个原则（见图 4-7）。

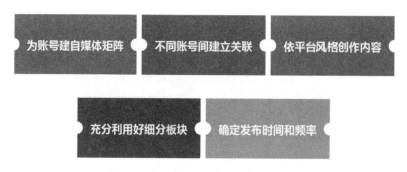

图 4-7　内容在不同平台呈现的 5 个原则

1）为账号建自媒体矩阵。如果是个人，可以专注于某一种内容形式。比如，图文性质的微信公众号、头条号、百家号等，或者在抖音、快手、小红书上都注册自己的账号，做视频类内容。如果是内容服务企业，可以建立更大的自媒体矩阵。

当前的自媒体矩阵包括图文类的微信公众号、头条号、百家号、企鹅号、搜狐号和大鱼号；短视频类的抖音、快手、微视、火山、小红书、B 站、视频号；直播类的花椒直播、虎牙直播、优酷直播；音频类的喜马拉雅 FM、企鹅 FM、荔枝 FM、蜻蜓 FM；问答类的百度知道、知乎、爱问知识人、搜狗问答、360 问答等。企业可以根据自己的规模和服务内容，提供某一种或几种类型的内容服务。

2）不同账号间建立关联。矩阵建立起来之后，需要把不同平台的账号建立关联，让账号之间相互引流。有些出自同一系统的账号平台会自动关联，比如，微信公众号和视频号之间自动有关联入口，在视频号视频简介中，可以插入微信超链接，把流量引导到公众号中。在公众号文章中也可以插入具体的视频号内容，把公众号的用户引流到视频号。

头条号和抖音号、西瓜视频之间也有自动关联。在抖音的设置选项中，找到第三方账号绑定，点开就可以看到头条号和西瓜视频。不是同一系统的平台后台设置中，多数也有关联第三方账号的设置，手动设置一下就可以（见图4-8）。

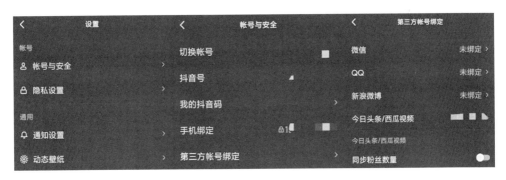

图 4-8　抖音号和其他账号之间建立关联

3）依平台风格创作内容。每个平台的定位和用户属性不同，在创作内容之前，先了解每个平台的内容定位和发布规则，根据平台要求创作内容。即使是同样的内容，在不同平台发布时，也需要根据平台风格做细微调整。比如，在短视频平台发展初期，快手更注重用户间的互动，所以内容上希望有更强的社交功能，内容要求也相对平民化，形式上更注重去中心化，给所有内容创作者以均等的机会。而抖音则有更强的中心化倾向，把内容放在最重要的位置，希望以内容征服用户，社交功能则相对弱一些，在流量上也更偏向于优质内容创作者。那么，在抖音和快手上发布相似内容时，就要有所侧重。当然，后期抖音、快手在内容上都有调整，有了更强的融合性，但每个平台还是有自己不同于其他平台的特点。

同样是图文类平台，微信公众号对排版、图片有一定要求，但字数没有严格的限制。而小红书笔记，在字数上就有严格的要求，笔记字数最多不能超过1 000字。而如果把同样的内容改成视频内容，则需要在大篇幅的内容中，选取一个或几个关键词分成几篇小的内容，用相对口语化，更适合口播的语言改写成视频脚本。

4）充分利用好细分板块。 每个平台都有不同的细分板块，比如，头条下面有头条号、微头条，有图文形式，也可以有视频。小红书有笔记也有视频。在发布内容的时候，可以把每个细分板块都利用起来，并根据每个板块的特点，策划内容的表现方式。以不同的形式表现出来，能影响到更大的群体。

5）确定发布时间和频率。 每个平台有自己的用户群，也有自己的时间偏好。我们在发布内容时，要注意内容的发布时间和频率，并根据后台数据做调整。平台的推荐算法是根据用户的浏览记录，来确定用户对内容的关注时间和偏好，并以此确定推荐时间和推荐的内容类型。

比如，腾讯曾经公布过公众号阅读的高峰时间段是上午7点～9点，中午12点到下午2点，晚上6点到8点，以及晚上10点之后。而抖音用户的活跃时间是中午12点到下午1点，晚上6点到夜里12点。

但这个时间只是平台算法推算观察到的大多数用户的活跃时间，不代表在这个时间段之前发布内容，就一定能得到更多流量。一方面，喜欢你内容的用户未必是这个大众人群。比如，小红书的用户群体中，虽然年轻人、"上班族"相对多一些，时间相对固定。但不同的职业以及自由职业者群体的增多，使活跃时间会有一定的流动性。而且，有些小红书的用户在国外生活，时间上就更不确定。所以，在内容的发布时间上，没有一个绝对的高峰时期。另一方面，你的内容在这个高峰时间段，不一定能够被更多用户看到，因为同一时间段平台推荐的类似的内容非常多，你的内容如果不能排在靠前的位置，就可能根本不被用户看到。

所以，内容最终的发布时间和发布频率，还需要在掌握大众用户活跃时间的基础上，密切关注自己的后台数据，看用户在哪个时间段是活跃高峰期，哪个时间段喜欢哪一类的内容，再确定自己内容的发布时间和频率。

内容因形式得当得以实现价值最大化，而形式因服务于内容而彰显出自身的魅力。形式是把内容外化的一种方式，也是内容得以让用户看见、喜欢并愿意消费的一种手段。通过不同的形式，内容以更精彩、更多彩的方式呈现给用户，让用户得到更好的感官体验，也欣赏到更好、更有价值的内容。而内容本身的价值也能达到最大限度的利用。从这一点上讲，由形式辅助呈现出来的内容，既帮助了创作者，让创作者辛苦创造的内容得到更多认可，又帮助了用户，让用户在得到内容价值的同时，还能有良好的阅读和观看、收听体验。

第 5 章　内容运营，让好内容价值最大化

微信公众号官网有这样一句口号：再小的个体，也有自己的品牌。在微信公众号这个平台上，微信给了每个个体表达自己意愿的话语权。而要想真正达成这个愿望，还需要我们学会运营，让我们的内容价值最大化。

5.1　平台运营，找到你自己的内容推广利器

当每个个体都有权发出自己的声音时，内容就在人与人之间产生了强大的影响力。如何通过内容与更多人连接，如何让自己的内容影响更多人，就需要我们找到自己的内容推广利器。

内容运营其实就是运营内容，也就是通过运营手段，让用户喜欢并消费你的内容。内容运营是一个广义的概念，包括内容发布前期的市场定位、内容策划，内容创作过程中资料收集、内容的撰写和编辑，以及内容完成后的发布、传播、分享、数据分析等环节。我们在这一章所说的运营，重点在于内容创作完成后，内容的发布、传播、分享以及后期用户的数据分析和内容迭代。在平台的选择上，可以有两种方式，第一是找专业平台帮助运营（让专业的人干专业的事），第二是搭建自己的运营平台（见图 5-1）。

内容运营需要先从内容发布开始，选择一个合适的平台发布自己的内容，是内容运营的第一步。对于普通的内容创作者来说，选择什么样的平台发布，要根据自己的内容定位来确定。"两微一抖"、快手、小红书等平台，对内容的定位要

求都不高，如果是泛知识或泛娱乐类的内容，不需要在平台上做太多纠结，只要把账号定位做好，可以在自己的自媒体矩阵多平台发布。但如果你的内容属于专业度比较高，如侧重创业或做产品的，则可以选择虎嗅、36 氪、人人都是产品经理等这样的专业性平台。

图 5-1　内容运营的两种平台选择方式

但有一点需要注意，就是内容发布之前，一定要清楚地了解每个平台的推荐规则和算法，并以此调整自己的内容，让内容能够最大限度地被平台推荐。

5.1.1　借助平台，让专业的人做专业的事

有自己的专业特长但不擅长运营的 PGC 的大 V，需要有自己的专业运营团队，或者在专业的内容运营平台进行内容发布，这样更利于内容的分享和传播。

比如，得到 APP 上各个行业的大 V 把自己的内容发布到得到这个专业的平台上，一切的传播、运营都由得到专业运营团队进行。这样更有利于这些专业人士专心把内容做好、做精，创造出更大的价值。

如果不能入驻这些专业平台，也可以请专业的代运营公司来帮助自己运营，从选题策划到最终的市场定位、呈现形式、推广运营渠道等一系列操作都由代运营公司来完成。PGC 的大 V 只需要提供核心的专业内容即可。这个操作其实就有点类似于演艺公司打造演员，因为对整体的市场有更清晰更专业的了解，代运营公司能够把所有环节做得都很到位。

得到 APP 对于一些入驻得到的大 V 来讲，从某种程度上说也提供了团队代运营功能。入驻得到的一些专业领域的人物，虽然他们的专业知识无可挑剔，但因为对市场不熟悉，所以，如果把他们的内容原封不动地搬到市场上，大概率得不到用户的认可。而专业团队能够帮助他们调整内容，让其核心知识更符合大众用户的口味。同时辅助用户进行内容的推广运营和传播。

薛兆丰就曾经说过，他在得到录制"薛兆丰的经济学课"时，就曾经被得到的运营团队"逼"到崩溃。因为他的内容太过学术，给学生讲可以，但对于大众学员没有吸引力。所以，他作为一个大 V，需要得到专业的团队来帮他完成课程的创作和运营。

《红楼梦》中薛宝钗曾经作诗"好风凭借力，送我上青云"。**借助别人的力量，成就自己的事业**。专业的事情由专业的人来做，是大多数聪明人都懂的道理。借助专业平台帮助自己做内容运营，省时省力而且很可能比自己做得还要好。**因为运营更专业，所以让内容更优质；因为内容更优质，所以变现更容易**。借助专业平台帮助运营，是适合绝大多数大 V 的运营方式。

现在 AI 在运营方面也是可以借助的力量。AI 可以筛选大量的与品牌受众相关的线上内容，帮助我们预测客户的消费需求和购买意愿。这样我们就可以制定一些非常精准、极具针对性的销售活动，为客户打造具有吸引力和相关性的购物体验。直接对准目标群体的兴趣爱好和消费需求进行宣传，客户的参与度和销售的转化率会大大提高。比如，当客户在线上搜索某款化妆品时，AI 可以根据其搜索关键词和浏览历史推荐相关的化妆品或一些优惠活动。这种精准推荐可以有效提升客户的满意度和购物体验，这样我们的销售额也会增加。

5.1.2 开发和搭建自己的运营平台

借助专业平台，让专业的人做专业的事，能得到更专业的服务，但也存在平台不能完全满足自己的需求的问题。所以，有些机构开始自己开发和搭建自己的内容运营平台。这种内容服务者大致分为有专业实力的业界大咖、有实力的产品企业品牌方两类（见图5-2）。

图 5-2 自建运营平台的内容服务者类型

1）有专业实力的业界大咖自建平台。一些有资源、有实力的大咖，本身在业界有一定的影响力，自建平台会相对比较容易。拥有自己的平台和运营团队，一方面可以运营自己的内容，另一方面也可以帮助领域内其他 PGC 的大 V 做代运营，比如武志红心理 APP。

我最开始听武志红的课是 2017 年在得到 APP 上，是听的年度大课"武志红的心理学课"。后来发现他开发了自己的 APP——"武志红心理"，他的很多课程和文章，都在自己的平台上发布。而且，平台上不但有他自己发布和分享的专业内容，还有其他心理咨询师和专家入驻。自建的平台在运营自己内容的同时，也成为别人的代运营平台，成为一个更垂直更专业的内容平台。

2）有实力的产品企业品牌方自建平台。当前内容营销已经是很多品牌营销的重点，一些专业运营平台吸引来的流量，有时候不够精准，而且成本也不低。所以，一些规模比较大、本身已经有了一些影响力的企业品牌，就会借助公共资源，开发自己的内容运营平台，搭建自己的运营团队，更精准、更大力度地分享和传播自己的品牌。

在内容服务行业中，有一大类是 OGC（职业生产内容），包括媒体和自媒体平台的编辑、记者等。OGC 属于职业行为，内容生产是他们的工作内容，他们如果隶属于某个平台和机构，平台就属于他们的运营团队。如果是自由职业者，一般会有自己专业的运营团队，但一般不会搭建自己的平台。

5.1.3 做好平台和渠道衍生

平台和渠道衍生，是在原来公共平台的基础上，进一步拓展出更偏向私域的渠道，继而让自己的内容能够得到更充足的曝光量和更精准的推荐和传播。对于内容推广而言，肯定是能够推广的平台和渠道越多越好。但我们常用的平台和媒体就这么多，大家的资源基本上一样。大家都在相同的平台，通过相同的渠道推送相同的内容，结果就是在一个赛道上争抢资源。除了起步较早、内容相对比较成熟的头部优质创作者，或者你的内容有非常独到的特点，大部分创作者创作的内容，可能用户根本就看不到。所以，在做内容推广的时候，可以在公共渠道和平台的基础上，继续延伸拓展出更多偏私域的平台和渠道。

比如，把在公共平台发布的内容分享到自己的朋友圈、社群，把在某一个平台发布的内容，在其他自媒体账号做连接等。如果你能够有自己的小程序，还可以把公共平台的内容和流量，导流到自己的小程序。比如，武志红的内容，既可以在得到 APP 等这些专业的运营平台发布，又可以通过内容，把一部分喜欢他的作品的流量导向他自己的小程序。同样，他平台上的内容，也可以通过入驻平台的老师，分享到他们自己的小程序、个人自媒体账号、个人朋友圈等，这些都属于平台和渠道的衍生。

选择一个好平台并做好平台运营是做好内容运营的基础。选择好一个平台发布内容，也只是内容运营的第一步。内容发布之后的分享和传播，内容对用户的影响以及最终实现商业变现，还需要更加用心的推广和运营。**好平台能助力内容更好地传播，好内容也能让平台更壮大**。平台和内容也是一种相互借力、互相促进的关系。所以，内容的运营离不开平台的助力，选择并运营好平台，也是内容运营的一部分。

5.2　分享传播，锁定圈层做好用户裂变

好内容自带传播属性，但单单依靠好内容进行自传播还远远不够。目前即使是优质内容，也必须进行分享和推广。而对于个人创作者而言，分享和传播的渠道中，朋友圈和社群是两个很有影响力的私域渠道。

5.2.1　运营好朋友圈，让更多朋友成为用户

朋友圈是我们最常用的发布日常动态的地方，也是最方便被人看到的地方。所以，朋友圈的力量不可小觑。如果你想用好你的朋友圈，还真不能随便发发，而是需要发布前的设计和发布后的运营（见图 5-3）。

图 5-3　朋友圈运营

在朋友圈发布新内容，不是把朋友圈当成信息发布渠道，而是要把朋友圈当成你的个人展示台。你不但要发你想发的专业信息，还要发一些接地气的日常生活信息，让别人看到一个活生生的人，而不是感到像一个发布信息的"机器"。比如，你希望通过朋友圈宣传品牌产品，你可以发布产品信息，也可以发布产品销售链接，但不能把这些内容作为主要内容来发。而是要把你的个人生活、你的兴趣爱好、你的旅行美食等信息也发布出来。

朋友圈不是工作场所，不需要一味展示自己的专业。你可以在本来的专业内容之外，利用你在其他领域的擅长，做一些跟人们的日常生活息息相关的、人们普遍关注的其他方面内容的知识分享。这样，就不会给人你一直在做产品推销的感受，一些人也可以从你的朋友圈中看到专业内容之外的价值，并可能因此成为你的"粉丝"。

在朋友圈你要有一个明确的人设，比如，阳光、爱运动、积极正能量、热

情、助人等。同时，你发布的内容也要根据想要打造的人设标签来进行。比如，你想给自己设立一个热爱生活、爱好旅游、喜欢美食、喜欢读书的人设。那么，你朋友圈发布的内容，就要围绕这些标签来进行，让别人通过你发布的朋友圈信息，看到你这样的人设。

从另一个角度讲，朋友圈是给朋友看的，不是你想发什么就发什么，而是要有"利他"思想，看你朋友圈的人想看什么样的内容，转换为自己朋友圈的人的角度来看你发布的这些内容，体会他们看了会有什么样的感受和想法。如果你想发布特定内容让特定的人看到，可以设置一个人可见，固定给某个人发布适合他的内容。

无论是专业内容还是日常生活，你发的内容要做一些文字编辑，不要想到哪里就写到哪里。专业内容最好能通过故事情景的方式表现出来。如果是日常生活，最好能写点金句，故事、金句、段子，才是大家都爱看还愿意分享和传播的内容形式。

朋友圈要图文同发，没有人会在朋友圈看你发的一大段文字，如果有图片，就好看得多，传递的信息量也多。发布的内容要干货内容和情感休闲类内容搭配。旅游、美食、宠物、段子、亲子等，都属于休闲内容。发朋友圈的时间不要间隔太近，避免给人"刷屏"感。

发朋友圈还需要注意格式，如果是一句话，直接发出来就可以了，如果是大段文字，要让文字有更好的可读性。朋友圈的文字格式主要注意分行断句。把需要发布的内容分成短句子，但不用标点隔开，而是一句一段，让别人看起来就像诗歌一样。如果内容太多，还要把大段内容尽可能分成小段，小段之间空一行，排版方式跟公众号的排版方式类似，这样在手机上看起来才不会太累，也不会感觉内容太多。

朋友圈发布的内容一般只显示两三行，再多的内容微信设置为折叠起来，目的是不让太多内容"霸屏"。如果想让更多内容被别人看到，可以把想要发布的内容在评论区发出来，这样内容就不会被折叠。

在朋友圈发布内容之外，还需要对朋友圈进行运营。运营朋友圈的目的，其实是希望你的信息能够被更多人关注，得到更多的点赞和分享转发。运营朋友圈第一步，就是给别人的朋友圈点赞。多给别人点赞，形成良好的互动，自然能拉近彼此之间的距离。而且，在别人的朋友圈点赞评论，还可能利用你的精彩评论，吸引到其他人的注意，继而用精彩的评论内容给自己的朋友圈引流。

5.2.2　做好社群运营，形成圈层经济

社群运营此处主要是指线上微信社群的运营。我们每个人都有很多微信群，但自己真正关注、真正活跃的也就那么一两个。

微信群分为短期群和长期群。闪购群、优惠券群、知识付费培训群等都属于短期群。短期群是为了某个特定项目或特殊事情临时建立的社群，进入短期群的成员也基本上都是为着这个项目而来，目的性和目标感都很强。群里的活动一般也围绕一个明确的目标进行。

短期群的运营相对简单，因为大家目标比较明确，知道自己在这个群里的目的，所以群管理员只要做好干货信息发布和气氛烘托，让群成员活跃起来基本就可以了。但建短期群是为了快速达到某一个目的，比如培训群让学员把课程听完、把作业做好；闪购群发放优惠券，让大家购买，实现产品变现等。所以，短期群管理员调动气氛让群成员活跃起来是社群运营的重点。

在具体的运营方案上，短期群一般会由群主和几个相对活跃的群成员带头在群里互动，就像会议活动等的领头人一样。群主提出问题，活跃的群成员在群里呼应，形成浓烈的互动氛围，带动其他成员。到具体的变现环节，会设计优惠政策。比如，在群里发优惠券，通过群里报名参加活动或购买产品，得到更低的折

扣。同时，用名额限额、最后期限等方式来制造紧迫感。短期群一般在项目结束任务完成后就解散，不存在后期长期运营的问题，也不存在掉粉现象。

长期群更多是一个品牌或机构，为了增加自己的私域流量，以一个长期的目标作为动力建立的社群。比如，某健身机构的健身社群、某品牌的新品发布群、保险群、理财群以及微商群等。长期群的目的是通过社群运营，完成群成员的身份转换，从吃瓜群众变成产品的消费者或推广者。长期群的运营相对比较难，最重要的是让群成员认可群主和群的价值观，让群成员产生归属感和身份认同，让群成员之间建立深度连接。

红包是群运营必须有的一个活跃气氛的工具，很多时候，通过红包能够把长期潜水的群成员带动起来。但我们不是红包群，也不必经常用红包活跃气氛，更不要总是只发 1 分、2 分的红包。这样的红包其实是浪费别人的时间。

对于不是因为特别具体的目标而建立起来的长期社群，几乎所有的社群都存在一种问题，就是大多数群成员被拉进群后，除了偶尔在群里抢抢红包外，就只是在群里待着。群管理员会发布产品信息、广告链接等。但绝大多数群成员都不会理会，甚至很多人会把群调整成免打扰模式，甚至直接屏蔽了，直接退群的情况也有很多，所以社群运营很重要。社群运营主要包含了确立社群价值观、创造社群价值、群成员拉新裂变和群成员关系维护 4 项工作（见图 5-4）。

图 5-4 社群运营的 4 项工作

1）确立社群价值观。 建立社群的目的，一是吸引有相同价值观的人进来并留下，二是影响群里价值观不清晰的人，让这些人的价值观和大家保持一致。所以，在社群建立之初，群主要定好社群的基调和价值观，吸引有相同价值观的人。如果跟群的价值观格格不入的人想退群，也不必强留。价值观不同的人退了群，反而能保持群的纯粹。本身价值观不明确的人，也更容易被人影响。所以，群主通过与群里人的互动和讨论，去影响这些人，让他们真正成为和你一个圈子的人。

2）创造社群价值。 人都是追求价值的，之所以很多微信社群的群成员退群掉粉，是因为人们在群里得不到自己想要的价值。每天发早安、晚安、你好、我好，或发几句鸡汤，虽然不算垃圾信息，但这些信息没有任何意义，白白占用大量时间和空间，所以人们会屏蔽，会退群。

用户愿意重点关注的是能给自己带来价值的群。比如，学习群、优惠券群、干货分享群。如果想要发有价值的信息，就来点干货。发产品信息也没关系，把你的产品功能特点，与同类产品相比有什么优势，适合什么样的人群，有哪些优惠等发出来都可以。如果你能够说服群里的成员，让大家认可你的产品是好产品，大家也会愿意购买和分享。但是注意产品信息不能"刷屏"，"刷屏"会让大家都厌烦。社群就是商业转化的洼地，你只要把你产品的价值展现出来，让大家觉得你的产品值，就会愿意购买，最终形成双赢的局面。

当然，推送的消息不能只是产品广告，更重要的是能够给群成员带来实惠和价值的东西。比如，促销信息、活动优惠券。而且，不同社群发布的内容要因群而异，发布的内容要结合群的特点，在风格、语气等方面做微调，让内容看起来是专门针对某个群或某个人而发的，更能显示你对内容的用心和对社群的重视。

3）群成员拉新裂变。 社群运营最重要的是群成员的裂变，通过拉新让更多新成员加入进来。拉新奖励可以作为群运营的一项奖励机制，这里的拉新不是为了拉新而拉新，而是要找到价值观一致，对群的理念认可的新成员。这样新成员才能长期留存下来。

找到有影响力的人是拉新最好的办法。**强者影响别人，弱者被别人影响。**有影响力的人本身就有一定的资源，再加上自己的影响力，拉新的效果就会比较好，新成员的留存率和转化率都会比价高。

4）群成员关系维护。社群成员在一开始的关系都是弱关系，群管理员要做的，就是把群成员从陌生人变成熟人再变成铁粉，从弱关系转化为强关系。这个关系的转化，不是每天发个问候语那样去维护，而是需要深度互动。比如，群成员提出了什么问题，你去认真解答；有不同意见，一起探讨。如果群成员开始比较沉默，群主可以发起一些话题讨论，并引领话题导向，让群成员之间互动起来。

社会分工越来越细化，内容行业的领域划分也越来越细化。无论哪个领域，每个圈子都有属于自己的圈层文化。确定好自己的内容定位，锁定用户的圈层，在一个或几个固定的圈层中，做好用户裂变并进行内容的传播和分享，是社群运营的目标和目的。一个社群就是一个圈子，你生活在什么样的圈子里，就会成为什么样的人。反之，你想要多少人认可你的内容和价值观，就去影响多少人进入你的圈子。

5.3 做好数据记录，用户反馈是最好的改进指南

在内容行业，你的内容好不好，是用户说了算；而有没有打动用户，是后台数据说了算。关注后台数据，是内容运营最重要的一部分。通过对数据的观察、分析，来判定用户对内容的喜好、偏向，用户群体的属性、用户的活跃时间等。通过这些来自后台数据的反馈，作为后续内容创作和发布的改进指南。对后台数据的分析，包括前期数据的测试和观察，展现、阅读、点赞和"粉丝"增长数据的观察和分析，以及评论区用户留言和互动数据（见图 5-5）。

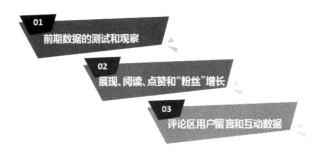

图 5-5 后台运营需记录数据

5.3.1 测试和观察，变换选项获取对比数据

后台数据的获取，不是单纯观察数据，而是分别调整不同选项，获取选项变化后的数据变化，获取对比数据。对于自媒体平台发布的内容，一般分四个步骤进行测试。

第一步，发布并记录数据。内容不变，发布平台不变，发布时间不变，也就是说，我们在一切未知的情况下，先发布内容，并在内容发布后的 24 小时内密切关注数据。选择 24 小时数据，是因为 24 小时能够兼顾到所有时间段的活跃用户。

第二步，时间和平台同时测试。即在内容不变的情况下，改变发布时间和发布平台，并做数据记录。如果在发布时间和平台改变后，总的阅读量或播放量有明显提升，说明数据跟发布时间或发布平台都可能有关系。比如同一篇文章，上午 7 点在微信公众号发布，获得了 1 万阅读量；而傍晚 5 点在头条号发布，阅读量是 5 000。那么，这个数据的变化，可能是早高峰和晚高峰人们的活跃度不同，也可能与微信公众号和头条号用户的活跃度有关，或者跟两个方面的因素都有关系。

第三步，时间测试。即内容不变，平台不变，调整一下内容的发布时间，再做数据记录。比如，原来上午 7 点在微信公众号发布的内容，改为傍晚 5 点发布，看相关数据有什么变化。第三步的测试是在时间和平台两个因素同时测试出现数据变化之后，再分别进行测试甄别。

测试内容发布时间，有如下注意事项：

① 用户在哪个时间段活跃，不是一成不变的，而是有一定的偶然性。所以，测试需要多进行几次，不能因为一次测试，就确定是发布时间的问题。

② 内容的发布时间存在很大的不确定性，也需要多调整几个时间段，分别进行测试，看具体哪个时间段的数据更好，再最终确定。

③ 测试发布时间的时候，需要留意内容提交时间和发布时间之间会有一个时间差。有的平台提交后马上就能发布，有的平台则需要一定的审核时间。这个审核时间，各个平台、各个时间段都会有差异，需要多测试几次才能最终找到一个合适的提交时间。

④ 下午到晚上这个时间段的测试，需要根据你的内容的用户群可能会有的空闲时间，在早晚高峰期，测试的密度要高一点。可以间隔半个小时甚至做 15 分钟的调整，来观察数据的变化。

第四步，平台的测试。即内容不变，发布时间不变，改变发布平台，再做数据记录。变换平台的测试相对比较简单，只要把相同内容在相同时间在不同平台发布，进行数据对比就可以了。

如果发现数据变化跟平台有关，一是，可能我们的内容跟平台的用户不匹配；二是，我们对平台的算法和推荐规则没有研究透。所以，如果因为变换平台造成数据变化，可以分别从这两个方面进行调整。

我自己的公司就是提供内容服务的公司，我们就是用这样的方法慢慢摸索出内容的发布规律。最开始做内容服务的时候，我们也曾经出现过一些失误，只把关注点放到内容上，看到数据不好，就开始在内容上做调整。调整了几次之后，数据还是不太好，我们开始意识到数据不好可能跟内容的发布时间和发布平台也有关系。于是我们尝试变换平台和发布时间，来观察数据变化。

我们开始的内容主要在微信公众号发布，主要锁定在早晚高峰期，后来在午休时间段也做过尝试。而且，根据我们内容的用户属性，考虑到不同群体存在弹性上班、错峰下班的情况，分别在傍晚 5 点到晚上 11 点这个时间段，每隔一个小时甚至半个小时分别进行调整测试。最终在不同的平台调整出最佳发文时间。

时间和平台调整之外，就是内容上的调整了。具体的内容调整，我们在内容创作一章中有过详细解读。而具体的调整方向，还需要通过观察后台数据来定夺。

不同的平台需要观察和分析的数据也略有不同，微信公众号的后台数据有这样几类：内容分析、用户分析、菜单分析、消息分析、接口分析和网页分析（见图 5-6），我们主要关注内容分析、用户分析和消息分析就可以。

图 5-6　微信公众号后台数据项

在头条号上，我们要重点关注展现量、阅读量和"粉丝"增长数量。展现量跟平台推荐有关，根据展现量的变化，可以发现平台的推荐规则，并以此调整内容关键词和内容发布时间。而小红书需要重点分析的数据指标有笔记发布数、爆款笔记数和涨粉数。

如果发现和同类内容比，我们的这些数据有明显落后或滞后的情况，还需要详细分析背后更细致的数据指标。我们还是以微信公众号为例，可以通过下载数据明细，看到详细的内容数据，最终得出以下数据：一篇文章的总阅读量、总分享量、阅读后关注量、文章的送达人数、首次分享次数、总分享次数、分享产生的阅读次数，主要是好友转发还是朋友圈转发的，文章的完读率，用户大概在文章的什么地方跳出（见图 5-7）。

为什么你已经如此努力，却还是被老板骂？				
数据概况				
数据指标	数值			
总阅读(次)	587			
总分享(次)	20			
阅读后关注(人)	1			
阅读转化				
数据指标	数值			
送达人数	223152			
公众号消息阅读次	498			
首次分享次数	11			
总分享次数	20			
分享产生的阅读次	78			
数据趋势明细				
日期	传播渠道	阅读人数	分享人数	分享次数
2021-10-19	公众号消息	461	498	11	11
2021-10-19	好友转发	12	22	2	3
2021-10-19	朋友圈	42	56	2	4
2021-10-19	历史消息	5	10	1	2
2021-10-19	其他	1	1	0	0
2021-10-19	全部	517	587	15	20
阅读完成情况				
浏览位置	跳出人数	跳出比例	仍读人数	仍读比例
0%	2	0.41%	493	100.00%
5%	80	16.23%	491	99.59%
10%	45	9.13%	411	83.37%
15%	41	8.32%	366	74.24%
20%	39	7.91%	325	65.92%
25%	15	3.04%	286	58.01%

图 5-7　微信公众号后台详细数据项

从这些详细的数据中，我们找到内容需要调整的地方，结合第 3 章的创作方法，内容调整起来更容易也更方便。

5.3.2　展现、阅读、点赞和"粉丝"增长都需要关注

完成测试后，接下来就需要根据数据分析做内容调整了。后台数据中，展现量、阅读量、点赞量和"粉丝"增长是我们需要重点关注的数据（见图 5-8）。

图 5-8　需要重点关注的数据

1）展现量。 内容的展现量，跟平台的推荐有关。你的内容能够展现给多少用户，让多少用户看到，取决于平台把你的内容推荐给多少人。所以，发布内容之前，先要弄清楚平台的算法，了解这个平台的推荐规则。比如关键词的抓取、推荐时间等。

如果你看到后台数据中内容的展现量不够，首先，你需要在标题和内容上调整和增加热点关键词，因为大多数平台的 AI 都有抓取关键词的操作。其次，你需要做发布时间上的调整。有时候你以为的用户活跃时间，和平台认为的用户活跃时间不一样，平台会在它认为用户的活跃时间做相关内容推送，如果你的内容不是在这个时间段发布的，在若干内容中，平台重点推荐的很可能就不是你的内容。

2）阅读量。 阅读量是指图文形式的内容，图文内容的阅读量和平台推荐有关系，更和内容本身的标题和封面图有关系。一篇内容，用户第一眼看到的就是标题和封面图。现在用户了解内容的渠道是"刷"手机，你的内容标题能够在用户视线中停留多长时间，取决于用户手指滑动的速度。所以，内容的标题和封面图能不能在 0.1 秒的时间吸引观众的注意力，是决定用户会不会阅读的关键，而且因为阅读图文内容的用户对内容价值的重视程度更大，所以标题的影响也更大一些。

3）点赞量。 无论是图文还是视频内容，平台都有点赞设置。创作者也会在内容中鼓励用户点赞、转发和收藏。点赞在一定程度上还会反映出内容的价值，点赞代表的是用户对内容的态度，用户喜欢你的内容，才会给你点赞。所以，如果内容的阅读量很高，但点赞和评论很少，可能是用户不太认可你的内容，在内容本身的价值上还需要继续打磨。

这个时候，可以在后台数据中，详细看完读率（或完播率），看用户在文章或视频的哪个部分跳出来了，找找为什么用户看到这里就不看了的原因，在这些地方做出调整。

4）"粉丝"增长。 成为"粉丝"是用户对你内容认可最好的表现，"粉丝"

转化率高，不但说明用户对当前的内容比较认可，还表示其认可你内容的整体风格和格调，希望在这里看到更多自己喜欢的内容。所以，如果你的某一篇文章或短视频内容的转粉率很高，就需要你把这篇内容好好研究一下，看用户因为什么转粉，如何把这个成功经验复制到后面的其他内容中。

展现量、阅读量、点赞量和"粉丝"增长是内容是不是符合平台算法，有没有得到用户认可的衡量标准。这几个数据是相互连接、升降同步的。一个好内容，无论以什么样的形式出现在哪个平台，这几个数据都应该有不错的表现，反之，如果数据中有一个或几个不好，说明这个内容的某个方面存在问题。所以，我们关注内容的后台数据，需要在这些数据中做综合考虑，而不应该单一追求某一个数据的增长。

数据是衡量内容是否优质的依据，但不是唯一依据。有时候你的数据差，未必是你内容的问题，也可能是你的内容没有被平台的算法推荐。没有被推荐的原因有很多，比如，你的关键词没有被平台抓取到。检验的方法是，你可以在内容发布后 10 分钟左右，自己从网上搜索自己内容的关键词。如果你的内容没有被搜索出来，就可能是平台系统没有抓取到你的关键词。你可以重新做一下调整，多加几个热门关键词，重新发布再试。

5.3.3　关注评论区用户留言和互动数据

用户评论是用户和内容创作者之间最直接的互动，用户通过在评论区发表评论，来表达自己的观点和对内容主题观点的看法。在图文内容中，用户在评论区的留言和互动都是用户评论的形式，而在优酷、腾讯、爱奇艺、哔哩哔哩这样的视频网站，用户评论的表现形式常常是弹幕。

评论区里用户的声音是最直接的，也是最真实的，在评论区中听到的用户声音，也最容易成为后续内容中的观点和创意。运营得好的评论区，有时候比内容本身更吸引人。一些用户看一篇文章或视频时，更多的精力反而放在评论区。看视频看十几秒，看留言能看几分钟。我自己也有这个习惯，有时候看到评论区的精彩留言，会情不自禁地一直往下滑，有时候能看十几条甚至几十条评论。

评论区数据反映出用户的喜好，也体现出用户的观点和建议。比如，评论区里会有用户说"作者这个观点不错，要是能再说得具体一点就好了"；或者用户会说："作者的说法有点片面，有些问题不能一概而论"；也有的用户会直接在评论区提出问题，如"老师这节课中给出的观点不错，期待老师能在接下来的课程中，就 ××× 问题也能分析一下！"等，这些用户的评论也许可以在你后面的内容中作为参考，也可以提醒你，在其他内容中表达观点时注意不要太片面。观点和建议之外，用户评论的多少也代表了用户对这个话题的兴趣，也可以作为后期选题的参考。

自媒体内容的后台数据是衡量我们内容好与不好的标尺。从后台数据中，你可以看出用户对内容的反馈，以及你的内容和运营需要调整的方向。而你要做的就是观察数据、记录数据、分析数据，并对内容的调整方向做出指导。

5.4 直播运营，线上销售的盛宴

直播是大约从 2015 年开始兴起的一种新的内容形式。最开始的直播主要是游戏方面的直播，后来有了映客和快手，再后来花椒、新浪和腾讯也加入其中。到 2016 年，网络直播进入爆发期。据艾媒咨询 2021 年的数据报道：2016 年，直播用户数量为 3.10 亿人，到 2021 年，直播用户数量达到 6.35 亿人（见图 5-9）。

在所有直播中，电商直播也就是带货直播成为发展最快的一种业态。直播达人、明星带货、素人直播……品牌方也纷纷建立自己的 MCN 机构，组建自己的直播团队，乃至所有的产品、内容、知识、技能、方法等都通过直播的方式分享出去，形成了一个全民直播、直播带货覆盖全品类的模式。而直播的效果也是千差万别，有的直播能达到一场几亿元的销售额，而一场直播下来只有两位数销售额的直播间也并不罕见，可谓是几家欢喜几家愁。所以，直播中的运营是直播中非常重要、非常关键的因素。直播运营一般包括三个方面的运营："粉丝"的运营、连接"粉丝"和供应商的主播的运营以及供应商的运营（见图 5-10）。

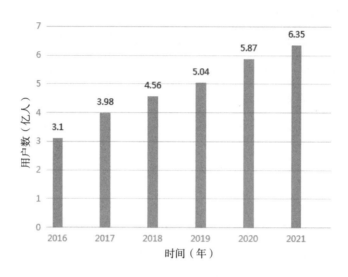

图 5-9　2016—2021 年我国在线直播用户规模

图 5-10　直播运营的三个方面

1）"粉丝"的运营。 在直播间，如何做好运营，让"粉丝"在直播间感觉到开心，愿意留下来并介绍其他人进来，是关键。美国西北大学市场营销学教授唐·舒尔茨的"整合营销"的基本理论——4Is 原则，即趣味（interesting）原则、利益（interests）原则、互动（interaction）原则、个性（individuality）原则，同样可以用在直播间"粉丝"的运营上（见图 5-11）。

图 5-11　"粉丝"运营的四个原则

① **趣味原则**。对趣味的需求是人类本能的需求，内容有趣味才更容易吸引用户。直播内容有很大一部分是直播带货，单纯的"货"本身没有什么趣味性，而且卖东西常常还会引起用户的对抗心理。所以，必须通过直播内容，让卖货变得有意思，让用户产生兴趣，用户才会愿意留下并出钱购买。

直播有趣不是要求主播个个都是段子手，而是从选品开始，包括直播间的设计、直播流程、促销模式等，让每个环节都能好玩有趣。

选品时，同类的产品可以选择有趣的产品。比如，外形可爱的小电器、"颜值"高的小食品包装等，如果主播能够抓住一些产品独特的特点，就能将这些产品介绍得更有趣，就比较容易吸引用户购买。比如，小熊电器直播间有一款小熊豆浆机，不但外形可爱，而且主播在直播的过程中，加上了豆浆制作的过程，整个过程温馨，让用户感觉很有意思（见图 5-12）。

图 5-12　直播间有趣的产品介绍

我们可以在直播流程中设计一些有趣的环节，比如，抽奖环节。奖品不重要，重要的是中奖的感受对直播间的观众有很强的吸引力，多数用户都会充满期待地等着抽奖环节的到来。直播间的氛围也是使环节有趣的一部分，主播通过文案或才艺，让直播过程变得有趣，吸引用户在直播间停留。

② **利益原则**。利益原则就是你的直播间传递出的信息，要满足"粉丝"的

利益需求。抽奖、打折、"全网最低价"这样的活动都是让利益给"粉丝"，"粉丝"如果能够在这里得到既得利益，就会愿意在这里消费。

在介绍产品功能时，从消费痛点切入，让"粉丝"的消费痛点得到满足，"粉丝"就会感觉这个产品买得值。同时，利用产品功能中能够给用户带来惊喜、引起用户尖叫的特点，让用户得到期待之外的需求满足，都是让用户感受到利益的表现方式。物质利益之外，还有精神方面的利益，比如明星直播，能够满足"粉丝"见到偶像的愿望；直播间的才艺表演，能够满足"粉丝"娱乐的愿望等。

③ **互动原则**。互动是直播最主要的特点之一，**互动可以活跃气氛，可以拉近关系，更可以获取信任，增加"粉丝"的黏性**。所以，互动是直播间最关键的一个特点和要素。

在直播间，"粉丝"和主播的互动是实时的。和主播互动的过程中，"粉丝"可以随时表达自己的观点看法，提出自己的问题和要求，大大提升"粉丝"的参与感。如果"粉丝"的要求能够得到满足，"粉丝"还会有很强的成就感和荣誉感。如果"粉丝"参与了产品中公布价格或折扣的环节，"粉丝"还会对产品品牌留下很深的品牌印记，会不自觉地把这个品牌当作自己的一个消费主品牌。

直播间主播和"粉丝"的互动是深度的，也是趣味和多元的。主播和"粉丝"之间的互动，交流的不仅仅是产品的问题，还包括产品之外的专业问题、购买流程问题、折扣问题，以及"粉丝"各种各样的其他问题。主播还可以和"粉丝"分享自己直播背后的花絮小故事，比如，选品背后的故事、如何和老板砍价、怎样拿到"全网最低价"等。罗永浩在直播间就做过这样的分享，从北大研究生毕业转行做主播的刘媛媛也在直播间做过这样的分享。

④ **个性原则**。个性原则应该包含两个方面的意思，一是，主播要根据自己的性格和气质等特点，创造出适合自己个性的风格。比如，你语速很快、思维敏捷，可以快速地介绍产品，快速地跟"粉丝"互动，把直播间的气氛设计得活跃一些。如果你的性格没有那么活泼，也未必不能做一个好主播，你可以走专业路

线，从专业角度对产品进行解读，树立权威感。比如，一些企业家销售自己品牌产品的时候，一般不会一板一眼地按照固定的直播套路来，但他们独特的风格和气场，能控得住场面，让"粉丝"愿意购买他们的产品。二是，根据产品属性和"粉丝"属性，在做产品推荐的时候，用跟符合"粉丝"属性的个性化语言进行介绍。比如某知名美妆产品主播的直播间，因为"粉丝"以女性居多，他推荐产品的时候，也用更迎合女性心理的语言来推荐。

2）主播的运营。直播带货过程中，主播的表现和销售额之间的关系非常大，一个好的主播和一个能力差的主播之间的销售额，会有亿万级的差异。所以，直播中主播的运营是最关键的环节。

一个成熟的主播需要 MCN 机构来包装和运营。主播的运营包括主播个人 IP 的运营和主播销售风格的运营。主播的个人 IP 就是主播在"粉丝"心里是以一个什么样的形象呈现的。每个主播都需要根据其外貌、性格特征、年龄、专业经验等，形成自己独特的 IP 形象，不能所有的主播出来都"千人一面"。**主播 IP 决定用户的购买力，而用户群体属性决定着主播 IP 的属性。**对于直播间的"粉丝"而言，也是萝卜青菜各有所爱，并不是一定"颜值"高才有人爱。真正懂得"粉丝"的心思和需求，能让"粉丝"得到实惠的主播才惹人爱。

如果是品牌方搭建自己的直播团队，那么，在选择主播的时候，品牌方要根据自己的产品，选择符合选品风格的主播。比如，你的直播间卖化妆品，用"颜值"高的小哥哥、小姐姐，效果会更好。而中年大叔的形象，风格上就感觉不那么合适。即使能卖，也最好需要"颜值"高的助播来试妆，效果才可能更好。再比如，你的直播间卖运动衣或运动装备，那么选择看起来阳光健康的运动达人形象的主播会有更好的效果。

3）供应商的运营。直播的供应商应该是一个多品牌博弈的过程，一个大牌主播一场直播的带货量，能够赶上一个商场一年的带货量，所以，即使坑位费很高，很多品牌还是想找到大牌主播带货。而对于直播平台或 MCN 机构而言，选择什么样的品牌合作，也会直接影响直播的效果和直播间及主播的信誉。

直播商品和传统的产品销售还不一样，传统的产品销售，一般是有多少产品卖多少货，卖完了就结束了。但直播不同，很多直播的新品，常常都是样品。主播在直播间介绍产品的功能特点，吸引"粉丝"下单。供应商再根据下单量快速生产，完成订单。而这也是考验品牌的时候。直播带货对品牌商的考验体现在这样几个方面：

第一，直播间的订单量很大，能不能在短时间内完成如此大的订单量；第二，如此大的订单量，物流能不能跟得上，能不能及时发货；第三，质量能不能有保证。有时候短时间内完成如此大的订单量，品牌自己完不成，会分发到一些小企业甚至小作坊去做，这样就很容易出现质量不能保证的问题；第四，对于一些保质期短、需要保鲜的商品，还会出现物流运力和仓储的问题。

2022年6月15日，北京一位消费者爆料，自己于6月9日在某直播间买的一箱桃子，收到时有四分之一已经腐烂长毛。向客服反应后，该直播间第一时间做出回应，商家也是很快为这位用户办理完退款。

桃子长毛未必是商家发货的时候桃子就坏了，对于桃子这样保鲜期非常短的生鲜类商品，很多外界因素都可能造成桃子在从商家到消费者手中的路途中坏掉。比如，商品包装不当、运输过程中的延期、未提醒用户及时收货等，成熟的供应商都会提前做好预案。而对于直播间而言，在选择供应商的时候，如果忽略了这些方面的考虑，也会给自己带来口碑和利益方面的损失。

类似因为供应商的问题，造成直播间产品问题带货"翻车"的情况并不罕见。让很多网友记忆犹新的2020年某大V直播间"5·20"鲜花"翻车"事件，跟烂桃子事件非常相似。

2020年"5·20"期间，某大V在直播间带货鲜花，就因为用户收到的鲜花不新鲜打蔫的问题，收到大面积投诉。好在他及时做出回应，在微博上连用三个

"非常抱歉"向"粉丝"们道歉，并公布了补偿方案，当晚所有预订这个品牌玫瑰的用户双倍返还，他的直播间赔偿了 100 多万元。而供货商也提出了 100% 赔偿的方案。

所以，在供应商品牌的选择上，前期要把这些问题都进行考虑，避免出现带货"翻车"的情况。否则不只是经济上的损失，很可能会失去"粉丝"的信任。**信任危机是最大的危机，失去了信任就等于失去了用户。**对于直播而言是非常可怕的事情。

直播是互联网时代的产物，是一场线上销售的盛宴。如今直播已经进入千家万户，成为普通百姓展现自己、展现自己产品的一个大舞台。舞台已经搭起，让我们设计好自己的内容，做好内容的运营，尽情在台上跳起来，同时也收获属于自己的梦想和利益。

内容运营目前是数字营销的一种重要手段，是实现内容价值必不可少的一个环节。因此，内容创作者必须注重内容运营。好内容没有好的运营，价值会大打折扣。运营可以让好内容吸引更多关注，提高用户的忠诚度和黏性，进而促进营收，为后续创作提供方向。

第 6 章　内容变现，从内容到生意

在内容商业时代，衡量内容是否有商业价值的标准，就是用户是不是愿意为这份内容付费。而内容变现的途径和方式也决定着内容能在多大程度上实现变现，决定着内容在商业这条赛道上能够走多远。

6.1　实现变现，才能从内容到生意

一个产品、一样东西，能够体现其价值的标志，一是其功能性价值，也就是对受众有什么用处；二是通过直接的市场价格来体现。在传统内容时代，内容的价值更多体现在其功能性价值上，虽然我们买一本书、看一场电影也需要付费，但内容更多的价值没有被开发出来，没有真正以经济利益的形式体现出内容的价值。

如今内容被应用到了更多领域，最大限度地在不同的领域以不同的形式发挥着作用，同时，作为一种商品进入交易过程，以变现的方式显示其自身的商业价值。生活和工作的压力，人们对知识的渴求、对精神生活的追求等，都让越来越多的人愿意为内容付费，内容变现成为社会发展的必然和趋势。

在内容商业的领域内，内容变现包含两个层面的内容：一是内容作为商品，利用自身价值实现变现，比如，传统媒体和自媒体内容、知识付费等领域的内容。二是内容作为工具，帮助品牌或产品展现其价值实现变现，比如，商品文案、电商文案等（见图 6-1）。

图 6-1　内容变现的两种方式

1）内容作为商品的变现。内容作为一种商品进入流通领域，通过购买的方式实现变现，是内容变现最主要的方式。之所以人们愿意为内容付费，是因为当前的内容形式在一定程度上满足了现代人对内容的需求。具体体现在这样几个方面：

① 短内容迎合了用户碎片化浏览的需求。自媒体的发展，让内容的形式不再仅仅限于过去的大制作，而是有了众多的小内容、微内容。一句话的朋友圈、两三句话的微博、只有 15 秒的短视频，都可以成为人们喜欢的内容。而小内容、微内容的形式，正好满足了人们在整块时间缺失的情况下，又因为工作生活及自我成长等需要，利用碎片化时间去获取知识的需求。

② 泛知识满足了用户对日常知识的需求。自媒体时代，内容提供的信息，不再仅仅是目的性、专业性特别强的专业内容，而是在更宽泛的范围内，提供更多和人们的日常生活息息相关的泛知识类内容。人们不需要太多花费，就能得到一些实用的泛知识信息，也是很大一部分用户愿意付费的原因。同时，内容形式的多样化，提升了用户获取内容时的体验度，让用户愿意为这份体验付费。

③ 低门槛、高包容度和 AI 的出现让素人创作者的数量大幅增加。据百度官方介绍，从 2022 年年底到 2023 年 6 月，"创作者 AI 助理团"一经推出之后，已有超过 45 万的创作者使用，创作出 700 多万篇文章内容，累计分发量超过 200 亿。[注]从创意开发、视频编辑到文案策划，AI 都可以深入参与，它已经逐渐成为内容创

注　数据来源：徐姗. 善用 AI 的第一批创作者，已经赚到钱了 [EB/OL].(2023-06-12)[2023-11-23]. https://tech.ifeng.com/c/8QZ16JRskl1

作者的新"伙伴"。有了 AI，外卖员可以边送餐边制作短视频；有了 AI，旅游博主的幕后团队可以不需要其他人了……有了 AI 这个得力助手，创作者在创作时会更加轻松省力。

市场的需求也倒逼内容生产者和服务者加入内容商业中。一方面，内容门槛的降低、市场和社会环境的包容，让越来越多的素人成为内容创作者。另一方面，有些内容因为更贴近生活，更有创新性，而被广大用户喜欢，甚至有些成为爆款内容，由此给创作者带来的收入自然也相当可观。

④ PGC 的大 V 加入垂直领域创作。很多领域 PGC 的大 V 把自己的专业内容，以不同的形式重新在其他媒体平台发布，让自己的一份内容得到多份收益，在帮助更多用户得到知识和价值的同时，实现了自己专业内容价值的最大化。

一些 PGC 的大 V 通过内容变现不但实现了财富自由，而且打造了自己的个人 IP。比如，内容培训的吕白、粥佐罗；通过自媒体打造个人 IP 的刘媛媛；从普通素人走出来的李子柒、"张同学"；更有一些头部内容从业者不但有了自己的个人 IP，还有了自己的企业和团队。比如，樊登、武志红等。

2）内容作为工具的变现。内容作为商品除实现自己本身价值的变现之外，还可以作为品牌和产品营销的工具，在帮助品牌和产品实现变现的同时，体现出自己的价值。广告文案、电商文案、直播带货等都是以内容作为工具实现变现的典型。

微博上有一位叫王胜寒的女孩，从微博的个人 IP 到形成企业 IP "醉鹅娘"，用 5 年的时间，完成了 3.5 亿元的内容变现。在酒这个品类正在逐渐被年轻人远离的社会大环境下，王胜寒撇开白酒行业，专注于时尚新鲜和微醺的氛围，对红酒文化进行了解读，受到年轻人的喜欢，也成就了自己的品牌和梦想。

在这个案例中，王胜寒在微博上营销的不是红酒，而是内容。她通过给红酒赋予年轻用户喜欢的文化内容，让用户把红酒文化和传统的酒文化区分开来，继而喜欢并消费红酒，实现品牌变现。

其实，比"醉鹅娘"更早利用内容给酒品牌赋予不同文化的还有在业界以内容取胜并引起后来者纷纷效仿的江小白，以及跟随江小白脚步，纷纷在广告文案、商品文案上下功夫的若干品牌。所以，内容作为工具，在帮助品牌变现的过程中，内容体现的价值，并不比内容本身的价值低，甚至单纯从经济利益上讲，品牌因为内容的参与，获取的经济价值会更大。

那么，作为内容创作者和服务者，在变现这一环节，我们需要如何做，才能更快更多地实现变现目标呢？

建立在互联网基础上的媒体，无论什么形式的内容，无论哪种变现形式，都需要流量的存在。所以，流量是变现的基础。而流量变现又分为纯流量变现和用户黏性变现（见图6-2）。

图6-2 两种流量变现方式

纯流量变现相对比较简单，只要人多，就能实现变现。在内容中插入广告的变现方式就属于纯流量变现。但更多情况下，内容的变现是在流量基础上的用户黏性变现。用户黏性变现，就是因为用户喜欢你，不愿意离开你，继而进行各种形式的消费完成内容的变现。利用用户黏性变现的逻辑和用流量变现的逻辑是相反的。流量追求的是数量，而黏性追求的是"粉丝"的质量。即使"粉丝"不多，但只要"粉丝"的消费转化率高，变现能力也会非常强。社群变现、内容直播变现、直播间"粉丝"打赏都属于在流量基础上利用用户黏性的变现。

比如，直播带货，直播间必须有流量，没有流量，直播间的氛围起不来。但如果没有用户黏性，用户不打赏不购物，也没有办法实现变现。**直播间是铁打的营盘、流水的"粉丝"，但"粉丝"不是流水，而是留下来就是"铁粉"。**一些线上训练营也是流量和黏性的结合。很多用户参加训练营，需要的不仅仅是训练营的课程，更是寻求一种同伴之间的陪伴和互动。相互的陪伴和互动，增加了"粉丝"的黏性，帮助了用户，也留住了用户。

用户黏性变现，需要从四个方面培养：内容个性化和差异化、优质内容的持续输出、正能量的账号人设、内容形式的格式化（见图6-3）。

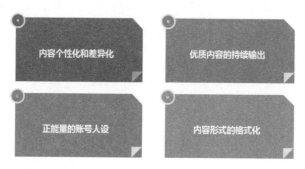

图6-3　内容变现增加"粉丝"黏性的方法

1）内容的个性化和差异化。 人云亦云的内容根本吸引不了流量，更不要说黏性了。太单一的内容不能吸引太多流量，自然不容易形成商业化。而且，即使是同一个圈层的用户，用户的需求和口味也是变化的。所以，从多维度提供多样化内容，增加新鲜感，才能吸引用户消费。

2）优质内容的持续输出。 只靠一篇文章得个"10万+"，或者只有一篇视频打动了用户，用户不会产生黏性。持续输出优质内容，才能让用户对你的账号保持高的忠诚度。当然，如果你能在持续输出的同时，还能保持内容的连续性，让用户看完一篇还想下一篇，那你绝对是这个行业的专家。

3）正能量的账号人设。 自媒体内容的用户喜欢一个账号，在很大程度上跟账号背后作者的人设有关。一个阳光积极正能量的人设会更容易被用户喜欢。如果是视频内容，一定在账号简介中明确人设定位清晰，能出镜最好出镜。你只在幕后当英雄，"粉丝"只对你的内容感兴趣，看不到作者本人，整体内容的影响力也会大打折扣。而人设的亲民性和良好的互动，也是拉近和"粉丝"的距离，增加"粉丝"黏性所必需的。

4）内容形式的格式化。 想要进行商业化运作，还需要有固定的格式套路。比如，公众号有公众号的套路、小红书有小红书的套路。很多套路都是别人摸索出来的，按照这个套路走，就更容易被认可。

内容变现是内容价值的体现，也是内容进入商业的基础。内容作为一种特殊的商品，相对于其他商品而言，内涵更加丰富，也有更长远的未来。内容来源于用户和生活，最终再应用到用户的生活中。**内容因丰富而让市场扩大，同时又因市场的扩大而让内容变得更加丰富。**良性生态也让用户得到的价值更多。内容变现是一场多赢的比赛，也是一场商业的革命。

6.2　知识付费，给知识标价让价值量化

艾媒咨询在 2021 年的数据报告中指出，从 2016 年开始，知识付费用户就一直处于增长趋势，到 2021 年达到 4.77 亿人。也有公开数据显示，截至 2022 年上半年，我国知识付费用户规模已经达到 5.27 亿人。而艾瑞咨询的另一项数据显示，预计到 2023 年，我国终身教育产业规模可达 1 488.8 亿元，年复合增长率为 15.13%，其中通识教育是快速增长的细分领域。

用户之所以愿意为知识付费，是因为知识能够给用户带来他们需要的价值，大体分为三种类型：第一，认知和价值观的启发，通过阅读或观看一些知识内容，给我们的认知和价值观带来一些启发。**知识中的智慧来自生活，又以知识的形式启发生活。**干货文以及一部分线上课程能够给用户带来的价值，基本上都属于这个层次。第二，完整的知识体系，如一些时间较长的线上课程和培训，或专业领域或专业平台上一些重度垂直类的知识讲座、线上 / 线下课程等。第三，用户能力的提升，一般有具体的干货实操方法，有团队和老师一起互助学习的培训类训练营，能够带来的价值都属于这一类（见图 6-4）。

那么，作为内容服务者，如何做才能让知识通过用户付费实现变现，让知识的价值得到更好的体现呢？我们可以从五个方面进行分析（见图 6-5）。

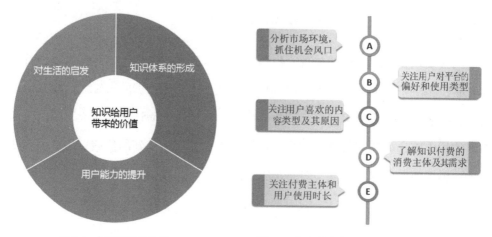

图 6-4　知识提供的价值　　　　　　图 6-5　知识付费变现需要重点关注的 5 个方面

1）分析市场环境，抓住机会风口。 风口就是机会，乘着风力飞起来要更容易。当前知识付费正处于上升爆发期，市场还有很大的缺口，同时又有了一定的成熟度。虽然得到 APP、樊登读书 APP 等一些头部大 IP 已经占领了很大一部分市场，但他们的知识更偏专业和垂直，更适合有一定知识背景的职场人士和专业人士学习。而在普通百姓需求的泛知识内容中，尚且没有大 IP 出现，还有很大的市场。

需求很大，供给自然也不少，看到这个机会的也不止一个人，每个人都有可能成为未来知识付费领域的大 IP。

同时，不要受市场上不同声音的影响，知识付费是刚需，即使风不再强劲，趋势和需求也依然还在。而且，任何事物的发展都会有一个高峰和低谷时期，出现不和谐的声音也属正常。**心动不如行动，行动本身就是机会。** 认准方向、抓住机会动起来就是了。

2）关注用户对平台的偏好和使用类型。 平台是内容的呈现渠道，也决定着内容的呈现形式。知识付费的黄金时期，有很多平台都推出知识付费内容，知识内容的形式也变得缤纷多彩起来。在相似的内容同时出现的时候，用户在平台和形式的选择上就会有自己的偏好和侧重。比如，有些用户喜欢通过得到 APP 听音频内容或者阅读图文内容，而类似的内容，有些用户愿意在抖音、快手的直播或视频中去获取。还有些用户是知乎的忠实用户，信奉的人生信条是有问题上知乎。

如果你想要在知识付费领域分得一块蛋糕，你就要了解你的内容的目标用户群体，更喜欢哪个平台，更喜欢什么类型的内容形式。有针对性地在一两个平台重点投放，你就可以快速获取流量。

比如，知乎和 B 站的用户相对要偏年轻一些，知乎 20~29 岁的人群占比为 70%，19 岁以下的人群占比为 20%，而且，男性用户占比为 67%，本科以上用户占比为 80%。B 站 18~35 岁的用户占比为 78%，本科及以上学历人群，比全网平均数高出 10 个百分点。尤其 B 站是"Z 世代"最喜欢的 APP 之一，是他们的主阵地。所以，在知乎和 B 站上发布的内容，在内容的属性和表现形式上，就要更偏向年轻人能够接受的方式。

2020 年 4 月，央视网曾经发布过一篇关于 B 站的报道：2018 年，有 1 827 万人在 B 站学习，累积总时长达到 146 万小时，也就是说，平均每个人的学习时长是 799 小时，每天有 2 个多小时在学习。所以，"Z 世代"远比我们想象得更爱学习，自然，他们在学习上的消费也会有一个很大的占比。

3）关注用户喜欢的内容类型及其原因。兴趣带来更好的市场，市场又创造出更多兴趣。在平台之外，找到用户喜欢的内容类型，才更容易有的放矢，生产满足用户喜好的内容。比如，有些用户更喜欢图文类型的内容，而有些用户喜欢视频和直播，有些用户则喜欢通过语音方式接受知识。所以，根据内容用户的属性和喜好，来确定用什么样的方式来呈现内容。

一般而言，偏专业需求的深度用户更喜欢图文类内容，可以自己慢慢理解、慢慢品读。而忙碌的职场人士更倾向于利用碎片化时间，学习音频类课程和短图文或短视频。而时间相对充裕、有一定经济基础的中老年人，也正在加入知识付费的用户群体中，生活、健康养生、金融理财等泛知识，是他们想要学习也愿意付费学习的泛知识领域。而他们偏向的内容类型，以短视频和中长视频为主，或者是语音节目专栏，也包括一部分图文内容。

4）了解知识付费的消费主体及其需求。知识内容的消费主体，根据内容类型的不同而不同。对于有一定专业性，需要深度学习的内容，35 岁以上的用户是这部分知识内容的消费主体，这部分人群已经有了 10 多年的职场经历，有对未来的危机感和成长的渴求，有为自己的未来投资的意愿，也有一定的财力来支持这份意愿。比如在得到 APP 上，偏金融、商业、历史、文学的内容，更适合 35 岁以上的用户人群。

而泛知识内容的消费用户群则是从 35 岁以上的年龄分别向两端走，向下是出生于 1995~2009 年的"Z 世代"，向上则是有一定经济基础、有时间的中老年用户群体（见图 6-6）。

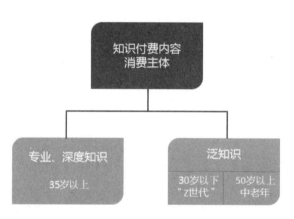

图 6-6　知识付费内容消费主体

《2021 中国泛知识付费行业报告》显示，2021 年泛知识付费供给端专门把"适配'Z 世代'人群理念"作为供给端用户画像的一部分提出来。"Z 世代"用户，有一部分已经身在职场，有一部分还是学生。"Z 世代"的总体消费能力可能不如 35 岁以上人群，但"Z 世代"是知识付费的前景和未来。"Z 世代"用户不但有强烈的学习愿望，相比上一辈的用户，他们还更注重知识带来的体验，愿意去挖掘知识最好的价值和服务，并愿意为之付费。而生活于大城市、有钱有闲的中老年用户，正在逐渐成为泛知识内容的消费主力。

5）关注付费主体和用户使用时长。当知识作为一种商品在市场上进行交易的时候，付费主体是内容服务者最需要关注的部分。很多时候，知识付费的付费人和真正的消费者并不是一个人。比如，对孩子学习的知识真正付费的是孩子的父母。对于儿童和青少年的知识付费内容，即使有些知识适合他们，或者他们自己有很强的意愿，但最终能不能达成消费，还需要他们的父母来做决定。

比如，给儿童讲故事、给儿童做科普的内容产品。作为内容服务者，你需要做的，不仅仅是考虑孩子需要什么内容，还要考虑学习这些知识，孩子能不能独立完成。如果能独立完成，孩子有没有这样的自律，需要设计成什么样的形式，才能让孩子更主动持续下去。如果孩子不能独立完成，需要父母拿出多少时间来陪伴或监督，都是需要内容服务者思考的。如果父母给孩子花钱买了知识付费的内容，因为孩子不能自律，或父母没有时间陪伴而导致白白浪费，反而给父母增加了烦恼。这样的内容产品往往不会被父母认可，也不是父母愿意付费的知识。

儿童内容平台"凯叔讲故事"的创始人曾经说过他的经历，在"凯叔讲故事"创办之初，他一心想的就是如何把故事讲得生动有趣，让小朋友爱听，而且他也确实做到了通过绘声绘色的故事把小朋友吸引住。但是，一段时间之后，后台就收到了很多妈妈的留言，说故事确实讲得很好，孩子也非常爱听。但是，其中出现了一个问题，就是孩子晚上睡前听，会越听越兴奋。听完一遍再来一遍，听完一个还要听一个，与妈妈们希望通过故事哄睡的目的南辕北辙了。

我儿子也是听着凯叔的故事长大的，凯叔的故事讲得的确非常精彩。我知道孩子听故事时的开心和兴奋，也领教过孩子晚上不肯睡觉的煎熬。所以，类似这样的情况，很多父母可能就不会愿意为之付费。

好在凯叔看到家长的留言后意识到了这个问题，所以调整了讲故事的策略。在每个故事讲完之后，他会给小朋友读一首小诗，让孩子们慢慢安静下来，孩子在越来越轻的声音陪伴下很快就能睡着。

而在这部分知识内容的宣传上，也要从家长的角度去做，因为宣传的内容是父母家长在看。比如，"不想孩子三年级掉队，这件事一定要尽早做！""每天不到4毛钱，承包孩子一整年的优质阅读"等。

在消费这件事情上，谁出钱谁就有决定权。所以，无论你的知识内容最终的用户群体是谁，最终来付费的这个人才是决定你的知识能不能最终实现变现的关键。

知识付费的基础是知识从媒介变成商品或服务，**用户从知识中得到了自己想要的需求，而知识也通过用户消费让其本身的价值得到了体现。**

得到 APP 是知识付费领域一个标志性的平台，其创始人也是知识付费领域一个标杆性的人物。从自己的知识付费内容开始，罗振宇利用自身的能量和优势打造出薛兆丰、武志红、吴军、万维钢等一批行业大咖的知识付费产品，也为得到平台迎来了大批想要系统深度学习的用户。

当然，得到在知识付费领域并非一家独大，也面临着很大的市场压力。知乎、掌阅科技、中文在线、中公教育等平台在知识付费领域都是得到的竞争对手。2021 年，知乎的营收为 29.59 亿元，同比增速 118%；思维造物的营收为 8 亿元，增速为 25%。在用户规模上，得到 APP 2021 年年均月活为 250 万人，而知乎第四季度月活达到 1.033 亿人。除此之外，抖音、快手、B 站等短视频平台也在逐渐增加知识付费内容的比例。免费内容的出现给付费内容带来一定的冲击。

但是，知识付费是刚需，即使风口过去，知识的价值还在，知识付费也还会存在。所以，对于希望通过知识付费实现变现的平台和个人，如果希望能够在这条路上走得更长更远更顺畅，不仅仅要会创作内容，还要能够了解用户需求，用知识为用户提供需要的服务。

6.3　内容营销，用变现展现品牌价值

内容营销是现代品牌营销最常用的手段之一。所谓内容营销，其实就是通过内容为品牌做营销。通过内容，为品牌赋予产品功能价值之外的价值，让产品的价值得到提升，在更大程度上被用户认可和喜欢，继而产生消费行为。

《中国内容营销十年趋势报告》的数据显示，2021 年，有近 9 成广告主在营销活动中使用过内容营销，超 6 成的代理公司对内容营销的投入有增长的趋势。通过内容营销，展现品牌价值，实现品牌变现，是品牌消费和宣传的趋势，也是内容体现其价值的方式。

那么，内容营销需要怎么做，才能更好地帮助品牌达成传播和营销的目的，实现另一种方式的变现呢？我们可以主要从这 3 个方向发力：圈层化精细营销、增加创新创意属性和 IP 营销实现变现（见图 6-7）。

图 6-7　品牌内容营销的 3 个发力方向

1. 圈层化精细内容营销

随着产品越来越丰富也越来越细分，消费者的圈层化也越来越明显。所以，圈层营销也成为内容营销的趋势。所谓圈层营销，就是营销内容只针对某个圈层的用户，目标更精准，内容更有针对性，自然效果也会更好。

2022 年 5 月 4 日，B 站发布了诺贝尔文学奖得主莫言给青年的一封信——《不被大风吹倒》。莫言老师讲了自己小时候靠一本《新华字典》学习和跟爷爷去甸子里割草遭遇大风的故事。在大风到来时，爷爷和风抗争时候的模样，蜷曲的

手指、弓起的脊背，如雕塑一般刻在莫言的脑海中。虽然一车草都被刮到只剩一棵，衣服也被风撕烂，车子也没有前进，但也没有后退半步。

这个故事虽然没有澎湃激扬的语言，但简单朴实、娓娓道来的背后，有的是对当下工作生活被困扰、遭遇困难的年轻人的鼓励和信心。通过这个自己亲身经历的故事，莫言告诉年轻人，困难总会有，但只要坚持住，不被大风吹倒，希望也总会在失望之后出现，以此帮助这些年轻人重新燃起信心。

2020年5月4日，B站发布的"献给新一代的演讲"——《后浪》的视频短片，作为送给所有年轻人的礼物。这篇寄语邀请国家一级演员朗诵，从代际共性的角度，展现出了两代人的对话，创造了年轻一代和年长一代的碰撞，也引发了不同年代人群的分享和评论。

B站这两篇针对年轻人的寄语，都是圈层营销的典型案例。虽然都是给年轻人的寄语，但是在不同的情境下，针对很多人当时的状态，有针对性地给出。这样的针对性，也使得两篇寄语在内容和风格上大不相同，但都能给身在其中的年轻人带来深深的触动。所以，切入小圈层提供更精细化的内容服务，是圈层营销的特点，也是未来的趋势。

2. 增加内容的创新和创意属性

有创新才能与众不同，有创意方能出类拔萃。 内容营销的目的是吸引用户对品牌的关注，让品牌因为内容而具有某种特殊的属性。只有在大家都有的相同内容上有新的创意出现时，你的品牌才能凸显出来，成为引人注目的那一个。

2021年，做方便面出身的今麦郎，在饮品界玩了一把创意营销。作为熟水品类的开创者，今麦郎以简洁、生活化的标签，在年轻用户群体中，创造出一种"高级感"：今麦郎凉白开方正的瓶型、素白的底色、黑色中文字体成为很多同类产品的模仿对象（见图6-8）。

图 6-8 内容营销中的创新和创意——今麦郎凉白开简约包装

2022 年今麦郎又放大招，在 6 月底推出了今麦郎凉白开"十二时辰"玻璃瓶包装，以十二时辰连载的方式，将市井生活绘制到玻璃瓶上，给用户带来惊艳的视觉享受（见图 6-9）。

图 6-9 内容营销中的创意营销——今麦郎凉白开玻璃瓶创意

把传统文化放到瓶身，使得凉白开这种我国特有的饮用水在向国外市场输出时，有了更强的民族性。同时玻璃瓶本身自带高端属性，加上刻画出的传统文化，拔高了今麦郎凉白开的品位。一个简单的凉白开水，加上有创新有创意的包装，整体格调和档次有了大幅度提升。这也正是内容营销的魅力所在。

内容营销可以有无数种方式，无论用什么样的方式，都需要从用户需求出发。当前的"Z世代"及其前后的年轻一代用户，和之前的用户的需求有所不同的是，他们大多是"颜值控"，无论是产品本身还是产品的包装以及产品的宣传文案，都要求"高颜值"。

尼尔森关于我国消费市场的调查数据显示，有64%的消费者会因为产品的包装"颜值"高而决定做新品尝试，并愿意拍照分享传播。而新包装刺激消费产生的投资回报率，是广告投入的50倍。

所以，就如今麦郎一样，在产品内容的创新方向上，不要拘泥于文案和图片，高"颜值"的包装也是创新的一部分。把创新的内容文案和图片，与包装结合在一起，形成新的创意，更容易吸引用户对品牌的关注，并最终达成变现。

3. IP 营销实现变现

IP是具有长期生命力和价值，并能够持续为人们带来长久稳定收益的载体。IP可以是产品品牌，也可以是个人品牌。IP承载着一个品牌所要传递出的价值，有很强的内容力和传播力。通过人们对IP的关注和认可，继而产生对IP承载的产品的关注和认可并产生消费行为。通过IP的影响力，在平台推动下，形成品牌和消费者共赢的局面。通过IP实现变现有两大途径：利用成熟的"超级IP"和品牌自创IP（见图6-10）。

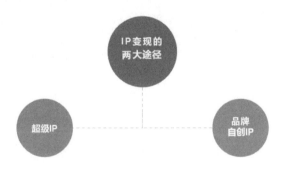

图 6-10　内容营销通过 IP 实现变现的两大途径

1）"**超级 IP**"。"超级 IP"在市场上被普遍认可，有巨大影响力且成熟度比较高。利用"超级 IP"，就是利用他们的影响力，为自己的品牌带来一定的关注度。

"喜马拉雅"、"得到"以及"樊登"等，这些企业品牌和个人 IP，都是市场上的"超级"IP。这些"超级 IP"影响力巨大，已经成为一个领域或行业的象征，甚至已经超出了其所在的领域和内容，成为一种可以跨行业、跨领域应用的符号。

"超级 IP"能给品牌带来一定的流量关注，产生一定的曝光量和销售量。但品牌和产品自身的优势也往往容易被"超级 IP"的光芒遮住。一旦解除了和"超级 IP"的捆绑，产品的销量会急剧下降。所以，稍微大一些的品牌，在有了一定的经济能力后，就不会局限于大树底下好乘凉，而是愿意站出来，种一棵自己的小树。

2）品牌自创 IP。自创 IP 就是根据自己的账号内容和属性，为账号打造一个固定形象或人设，让这一形象或人设成为自己品牌的标志。让用户一看到这个属性，就想到你的内容。或者一看到你的内容，就想到这个形象属性。品牌自创 IP 是一个需要付出很大精力和财力的慢工程，但自己的 IP 形象打造出来后，收益也会比较大。最典型的就是奥运会的吉祥物冰墩墩和雪容融。品牌打造自己的 IP 有两种方式：一是 IP 要为用户提供情绪价值，二是为 IP 赋予一个故事（见图 6-11）。

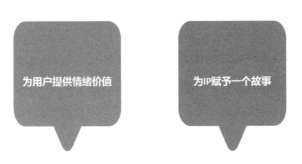

图 6-11　内容营销打造自创 IP 的两种方式

① 为 IP 赋予某种内涵和情绪，表达人们的某种寄托和希望，为用户提供情绪价值，才能够引起人们的共鸣。冰墩墩和雪容融就被人们寄予美好希望和寄托。

② 为 IP 赋予一个故事，也是 IP 内容营销的一种方式。人类的大脑天生就容易记住故事，故事不仅能给人带来画面感和场景感，而且，故事背后常常还会有一定的文化内涵，给人带来情感上的共鸣。人们喜欢一部作品、一款游戏、一首

169

歌、一幅画，喜欢的都是背后的故事。西安万象天地的"俑潮人"形象、西安大悦城的"悟空"形象，就是将历史文化中的兵马俑的故事、西游记的故事融入其中，把 IP 和故事融合，拉近了 IP 和人的距离。通过故事打造 IP，是一种思维方式，也是一种能力。

除了人物 IP，当前品牌 IP 的打造有萌宠化的趋向。抖音的虚拟数字人"柳叶熙"、阿里巴巴数字员工 AYAYI 都是获得了高关注的 IP。艾瑞咨询、清博大数据等机构发布的《新消费崛起白皮书》显示，当前"90 后""00 后"消费者对产品的追求，正在逐步从之前的注重性价比，转向更看重品质和口碑是否能够满足个性化需求。为品牌打造一个容易被"90 后""00 后"消费群体接受和喜欢的 IP，通过 IP 唤起用户对品牌形象的关注，是产品品牌在营销上需要发力的地方。

品牌营销不是存在于产品传播的某一个环节，而是一个融合在品牌全产业链的事情。《2022 中国消费趋势报告》指出，2022 年消费趋势关键词为"回归"和"追寻"，意思就是我国消费者的消费趋向，开始从注重向外追求转而向内探索。也就是说，在未来的消费中，消费者会更注重产品能够给自己带来的精神方面的满足，而这个需求的满足，在很大程度上需要通过"内容"载体来实现。

6.4 广告变现，把流量变成金钱

广告变现是各大短视频平台以及短视频创作者内容变现很重要的一部分。**广告内容让品牌产生更大影响力，内容也因为品牌广告增加了附加值**。从传统媒体时代到自媒体时代，广告一直都是内容变现的主要收入来源。广告变现就是把流量通过广告变成金钱。一个平台流量的多少、一个账号有多少"粉丝"几乎决定了有没有广告商和你合作，以及你能拿下什么价位的广告。内容中的广告变现，因为内容形式的不同会略有不同。图文形式内容中的广告会相对简单，而短视频和小红书笔记中的广告形式会相对多一些（见图 6-12）。

图 6-12　不同形式内容中的广告变现

1）图文内容。 图文类的广告变现主要是软文和硬广。软文就是在文章中通过故事、场景描述等方式，把品牌产品的内容带出来。而硬广就是直接在文章中间或末尾插入品牌产品的图片或商品详情页（见图 6-13）。

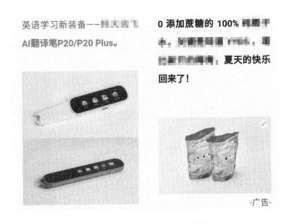

图 6-13　图文类内容中广告植入

在图文内容中，硬广比较多，软文需要万级"粉丝"才会有。而对于硬广，平台方给的限制条件并不高，比如微信公众号平台，只要"粉丝"达到 500 个，就可以开通流量主接广告，当然，能接只是一个渠道，能不能接到广告，还要看品牌方看不看好你的内容。而广告的最终的收益，取决于读者能够拉到文章底部，看到广告的阅读量。具体的价格一般也由品牌方来决定，有的品牌，用户阅读一次可以是几元钱，也有的可能只有四分之一。

2）小红书。 想比较图文类内容，小红书笔记因为账号"粉丝"相对比较多，涉猎的内容也更加宽泛，所以，会有更多品牌选择以这种形式播放自己的品牌广告。

我有个朋友是一个典型的书迷，平时朋友聚会，他都会分享他的好书。后来在别人的鼓励下他在小红书开了一个读书账号，把自己平时喜欢的一些书推荐出来，吸引了不少"粉丝"的关注。后来就有出版商、图书的作者找到他，希望他能在自己的荐书笔记中分享他们的图书。虽然他并没有太刻意去经营，但因为前期已经积累了一些"粉丝"，大家都信任他，所以，他分享的一些书的销售效果还不错。后来有越来越多的出版商和作者找到他，一些知识付费的课程平台和创作者也希望能在他的账号做一些推广宣传。他发现，就这样零零散散接广告的收入，竟然超过了他的工资收入，而他每次还能提前得到一本作者亲自签名赠送的新书。

如果你有了一定的影响力，可以直接和品牌合作实现广告变现。也就是商家直接付费给小红书博主，让博主按照品牌的要求，用图文或视频笔记的方式，宣传商家的品牌或产品。这种方式跟软文的方式类似，但目的更明确，商家的主导性也会更强。

小红书还有一个功能，就是已经发布的笔记可以多次修改，那么修改的时候，可以替换不同品牌的产品图片或产品广告、产品文案，这样可以不断调整广告内容，在同一个品牌内更换不同产品。

3）短视频。与图文和小红书笔记相比，短视频的变现能力要强大得多。有些短视频账号动辄达到百万、千万级的"粉丝"量。如此庞大的流量，是广告主宣传自己品牌的好时机，也是内容广告变现的好机会。

据中商情报网报道，截至 2021 年 6 月，网络视频用户规模达到 9.44 亿人，占网民总量的 93.4%。其中短视频用户规模为 8.88 亿人，占网民总量的 87.8%。网友平均每天刷短视频的时间超过 2 小时。而且，因为短视频的碎片化属性，短视频娱乐上的日活跃用户数更高，更利于广告的转化。

腾讯、优酷、爱奇艺这些大的视频平台都把广告收入作为其重要收入来源之一。腾讯 2021 年第二季度财报显示：腾讯视频第二季度广告收入为 228.3 亿元，同比增长 23%，其中社交广告位为 195 亿元，媒体广告位为 33 亿元。而快手平台 2021 年第二季度的广告收入是 99.62 亿元，同比增长 156.2%，占总营收的 52.1%（见表 6-1）。

表 6-1 腾讯和快手 2021 年第二季度广告收入比较

视频平台	广告收入（亿元）		同比增长（%）
腾讯	228.3	社交广告位 195 亿	23
		媒体广告位 33 亿	
快手	99.62		156.2

大平台之外，创作者个人短视频账号，通过自己的内容流量接广告，推广其他品牌产品，也能得到不错的收入。而且，短视频个人账号的变现方式也更加丰富。抖音广告变现直接是在短视频或个性签名中植入商家的软广告，广告费用按"粉丝"数量计算。快手短视频广告变现方式更多，直接的内容植入、信息流广告植入、快手小店直接带货，都是品牌在快手短视频植入广告的方式。总结起来，视频广告变现有 4 种形式：软广、冠名、贴片、代言（见图 6-14）。

图 6-14 视频广告变现的 4 种形式

软广就是通过故事间接推广品牌产品，上文中我那个朋友接的图书推广的广告就是软广。冠名就是直接冠名做广告的意思，最直接的表现方式就是"本节目（栏目等）由 ××× 冠名播出"，一般大型活动、综艺节目等都会有品牌做冠名广告。《×× 说》《王牌对王牌》等深受大众喜欢的综艺节目都有冠名赞助商，得到每年的跨年演讲，也都有赞助商冠名广告。广告代言就是由明星或者特定的人物或形象为品牌代言。电视上看到的品牌广告都是明星代言，只要"粉丝"达到一定的量，都可能作为广告代言人。而贴片广告就是广告内容放在视频的片头、片尾或者片中播放，也有的作为背景广告，广告时间一般是 5~10 秒。

作为内容服务者或平台方，想要吸引品牌到你的账号做广告，你不但需要做好内容，还要做好运营。无论哪种媒体形式，流量是广告主最需要的资源。同时你需要做好账号的精准定位，精准定位可以更精准地吸引到和自己的内容基调符合的用户，而精准的用户群也是广告主精准投放广告最需要的。

如果你的账号流量不少，但没有广告主找你，可能是广告主还没有发现你。那你就需要查看一下是不是有些跟广告相关的没有关联到位。比如西瓜数据是一个公众号的资源平台，很多广告主会在这里寻找合适的公众号投放广告，公众号运营者也可以在这里寻找广告主（见图6-15）。

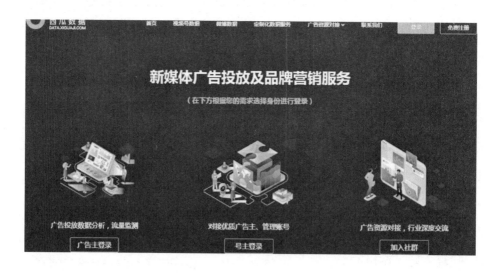

图 6-15　在西瓜数据中寻找广告源

如果是希望在公众号接广告，你首先要做的是注册一个西瓜数据和自己的公众号绑定，并注册号主，登录的时候也要选择号主登录。

广告变现是所有自媒体内容变现最直接最简洁的方式，只要流量足够，就可以接广告变现。而且，**流量越多越吸引品牌插播广告，品牌的加入也能为内容带来更多流量**。当然，每个平台都有广告变现的条件，具体的开通条件因平台不同而有不同。比如，微信公众号有500名"粉丝"就可以开通流量主功能，但抖音需要10万名"粉丝"才可以，如果没有人物IP，10万名"粉丝"也不一定能开通。所以，想要实现广告变现，最关键的还是做好内容，并通过内容增加"粉丝"才是根本。

6.5　社群和朋友圈变现，用好私域小圈子

社群和朋友圈是一直存在于我们身边，但有时被我们忽视的关系群体。尤其是最近这两年，自媒体和短视频的出现把人们的注意力都拉到了对自媒体账号的关注上。朋友圈更因为曾经的微商卖货被诟病，而让很多人对朋友圈的内容推送望而却步。其实，朋友圈和社群是离我们最近的资源。

1. 社群变现

简单来讲，社群就是有一定社会关系、利益关系、共同需求等各种关系的人组成的社会群体。社群已经成为这个时代新的商业心态，每个人都有各种各样的工作群、学习群、购物群、兴趣爱好群、互助互动群，以及生活中的家人群、亲戚群、同学群、朋友群等。每个人的手机里都会有大大小小几十个群，每个人都以不同的身份出现在不同的社群里。而通过社群内的群成员之间进行内容分享、内容传播、内容销售和消费，都是内容通过社群变现的方式。社群变现的方式有很多，我在这里列举几种常用的方式作为参考（见图 6-16）。

图 6-16　内容通过社群变现的 7 种方式

1）内容销售，即通过社群销售如线上课、电子书、有声书等内容。在这种方式中，内容直接是一种产品，群成员既可以是消费者，又可以是优质内容的分享和传播者。有些社群还会提出分享返现等活动，鼓励群成员分享内容产品。

2）通过社群实现广告变现。也就是你在自己的小社群中，分享其他品牌的

广告，让社群中的群成员看到，这时候群成员可被视为你的私域流量。

3）训练营变现。 在得到、喜马拉雅等内容平台，都有某一单项知识的深度训练营。参加训练营的成员共同组成社群，大家一起学习、一起讨论、共同成长。训练营与课程销售和专栏订阅有所不同的是，后两者主要以学习内容为主，社群成员没有太多交集，相互之间是一种弱关系。而训练营在学习之外，群成员相互之间还有很强的陪伴作用，是一种强关系。

4）付费会员或专栏订阅。 专栏订阅就是通过付费成为某个平台或专栏一个阶段的会员后，可以免费了解平台或专栏提供的所有内容。订阅性质的专栏或平台，一般是按时间付费，比如年度会员、月度会员等。提供的内容以泛知识类居多，但用户能感觉到有深度有价值，愿意为之付费并持续付费。比如得到电子书会员、樊登读书会员、十点读书会员等，都是平台利用社群实现变现。成为会员的用户，一起组成一个学习社群。

5）为优质内容打赏。 为优质内容打赏，是对内容和内容创作者的尊重。在社群或平台开通打赏功能，用户觉得内容给自己带来的价值高，愿意给创作者打赏。知乎、简书都有这样的内容打赏功能，这两个平台都是 UGC。来自不同领域不同行业的创作者，利用自己的专业，在平台分享知识，并因为自己的优质内容得到一份收益。而平台作为提供内容的载体，从中抽取一定比例的提成，这就是社群变现的内容打赏。在简书平台上，用户打赏达到 100 元，创作者就可以提现，而简书平台会从中抽取 5% 的提成。简书平台上的内容可以生成长图片分享或收藏，但需要付费成为 VIP，这其实跟订阅专栏的性质一样。

6）社群周边。 周边和社群是联系在一起的，在进行社群活动推广时，周边也可以一起进行。比如，得到 APP 的得到头条、启发俱乐部等，都是得到社群免费的知识分享。那么，在分享的时候，就可以做相关书籍和课程的推荐，书籍和课程的收入也是社群变现的一部分。这个周边产品的推荐，和单纯的广告方式还不一样。社群周边不具有太强的目的性，在分享过程中，顺便把周边产品分享出来实现变现。

7）合作共赢。 合作共赢其实就是不同的社群之间相互合作。比如，你公众号的爆款文章我可以分享，同样我平台上的讲师也可以到你的平台去做线上课。这样形成一种资源共享的合作共赢的局面。

内容行业的社群变现和其他的社群变现还不完全一样。在内容社群，内容既是一种产品又是一种推广手段。内容社群是以内容为基础建立的社群，所以，做好内容，把喜欢认可你的内容，有相似价值观的人拉在一起组成社群。这个人群就成为你平台产品的潜在用户。要在社群分享有价值的内容，为"粉丝"提供价值，塑造社群品牌，就能吸引更多人加入。

社群建好之后，更需要做好社群运营。一方面，我们需要持续输出有价值的内容，增加"粉丝"黏性。另一方面我们要做好社群推广，让更多人知道社群、了解社群，吸引"粉丝"到来。

2. 朋友圈变现

关系在某种程度上说是可以无限利用的资源，关系也会因为能够被利用而变得更加紧密。 我们社群中的关系，不但是在社群变现的资源，一样可以成为我们朋友圈变现的资源。朋友圈变现有两种方式：朋友圈卖货变现和拉群分享变现（见图 6-17），后者其实是朋友圈和社群一起进行。

图 6-17 朋友圈变现的两种方式

1）朋友圈卖货变现。 虽然朋友圈卖货曾经因为微商的过度干扰让很多人唯恐避之不及，但随着社交媒体的发展成熟，人们对社交媒体以及通过社交媒体卖货的现实也开始从反感变得慢慢接受，而且，微商为了卖货"刷屏"朋友圈的形式也在改变。所以，通过朋友圈卖货变现是朋友圈变现最主要的方式。

朋友圈卖货是建立在信任基础上的卖货，人们买不买你的货，关键看你是不是被朋友圈的朋友信任，货的品质却在其次。所以，如果你想通过朋友圈变现，一定要在朋友圈打造好你的人设。只有提升影响力，增加信任度和黏性，你才能增加卖货量。同时，经营好自己的人设，多进行沟通互动，给别人的朋友圈点赞、评论等，通过人脉和其他资源连接，产生病毒式传播。**朋友因为好奇和信任进入你的朋友圈，但你不能因为卖货让朋友失去信任。**

2）朋友圈＋拉群＋促销变现。通过朋友圈内容的经营，让喜欢你内容的朋友，不单单是为你的朋友圈点赞，还可以把这些互动频率高、活跃度高的朋友拉到一个社群，通过社群做卖货或其他促销活动。比如，你的朋友圈有 1 000 人，你可以把跟你频繁互动、在某些方面需求一致或观点一致的 300 人单独拉一个小群，在这个小群做有针对性的知识分享和内容分享。这样既可以不至于因为在朋友圈分享，影响到不喜欢某些内容的人，又可以做更精准地分享，内容变现的转化率会更高。而且，在这样的社群中，很容易找到有资源、有影响力的种子用户，通过这些用户做社群裂变。

社群和朋友圈的人是我们的私域流量，也是我们最需要维护的关系。所以，朋友圈的内容不是随便发发，而是需要用心经营。同时，因为朋友圈的朋友都是跟你有过交集的人，彼此的关系相对比较亲密，所以，你发送的内容又不能太刻意。要在刻意经营中营造一种随意的氛围，拉近和朋友的距离。

社群变现和朋友圈变现，虽然是两种变现方式，但两群人和两种变现方式是交叉的，有一定的重合（见图 6-18）。所以，我们把这两种方式放在一起来说。

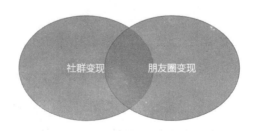

图 6-18　社群变现和朋友圈变现的交叉

这两种变现方式看似都是通过关系变现，但稳固关系最终还得靠内容。因为优质内容可以把有相同价值观的人聚拢到一个社群，因为内容的连接，让本来有交集的人关系更加稳固。所以，社群和朋友圈变现最终还是内容变现。

6.6 声音变现，用声音的魅力征服用户

声音变现一直就有，最近几年又进一步兴盛出来一个产业。艾媒咨询 2021 年的调查数据显示，2020 年在线音频用户规模为 5.7 亿人，这些音频用户中喜好"知识学习、资讯内容、科教文化"三类音频内容的用户占比分别是 35.1%、30.5% 和 26.7%（见图 6-19）。

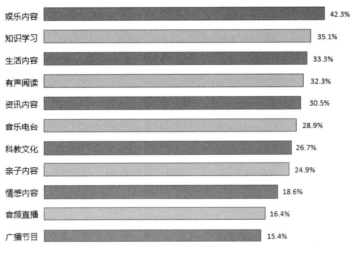

图 6-19 我国在线音频用户偏好收听内容类型调查

随着音频市场的发展和成熟，用户在对内容要求之外，对音频类平台也有了更多的要求和选择，还是来自该调查的数据显示，有 82.9% 的受访用户表示，会因为喜欢的 IP 的音频栏目，去使用之前未曾使用过的在线音频平台。

国内当前比较大的声音变现平台有蜻蜓 FM、荔枝 FM、喜马拉雅 FM、企鹅 FM、考拉 FM、懒人听书、网易云音乐、酷我音乐等。蜻蜓 FM、荔枝 FM、喜马

拉雅 FM 应该是在市场上占据份额比较多的三个平台，有实力、有经验、有资源。

从变现角度讲，平台方的变现方式呈多元化趋势。B（企业）端以广告收入为主，同时通过有声阅读盈利；C（消费者）端主要是会员用户的内容付费和栏目订阅。

企业内容服务者想要在音频市场分得一块蛋糕，一个选择是创建音频类平台，因为音频市场当前还不是红海，现在入驻还有机会成为后起之秀。但喜马拉雅 FM、荔枝 FM、蜻蜓 FM 这些平台已经成熟，想要追上甚至超过这些平台并不容易。另一个选择是从事与声音相关的产业，比如配音演员、声音工作者的培训。

喜马拉雅官方在 2021 年就已经划分出单独的业务板块——喜播教育，开设有声演播训练营，为平台的声音项目培训人才。一些第三方培训机构也看到了这个机会，开拓有声业务市场，开设声音演播训练营，培养声音演播相关人才（见图 6-20）。

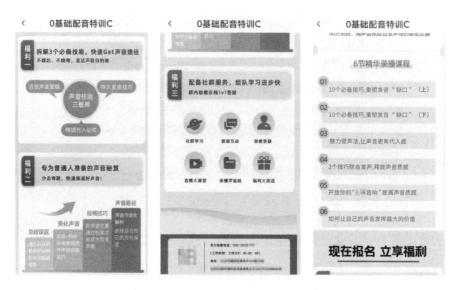

图 6-20　第三方培训机构开设声音演播训练营

随着声音产业和声音市场的发展，对声音人才的需求也大幅提升，跟声音相关的培训产业也越来越发展。可以说有声产业的发展，催生出一个细分的行业市场。

个体通过系统学习，加入声音变现行业，利用自己的声音赚钱，也是一个不错的选择。当前常见的个人声音变现方式主要有有声书录制、广播剧配音、情感电台主播（见图 6-21）。

图 6-21 常见的个人声音变现方式

1）有声书录制。 录制有声书是普通新手通过声音变现比较好的一种途径，有声书的录制相对比较简单，经过一定的声音培训即可，收入也根据自己的能力和业务量决定，相对比较公平。当前市场上有声书的变现一般分成：底薪、版权收益、分成收益、广告收益和"粉丝"打赏。

一般新手从业者需要从只有底薪的项目开始，平台会根据你的声音条件给你安排任务。版权收益、分成收益和广告收益，都会比单纯底薪高，但需要你付出更多努力。而"粉丝"打赏则是相对比较成熟，用声音征服了用户的人才会得到的。

做有声书主播，不一定非得达到播音员标准，但一定要找到自己的特色，是温柔治愈还是厚重有力度。要找到自己擅长的内容，比如是情感类还是科幻悬疑类。只要能把书的内容播报得深入人心，让用户喜欢，就是一个好的有声书主播。

2）广播剧配音。 广播剧的配音包含的内容比较多，不只是人物语言的配音，还有后期的声音模仿等。所以广播剧对配音的要求比较高，有的广播剧还会要求由专业配音演员完成。如果你已经有了一定的能力，做有声书主播已经游刃有余，则可以继续进阶，尝试广播剧配音。随着声音行业的发展，平台对广播剧配音的要求也有所变化。不一定要把你的声音塑造成剧中人物的声音，而是根据你自己的声音，表现出人物的特色就可以，这对于声音从业者来讲是一个好消息。

3）情感电台主播。 在情感电台做主播，不但需要声音有一定的疗愈性，对内容也有一定的要求，需要你在与用户沟通时能够说到用户心里。从这个角度讲，情感电台不单纯是一个声音变现的方式，更是一种同时用同理心和声音与用户沟通的方式。如果你有这个方面的天赋和意愿，也是一个很值得尝试的方式。

当然市场上需要配音的内容有很多，比如，有些老师的线上音频课程也会找专业的配音演员来讲述，以达到更好的效果。

声音是我们每个人都有的得天独厚的资源。通过声音把内容表现出来，为用户增加了一种内容的呈现方式，也为内容增加了一种载体。把声音利用好，让内容借助声音实现变现，既是对资源的利用，又是一种可以一直使用、长久不衰的变现之道。

6.7　直播变现，让"粉丝"为内容买单

如今，拥有一台电脑、一部手机、一个补光灯，选好相应的产品和平台，就可以开播。**直播让变现从线下搬到了线上，变得直接简单，变现难度的降低反过来催生直播事业的蓬勃发展**。通过直播实现变现，也成为品牌企业乃至素人内容变现不可或缺的方式。

当前主要的直播变现方式有三种：才艺直播变现（或者秀场直播变现）、直播带货变现和知识分享变现。秀场直播的收益主要来自"粉丝"给主播的打赏，直播带货的变现自然主要来自带货，而知识分享变现，则是一种特殊的产品，既有"粉丝"对主播的打赏，又有通过直接的知识产品销售实现的变现（见图6-22）。

图6-22　直播变现的三种方式

1. 才艺直播

才艺直播也叫秀场直播，主要是通过才艺表演和情感聊天的方式，来获取直播间"粉丝"对主播的打赏。秀场直播中，视频和语言类的节目相对受欢迎一些。一般单纯的秀场主播收入并不是太高，除非真得有绝活，普通的才艺表演对人的吸引力没有那么大，即使打赏也不会持续性太强。而且，2022 年 6 月开始，对直播打赏也有了限制，单纯靠"粉丝"打赏获得收益越来越难。所以，单纯靠秀场直播变现，能够存活下来的概率并不大，很多才艺类直播都需要借助某些流量平台才能存活。

2. 知识分享直播

知识分享直播既是直播的一种方式，又是上文介绍的知识付费的一种变现方式。知识分享直播可以有两个变现渠道：第一种是主播在直播间免费分享知识，直播间的"粉丝"因为对知识价值的认可和对主播的喜爱，直接在直播间给主播打赏。这一点跟才艺主播的变现类似。同时，主播通过免费的知识分享，为直播间积累"粉丝"并进行"粉丝"维护，构建自己的 IP，为自己的私域流量池积累流量。第二种变现方式，就是为自己其他更重要、更成体系的内容做广告，引导用户去购买更专业更系统的内容。可以说是抛砖引玉，用免费分享的砖，引出更系统更成体系的玉，让用户去订阅和购买。

大多数知识分享的直播内容都会有其他产品的推荐购买链接。这个链接有时候是主播在分享免费知识的过程中用免费知识引出更重要的课程，有时候是用短视频做知识分享而在直播间专门开设内容带货。比如，小红书账号"吕白聊商业"的运营者吕白在账号的短视频中，与"粉丝"们聊内容，教大家如何做好小红书。而在他的直播间，会有课程推广，做一对一辅导。

3. 直播带货变现

直播带货是直播变现的重头戏，是当前直播变现最主要的方式。而直播带货变现的方式，也正在从原来单纯的推销产品，转向给直播间加上更多内容，并依

183

靠优质内容吸引"粉丝"，带动产品销售。

东方甄选直播带货，就是以内容带动产品的典型。东方甄选是新东方集团、新东方在线唯一农产品直播带货平台。在该平台上，俞敏洪带领新东方一部分老师转向直播阵地，帮农助农带货农产品。到2022年6月底，"粉丝"达到1 974多万（见图6-23）。

图6-23 东方甄选直播间简介

2022年6月10日，东方甄选主播董宇辉，在直播间一边卖货一边带大家学英语，这一事件一下子冲上热搜，并一发不可收拾。从6月11日到6月16日，东方甄选直播间场日均观看人数达到1 000万，成为现象级直播间。

东方甄选的直播间之所以受人喜爱，可能和新东方的背景和助农的情怀有关，但更大程度上和主播带货时的播报内容有关。所以，东方甄选不是直播带货，是直播卖内容。让东方甄选火爆的，是主播们超强的内容力。"粉丝"们在获取内容价值的同时，顺便买点东西回去。其实，前两年直播界知名的罗××、某知名美妆产品主播也是以内容取胜。罗××拼的是有趣和情怀，某知名美妆产品主播拼的是专业。

现在的用户买东西，很多时候不是真的需要买一样东西的功能性价值，更多是在买一种情绪价值。比如，买食品不是为了充饥，而是为了满足内心的某种需求和体验；购物也往往不单纯是为了买一件东西，有时候是为了缓解焦虑，或者占便宜的感受让自己很开心。也就是说，直播间"粉丝"购买的不是商品，而是一种体验。

那么，如何通过内容给用户带来好的体验呢？我们可以从三个角度入手：分享故事和生活、让才艺辅助带货以及主播和"粉丝"互动（见图6-24）。

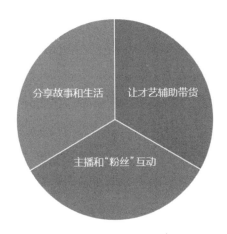

图 6-24　用内容带动直播带货的方式

1）分享故事和生活。 对于直播间的"粉丝"来讲，很多产品的功能性特点并不是他们关注的重点。类似的产品大家都在卖，这个直播间和那个直播间的产品从本质上没有什么太大的差别。而且，不同的平台之间价格也基本上是透明的，即使有折扣力度，也有一定的限度。所以，故事和生活带来的情绪价值，就成为左右人们购买决策的主导因素。

2021 年，在以美妆作为当家产品的小红书平台上，有汽车博主在介绍某品牌汽车时，分享的不是汽车的功能参数，而是一名女性开着汽车的日常生活。比如，她如何开车上下班，开车带宝宝时对汽车做了什么改装，她的闺蜜都在开什么车，等等。她分享的不是汽车，而是一种生活。

这样的生活分享把用户带到了真实的体验场景中，让很多女性用户从中看到了自己开着这款车的日常生活，在用户心里这款车已经是自己的车了，购买那是顺理成章的事儿了。

2）让才艺辅助带货。才艺是用户喜欢欣赏的内容，但单纯的才艺变现很难维持直播间的生存。但如果把才艺作为一种辅助带货的工具，把才艺和带货结合起来，让直播间不但有物美价廉的商品，还有有趣、有价值的内容。会让用户更愿意留下来并完成消费，花一份钱买两份东西。才艺辅助带货的方式有各种搭配，比如，主播本身才艺加带货，或才艺主播专门展示才艺，带货主播专门带货，两个主播在直播间搭档带货。

东方甄选直播间就是才艺辅助带货的典型：双语直播，一只虾能讲出一个故事；一件农产品能带出一长串相关的单词以及单词的记忆方法；一个海苔不但讲出成分，还能用英语、韩语无缝对接；从白居易到拜伦又到《诗经》，金句、段子一个都不缺……

和单纯的吆喝着卖货的直播间相比，这样的直播间带货信息密度实在太大。有时候一场直播下来，主播们大部分时间都在分享知识、表演才艺，卖货好像只是顺带进行的。"粉丝"到东方甄选的直播间，也说不清是更喜欢他们的内容，还是更喜欢他们卖的东西。有些"粉丝"到直播间，就是想听英语的，买东西只是顺带的。

3）主播和"粉丝"互动。直播间是一个即时消费场所，用户在直播间的消费都是即时消费。主播在和"粉丝"的互动过程中，最重要的是抓住并尽可能满足"粉丝"的需求。通过深层次互动，营造一个良好的直播氛围，把购买气氛烘托起来，让"粉丝"兴奋起来，产生购买欲望和行为。聊天、打赏、送礼物、连麦、购物，这些构成了"粉丝"在直播间独特的购物体验，正是这种体验，让"粉丝"产生消费的冲动，果断下单产生消费行为。

直播间主播和"粉丝"的互动是一种双向行为，需要根据"粉丝"的问题随时调整，所以，在直播间和"粉丝"的互动也非常考验主播的功力。互动进行得好，不但能够卖货变现，被"粉丝"打赏，还可能成为有影响力的大IP。长期霸榜不下的某知名美妆产品主播、以内容带动卖货的董宇辉等，卖货卖得好的主播，都和"粉丝"互动得非常好。

内容让直播带货有了更丰富的内涵，而直播带货也让内容的价值显示出更大的作用。越来越多的用户开始喜欢有内容的直播带货，越来越多的直播间开始通过内容打动用户。

内容变现是互联网时代的产物，网络的发达让内容的生产和传播变得更加便利。对内容的需求成为人们工作生活不可或缺的一部分，也使内容产生着前所未有的影响和力量。而这种需求和力量，促使内容更快速地进入商业，成为一种可以流通、可以交易、可以变现、可以被推广使用的商品或工具，成为商业的一部分。

6.8　IP 打造和内容定制，让内容服务为个体赋能

除了上文介绍的"内容作为商品"和"内容作为工具"这两种变现方式外，其实，内容还可以是一种服务形式。通过内容提供的服务，为企业或个体用户带来一定的收益和价值，让用户愿意为服务付费。

内容服务包含内容创作但不限于内容创作，还包含内容的重组、分享、搬运等方式。内容服务所做的，就是连接内容源头和用户，通过不同的方式，把内容源头的知识，进行转化、重组、包装等，以音频课程、训练营、电子书、有声书、图书解读等方式展现给用户。

当前内容服务主要着力于两个方面，一是个人 IP 打造，二是为用户提供定制化服务（见图 6-25）。

1）个人 IP 打造。个人 IP 的打造，就是通过平台为个体赋能。被赋能的个体一般是各专业领域的大 V，他们本身有自己的专业特长，有自己输出知识的方式。但在内容服务平台，他们的知识和内容以另外的形式出现，以不同于以往的

方式传递给更多用户。随着知识在平台被更广泛地传播，大 V 的个人 IP（通常被称为知识网红）也逐渐形成，并同时拥有因为知识分享变现得来的经济收益。

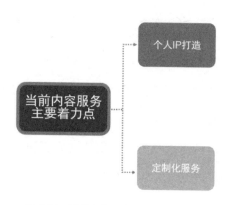

图 6-25　当前内容服务两个主要着力点

得到 APP 是当前内容服务企业中的头部平台，通过得到 APP 打造出来的大 IP 也有很多，薛兆丰就是其中的典型代表。"薛兆丰的经济学课"在得到上线之前，薛兆丰只是北京大学的经济学教授，认识和了解他的也只有经济学圈子和北京大学的部分同学和老师。虽然他博学多才、风趣幽默，但他的 IP 并不突出。而他的经济学音频课程在得到 APP 上线之后，很快达到了几十万的订阅量。知道和了解他的人更是不计其数，而薛兆丰本人，也成为经济学领域的大知识网红。

而同样从大学校园走出来的华东师范大学哲学教授刘擎，也因为他的"西方现代思想"线上课程成为网红。虽然刘擎的"西方现代思想"课的订阅人数没有"薛兆丰的经济学课"那么多，但接近 10 万人的订阅，也充分说明这个课程和这个 IP 的影响力。

所以，即使曾经是某些领域的专家，如果想要让自己的内容得到更多的分享和变现，希望在更大的领域打造自己的个人 IP，还需要借助内容服务平台的赋能。而内容服务平台，也在赋能个体的过程中，实现了平台更大程度的内容变现。

在个人 IP 打造方式上，得到平台是以平台标准为标准。知识网红的个人 IP 不完全是按照他们的个人意愿打造，而是根据平台的规范和需求进行。比如，知识网红要录制他擅长的专业课程，不是他想怎么讲就怎么讲，而是要以平台的标准为讲课的标准，更确切地讲是以平台用户能听得懂的课程为标准。这样的方式，使得个体能够通过平台赋能成就自己的 IP，同时也不会在 IP 产生之后，马上离开平台单飞。平台利用自己的资源打造个体 IP，个体 IP 利用自己的能力为平台服务，双方共同完成内容的变现。**平台为个人 IP 赋能，个人 IP 为用户提供价值。**用户、个人 IP、平台三方都能从中得到利益，合作共赢。

2）为用户提供定制化服务。定制化服务就是根据用户不同的要求，量身定制用户需要的内容服务。这种方式提供的内容服务，包含内容的生产、推广、运营、传播等各个环节。定制化服务一般有这样几个特点：服务对象为小规模的 B 端（小 B 端）用户或名气大的 C 端（大 C 端）用户、内容根据用户需求量身定制、以用户利益和效率最大化为准则（见图 6-26）。

图 6-26　定制化服务的特点

① **以小 B 端或大 C 端用户为服务对象。**小 B 端用户是服务 C 端的内容或品牌企业。相对于同行业同类型的大企业，小 B 端用户在资源和规模上都没有竞争优势。为了能够在竞争中更好地服务好用户，他们更需要对自己的品牌和产品进行宣传推广，做内容方面的营销。但小 B 端用户规模小，项目也相对比较单一。组建自己的宣传、推广、自媒体、营销等部门，会给企业带来庞大的支出。所以，小 B 端用户会把这些相关的业务，外包给第三方专业机构，让专业的人做专业的事。既能够减少企业因机构人员臃肿带来的开支，又能够把事情做得更专业。借助第三方的力量，扩大自己的品牌影响力。大 C 端用户情况跟小 B 端用户的情况类似，一方面需要必要的宣传和推广，另一方面，自己又没有大的团队支撑，所以，通过第三方机构为自己提供必要的内容服务，是最简单也是最经济的一条路。

② **内容依据用户需求量身定制。**无论面对的是小 B 端用户还是大 C 端用户，第三方服务机构提供的内容服务，都是量身定制的内容服务。也就是根据客户的需求，提供包括内容生产、自媒体运营、企业或企业家 IP 打造、品牌宣传等多方面的内容服务。比如，某咨询公司需要打造培训师个人 IP，或者小 B 端用户需要做品牌的推广和宣传，第三方机构就要根据用户的需求做好内容服务。这些宣传可以是单向宣传，也可以是策划、生产、运营等一条龙服务。

③ **以用户利益和效率最大化为准则。**第三方机构根据用户需求提供内容定制服务，并不意味着用户想要做什么就做什么。而是根据用户企业的实际情况，以达到让用户实现其利益和效率最大化为目的，以让小 B 端用户能够更好地服务好自己的 C 端用户为准则。就像设计师做设计一样，你设计出来的服装要让用户穿上合适好看，而不是用户想要什么样你就设计成什么样。

我自己的公司就是一家这样的内容服务公司，我们服务的小 B 端用户来自各行各业，服务形式也各种各样。我们曾经为企业咨询公司做过自媒体的矩阵搭建、内容生产和运营，为实体企业提供过品牌宣传服务，也为教育机构、其他内容服务平台做过内容的推广、宣传和品牌打造等。

提供内容定制服务是一个持续进行的过程，不但需要根据用户需求更新迭代，还需要根据内容市场的发展不断翻新内容的载体以及传播方式。比如，你要为某企业品牌做内容营销，推广产品和品牌。在传统媒体时代，你可能会采取广告的形式，而在自媒体时代，你可能会通过公众号软文、头条、知乎等图文媒体进行。在短视频平台上做品牌的内容营销，也会用不同的方式组合进行。这些都需要第三方服务机构做好相关的策划，并及时更新。

内容服务的终极目的，是通过为个体和小 B 端用户赋能，让他们能更好地服务好 C 端用户，创造更大的价值。而平台和服务机构也在提供内容服务的过程中让内容的价值得以延续和持续，让内容达到价值最大化。**定制让 B 端用户获得的内容更专业，也让 B 端用户能够提供更专业的服务。**内容服务无论如何更新迭代，最终都要围绕让 C 端用户喜欢，完成更多的内容变现。

需要说明一点，无论个人 IP 打造还是定制化服务，都需要团队协作进行。所以，以提供内容服务实现内容变现的方式，不适合个人完成。对于个人内容从业者，如果你想提供多样的内容服务，一定不要单打独斗，加入一个集体中，做你最擅长、最专业的事情即可。

6.9 消费引导和消费促单，帮助用户从欣赏到消费

我们强调把内容做好，因为只有优质的内容才能吸引用户，让用户喜欢并产生消费行为。但现实情况往往是，用户喜欢我们提供的优质内容，但并不会马上购买，甚至只是停留在欣赏阶段。

之所以这样，除去经济因素之外，还有一个重要因素，就是心理因素。心理因素决定着人们的行为，也决定人们在面对喜欢的商品或内容时，会不会购买。

6.9.1 引导消费，给用户一个消费入口

所谓引导消费，就是在用户对你的产品感兴趣的时候，继续引导用户产生消费行为。因为当人们沉浸在对内容的欣赏中时，大脑不会产生购买的想法。给用户的引导就是把用户从欣赏的思维中唤醒，进入消费思维。在电商购物中，某知名美妆产品主播在直播间喊"买它买它"就是典型的引导消费的话术。"粉丝"在这样的声音反复出现在耳边后，不自觉地就会产生购买冲动。

有时候，人们即使有了购买的冲动，消费行为还是不能产生，这是因为懒惰心理。哪怕是多一点点麻烦，人们都可能放弃一项行动。有心理学家曾经做过这样的实验：在有着透明玻璃门的冰箱里放满食物，会有很多人去拿。但是，把冰箱门锁上，把钥匙放到旁边，就很少有人再去冰箱里拿食物了。因为用钥匙打开

锁再开门拿东西需要花费更多的心思和气力。

你看，只是多了一个开锁的动作，一大部分人就放弃了到冰箱里拿食物。那么，回到我们的内容上，就是要让用户从看到到购买的这个过程变得简单，越简单越好。这就需要我们在提供优质内容的同时，给用户一个消费入口。

作为用户，我们可能都有过这样的感受，对于可买可不买的东西，如果能够很方便地买到，我们很容易就"顺手"买一些可能不是特别需要的东西。反之，有时候买一件东西感觉很麻烦，如果不是非买不可，我们常常就会放弃。

给用户一个消费入口，就是当用户已经产生购买意愿的时候，你要告诉用户从哪里购买。在营销软文中，这些购买链接需要我们单独拿出来，告诉消费者，你想买的东西在这里。比如，软文中经常会用到的引导语有"点击购买""戳链接""戳小程序立即抢购"（见图 6-27）等。

图 6-27　公众号软文中的消费入口

有的软文会在末尾让用户识别二维码，如果是识别二维码领优惠券，让用户得到实惠还可以。但如果单纯地让用户识别二维码购买，还是不要增加这样的操作，因为相对于点击小程序，识别二维码的操作会多一个步骤，可能会因此丢失掉一部分用户。

如果是在直播间，主播一般会在介绍完产品后说一句"上链接"，商品链接就会出现在手机屏幕的左下方。但对于一场直播只卖几样产品的内容直播，比如线上课程、图书等知识付费课程，商品的链接会一直都在。主播也需要时时提醒用户，比如，"点击屏幕左下角的商品链接，直接下单就可以得到直播间的优惠"或者"赶紧点击屏幕下方的商品链接下单吧"等。

不要小看这些简单的提示，这个简单方便好操作的指令，能够在很大程度上提高你的产品销量。著名的广告人大卫·奥格威给劳斯莱斯和宾利的广告文案有这样一段文字："如果你想试驾劳斯莱斯或宾利，欢迎致电或致函背面所列经销商。劳斯莱斯公司，纽约 20 号，洛克菲勒大厦第 10 层，邮编：5-1144。"这则广告中这段长长的地址，看起来好像和汽车本身没有关系，但其实是在给用户一个消费入口，告诉用户购买从这里开始。

所以，无论你的商品是发布在购物平台，还是自媒体平台上，抑或是朋友圈，一定不要忘记在最后给消费者一个指令——"点击 ×××，直接购买"，你多给消费者一次简单的指令，你的产品就多一次销售出去的机会。

6.9.2　消费促单，帮用户下决心

有时候用户也认可你的产品，但是，就是迟迟下不了决心购买。这个时候就需要你帮助用户下决心。帮用户下单，最多的是在直播间，因为直播间的产品本身就是即时消费。很多用户进直播间之前，是没有购买某种产品的计划的。所以，用户在极短的时间内，听完主播的介绍，不一定能有马上下单的决心，需要主播帮助用户来下定这个决心。**用户犹豫不能下单，在于心理还有没被满足的需求。如果需求能及时被满足，用户就很容易产生即时消费。**主播可以利用的用户消费心理主要有 4 种：利用占便宜心理、利用稀缺效应、利用从众心理、利用损失厌恶心理（见图 6-28）。

图 6-28　主播利用 4 种用户消费心理促单

1）利用占便宜心理，制造物超所值的感觉。 要达到这个目的，一是强调产品的价值，比如"颜值"高、功能强大、物超所值等；二是价格低，让用户感觉占到了便宜。

一般强调价格低的方式有三种：第一是和同行比较，别人家卖多少，你这里卖多少，你的产品比别人家的便宜。和同行价格比较的时候，一般会是直播带货和一些大平台比较。比如，"某东某宝的价格是×××元，而我们直播间只要×××元"。和大平台比较，一是更有说服力，让"粉丝"信服；二是不会被认为是不正当竞争。如果你和隔壁直播间的同行比，说你的价格比别人低，就属于不正当竞争了，也很容易引起矛盾。第二是直接说折扣。比如，"这款电吹风，原价399元，现在打5折，只要199元！"。第三是亮底价，直接告诉用户你的进价成本价、运费及其他费用等。这样一方面让用户感觉自己占到了便宜，另一方面，也看到你的真诚，感觉自己没有被忽悠。比如，"这一箱水果，我包装要×元，人工要×元，运费×元都是我承担，我还再另外送××给到你们，已经优惠到不能再优惠，错过了以后再也没有这个价格了！"。

2）利用稀缺效应，给用户制造紧迫感。 稀缺心理是指当人们感觉到某种东西稀缺时，会对这种东西产生迫切需要的冲动。在消费中的表现就是东西越少的时候，人们越抢。主播如果能利用好稀缺心理，在和"粉丝"互动时，适时制造一些紧张感，比如，限时折扣、库存有限等方式，进行饥饿营销，唤起用户追求稀缺的消费心理，就能够帮助"粉丝"下定决心，快速做出消费的决定。比如限时，"还有最后5分钟，还没买到的赶紧下单，时间到了我们就下架了"；或者限量，"今天这个优惠价格的衣服只有100件，卖完就没有了！"

3）利用从众心理，让用户跟随购买。 从众是所有人都会拥有的心理，在直播间看到别人都在买，"粉丝"就很容易产生消费冲动。所以，在直播间的观众席，把观看人数、评论、点赞、活动入口等信息外露给"粉丝"，给"粉丝"制造一种大家都在买的感觉，更容易促使还在犹豫的用户下定决心。

有些直播间会在直播的过程中，在屏幕上滚动显示"用户 ×××购买了 ×××产品"或者"第 ×× 位用户购买了 ×× 产品"，主播也会把这些信息用口播的方式随时提醒直播间的"粉丝"。比如"尾号 183 的用户又下单了"或者"这位叫'帅哥'的朋友也下单了！"等。让"粉丝"看到已经有这么多人购买了，自己也要跟着买。

4）利用损失厌恶心理，促成二次消费。 所谓损失厌恶心理，就是人们对由损失带来的痛苦比对由获得带来的幸福感更敏感，更不愿意承受。因为不想失去，所以，人们对于已经得到的东西，会尽量采取行动来避免失去或损失。

在直播间最常见的就是人们拿到优惠券或折扣券的时候，会尽可能地用掉这个折扣。比如，"粉丝"进入直播间，本来是想买一支口红就走。但是，发现买一支 100 元的口红，可以送 20 元优惠券。这 20 元优惠券在当天的直播中，满 30 元就可以用。那么，在很大概率上，"粉丝"会再买一个 30 元以上的东西，用掉这个 20 元的优惠券。所以，一些送出去的优惠券，看似商家做的是赔本买卖，实际上是拉动了消费。

用户的消费心理，是品牌方或商品销售者应该抓住的心理，是商家拥有用户思维的表现。在直播间这样的即时消费场景中，这样的用户思维更为重要。能在短时间内抓住用户的消费心理并去满足它，就更容易促成"粉丝"的即时消费。

除了直播，在图文类软文中，也会有促单的环节。软文促单的原则和直播间促单的原则一样，都是抓住用户上述消费心理。在话术和形式上会略微有点变化，一般会在软文的中间或末尾，提醒用户购买。虽然不会像在直播间那样反复促单，但也会有 2 ~ 3 次的促单提示（见图 6-29）。

有人可能觉得促单是在催促用户购买，会让用户产生抗拒心理。其实，**对于用户而言，促单不是逼迫，而是帮助其消除内心的犹豫；促单行为并不会引起用户心理的不适，反而会让用户产生一种解脱。** 所以，在你的变现内容中，一定要有促单信息。这样既帮助了你，又帮助了用户。

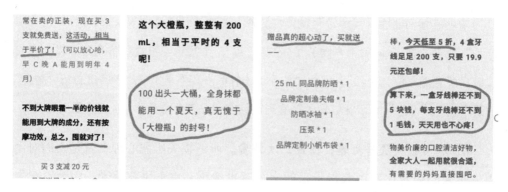

图 6-29　软文促单

内容变现，让内容走进商业，成为一种可以消费的商品，具有了商业价值。这种价值呈现，促进了内容的快速发展。内容变现的方式不止书中介绍的这几种，随着数字化商业的发展，还会出现一些新的内容变现方式，有些方式也会慢慢被舍弃。AI 的出现为人们生产、生活带来很大变革，以后也许会出现有 AI 加入的内容变现方式。

第 7 章　交付和用户关系，用户是最需要运营的

内容的交付只是用户关系的开始，在用户注意力成为一种稀缺资源的时代，用户不只是你的内容的消费者，更应该是你最要去维护和经营的资源。谁能够持续吸引用户的注意力，把用户留到自己的内容上，谁才是真正的内容赢家。

7.1　做好关系运营，把用户变成你独有的资源

内容服务者和用户的关系是从事内容行业最需要运营的关系。商业中我们经常听说"顾客就是上帝"，对于内容行业，用户的重要程度比其他商品还要大。在内容行业，用户不但是内容的消费者和使用者，还是内容素材的创造者和内容产品的创作者。内容来源于用户，最终再返还到用户。所以，**用户关系是内容行业最重要的关系，运营好了，关系就变成你的资源；运营不好，关系就会成为你的障碍**。所以，在内容服务用户的过程中，用户关系是最需要运营的。

运营内容行业的用户关系是一个长期持续的过程，从内容的策划创作开始，一直到用户购买和消费产品，以及消费完成后用户关系的管理和维护，都是内容商业中用户关系的一部分。用户关系运营包括用户获取、用户激活、用户留存、获取价值和推荐传播这五个环节（见图 7-1），贯穿于售前、售中和售后关系的维护过程中。

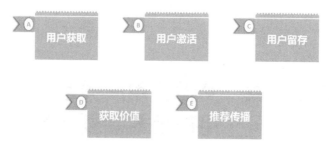

图 7-1　用户关系运营的五个环节

1. 用户获取

用户获取是从用户偶然看到你的内容开始的，只要开始尝试，这些用户就已经是你的潜在用户。而如何吸引这些潜在用户，一方面，需要我们内容的标题和封面图、账号简介、头像等来吸引用户的眼球；另一方面，需要我们做好关系的运营。比如社群拉新、微信公众号关注、短视频账号关注、小红书账号关注等。这些都是吸引潜在用户的拉新手段。比如，公众号标题下的"点此关注"、文章末尾的"长按识别二维码关注 ××× 公众号"。一旦用户开始关注你的账号，用户和你之间就开始有了关系。

用户获取是一个用户尝试的过程，也是一个用户和账号内容之间建立信任的过程。这个过程需要创作者提供优质和免费的内容，来赢得用户的信任。

2. 用户激活

用户关注一个账号后，用户和账号的关系才刚刚开始。想要让用户产生价值，需要把用户激活，让用户处于活跃状态。用户激活包括新用户的激活和老用户的激活。新用户关注你的账号后，会一边观看你的免费内容，一边默默关注你的账号动态。而企业或平台、账号要做的，就是根据后台数据，了解用户的活动动态和用户需求，然后通过活动、优惠、促销以及社群中的红包、优惠券等互动方式，让用户看到你的内容的价值。

对于曾经有过消费记录，但一直不活跃的老用户也需要激活。激活老用户的方式是增加和他们的互动，比如，社群小助手单独微信联系、给老用户特定的回馈活动等。争取让这些老用户活跃起来，尽可能走到消费阶段，成为你的内容产品真正的付费用户。

3. 用户留存

在服务界有一个公认的数字：吸引一位新用户，或是把丢失的老用户重新争取回来的成本，是留住一位老用户的 5 ~ 6 倍。也就是说，一个用户选择留在你的私域流量池，其背后的意义不仅仅是增加一个用户那么简单。**用户留存是流量从公域到私域的转折，更是用户对你内容和账号信任的开始。**当用户相信你的内容能持续给他带来价值时，即使你出现一点点瑕疵，用户也会给予更多的理解和包容。所以，相对于新用户的获取和激活，老用户的留存更加重要。

老用户留存，就是把已经稳定产生消费的用户，继续留在你的私域流量池。要想留住老用户，就要给老用户一点特权，比如给他们更大的折扣，或者能够购买普通用户不可以购买的产品等。这个特权最重要的不是经济上的让利，而在于让他们感受到一种优越感，感觉自己拥有和别人不一样的特权。

在《常青：如何持久吸引客户》这本书里，作者诺亚·弗雷明提到这样一个观点：对于用户而言，很多时候消费带来的优越感，比给予他们实物奖励带给他们的体验更好。内容行业的用户，对这种成就感的需求似乎会更强烈一些。所以，适度给老用户一些其他人没有的特权，更容易让老用户留存下来。比如，在内容平台，老用户订阅专栏可以享受某些特权；老用户可以免费试听、试看更多内容等。

得到 APP 就给很多老用户提供了特权，比如，参加得到线下读书会的书友，可以拥有得到特制的勋章，勋章上不仅有名字还有编号。得到听书会员，根据学习的时长和内容，会有不同的奖章。得到的会员在学习过程中会有积分累加。包括长江商学院、华东师范大学、插座学院等在内的很多企业或学校都给了得到高分学员不同的特权。比如华东师范大学减学分减学费，很多企业可以直通最终面试。这些勋章、特权给用户带来荣耀感和优越感，是让用户愿意留下来非常重要的因素。

4. 获取价值

获取价值（或称阶值获取），是指用户从创作者的内容中得到他们希望得到的价值，内容方也因为用户的消费行为产生经济上的收益。也就是说，用户购买获得利益，不是单方面的利益获取，而是用户和内容提供者彼此之间有价值和利益的交换，是一个双方共赢的过程。

想要让要用户得到价值，最终还需要有用户思维，根据留存用户的属性，找到他们的需求，并生产能满足用户需求的内容。

5. 推荐传播

用户留存下来完成付费之后，内容和用户的关系并没有结束，甚至可以说是另一段关系的开始。用户产生消费行为，代表着对你内容和账号、人设的认可和信任，用户和内容之间已经产生了一个相对深度的关系。这时用户已经成为你的资源，可以进一步巩固和用户的关系，让用户帮助你做内容的分享和传播。

想要让付费用户帮助分享和传播内容，一个常用的方法是分享有回馈，比如，有其他用户通过你的分享订阅或购买了这个内容，分享者能够得到一定的物质奖励。很多知识付费平台都在使用这样的方法。比如，得到 APP 会员邀请好友注册，邀请者和注册者都能得到 20 元优惠券；武志红心理 APP 的用户分享线上课程给好友，好友购买后可以直接赚取数量不等的现金。在分享过程中用户得到了实惠，同时周围的朋友和自己喜欢相同的内容，有了更接近的思想交流，也有利于对内容和平台的进一步信任。

用户关系运营的这 5 个环节，在营销学上也被称为"AARRR 模型"（海盗模型），AARRR 分别对应的是 Acquisition（获取）、Activation（激活）、Retention（留存）、Revenue（收益）⊖ 和 Referral（传播）这 5 个单词的首字母和用户的关系是所有商业中最重要的关系，只有把用户关系运营好，让用户在你这里拥有好的消

⊖ AARRR 模型中的"收益"指产品获得的收益，即变现，此处"价值获取"与"变现"是一体两面，用户感受到价值，通过购买获得利益，品牌方的产品才实现变现。

费体验，用户才愿意消费和传播你的内容，商业才可能顺利进行。

无论是用户的获取、激活，还是留存，最终都是通过满足用户需求，让用户认可你的内容，相信你的内容的价值并完成消费。这样才能把用户作为资源，让用户帮助分享传播。而要想发现真正的需求，就需要内容从业者从用户的一言一行中，找到需求和素材。做到了这一点，才能真正运营好用户关系。

7.2　用优质的内容，给用户最好的体验

给用户创造极致体验，就是你的内容中的某一个或几个地方给用户的感官或心理带来了强烈的冲击，让用户因为这一个细节对整个内容作品念念不忘。比如，某个有哲理的金句让用户感觉困扰已久的问题一下子豁然开朗，某个故事或场景的描写让用户的内心深深被触动等。极致的体验常常不是单独的某一个部分给用户带来的体验，而是内容整体带来的体验。比如，好莱坞大片给人带来震撼的音效和画面，是声音、画面等各方面综合表现出来的效果。

有不少用户购买内容产品，本身就是为了追求某种心理和精神上的强体验。存在感、自尊感、参与感、归属感、成就感以及自我实现的感觉等，都是用户追求的体验。那么，在内容创作中如何提升用户体验呢？

好的用户体验更多来自用户表面需求之下更深层次的心理需求，这些心理需求更多是一种精神层面的需求。而要满足这些精神层面的需求，可以从以下几个方面着手：提升内容"颜值"、增加内容趣味性、用独特视角解读内容、用专业征服用户、为用户节约时间、为用户创造情绪价值（见图 7-2）。

1. 提升内容"颜值"

内容中的高"颜值"，其实就是看起来要好看。对于图文内容而言，适当增加图片，让版面更丰富；选择的图片更漂亮、更符合受众群体审美；图片更符合

主题，让版面更协调，增加整体观感等，都是提升图文内容"颜值"的方式。而对于视频内容而言，图片的美观、视频呈现出来的或清新或唯美或宏大或震撼的整体效果，都可能是受众群体希望追求的"颜值"。

图 7-2 提升用户体验的方法

2. 增加内容趣味性

就是你的内容所表现的东西要有意思，让用户感觉有趣。有趣包括内容本身的有意思和内容的语言风格和表现形式上的有趣味。生活中的细节、搞笑逗乐的剧情等都是内容本身的有趣。比如，刘××的健身操、"张同学"的乡村生活等，都会让用户感觉到有趣，看了开心。而语言的幽默风趣、把深奥的理论融入通俗的故事中，以及内容呈现形式上的丰富多彩，都是内容表现形式上的趣味性。

有一次我在得到上听梁宁的"产品思维 30 讲"，其中，梁宁给用户划分了三个等级：大明、笨笨和小闲，分别代表"对自己的需求非常清晰、非常了解的用户""有大概的需求，但对自己的需求不明确的用户"和"没有消费需求，纯粹打发时间闲逛的用户"。虽然是产品思维课，但这样的说法就会让听课的用户感觉很有意思，而且一下子就听明白了。

罗翔被网友称为"被法律耽误的段子手"，他用幽默的语言、段子、金句，把法律知识讲得深入浅出。在 B 站上的"罗翔说刑法"，2 天"粉丝"破百万，半年时间"粉丝"破千万。成为 2020 年度最高人气 UP 主、哔哩哔哩 2021 年百大 UP 主。

呈现形式上的丰富多彩，则是通过类似漫画、视频等多媒体表现形式，刺激用户的五感（听视嗅味触），提升感官体验。

内容的有趣，其实不是一种单向输出，而是内容的创作者和用户之间彼此的理解和交流。**内容因为有趣而吸引更多用户，又因为吸引更多用户而让内容变得更有趣。**因为我懂你，所以给你想要的有趣；因为你懂我，所以你能欣赏这种有趣。创作者和用户之间彼此理解，惺惺相惜，形成一种正向的循环。

3. 用独特视角解读内容

特色就是跟别人不一样，更多是内容本身在对一些观点解读上的独特视角，独特的视角能让用户产生新鲜感和好奇感，也会增加对内容价值的判定。不一样的视角还给用户不一样的体验，让用户因此记住和喜欢上你的内容。

比如，对于情感问题、亲子问题的困惑，普通人的内容可能会教你如何跟踪老公、如何对付婆婆。但如果从心理学层面讲，专业人士会从心理、关系、双方的成长过程、原生家庭对彼此的影响等方面去分析。虽然你的内容中没有直接给出方法，但你的分析让用户受到了启发，用户就会从你的专业中感受到价值。

再比如，从经济学角度去解读情感问题，又是一个别样的角度。薛兆丰曾经在《××说》上说过这样的观点：婚姻本质上是一场商业合作，夫妻就是合伙办公司，是一对利益共同体，在结婚之初，就要权衡投入产出比。这样的观点虽然听起来有一点冷酷，但也让众多女性观众受启发。

4. 用专业征服用户

专业的事情交给专业的人来做，已经是现代社会消费者达成的共识。你的服务越专业越细致越到位，用户的体验就会越好，愿意为之付费的愿望就会越强烈，彼此达成合作的可能性就会越大。

所谓专业，就是比一般人做得更精细、更极致，更能够解决别人解决不了的问题。专业让你有着某个领域的权威感，用户会因为专业而信任你，放心把自己的事情交给你。比如，用户想做品牌宣传，但不知道如何去实现，也不知道能够达到什么样的目标。那么，如果是专业的营销策划，就会给出一个具体的策划方案，告诉用户这个方案的成本、推广方法和渠道以及最后能够达到的目标等。

所以，如果你的内容不能做到有趣、有特色，可以把专业性作为着力点。得到 APP 上有很多大咖课程都是主打专业。比如，宁向东的管理学课、蔡钰的商业参考、卓克的科技参考、董晨宇的传播学课、香帅的金融学课，这些课程虽然也具有趣味性、独特性等特点。但是，用户购买这些课程最根本的原因，还在于这些课程的作者，是他们所在领域的佼佼者，他们讲授的专业知识更专业、更权威，用户更愿意相信他们的专业价值。

专业既是一种能力，又是一种权威，更是一种安全和信任，一种对用户不虚此行的保障。把专业利用好，变成服务的工具，专业的力量就显示出来。而这份力量，就是用户相信你、认可你、喜欢你，愿意留下来，成为你的"铁粉"的原因。

5. 为用户节约时间

商场和职场人士常常纠结于学习成长和时间不够之间的矛盾。而为用户节约时间，也成为提升用户体验的一项优质内容服务。

罗振宇曾经说过这样一个观点：在商业社会，用户的时间越来越重要。消费一个产品，最贵的支付不是金钱而是时间。能够给用户节约时间的事情，就是能够给用户带来更大价值的事情。得到的内容服务，就是为用户节约时间的服务。得到的内容收费，收的不是内容的费，而是把内容"整合整理，提取精华"这个服务的服务费。而且，得到的这个服务，不但为用户节约了时间，还给用户带来了资源。在内容的价值和呈现形式上，都给用户带来好的体验。

当前多数知识付费平台，实行的都是类似得到 APP 这样的对内容进行整合梳理的方式。这样的方式，把原本爆炸冗长的信息做了一定的提炼和缩减，让用户能够在更短的时间内获取更多的知识。

当然市场上也有不同的声音，认为这是快餐文化，是在贩卖焦虑。但用户的体验最重要，用户感受到价值，获得了体验，就会愿意为这样的服务付费。

6.为用户创造情绪价值

对于现代消费者而言，很多时候，用户的情绪得到承载和释放，甚至比由商品本身的功能价值带来的体验更好。而内容作为一种特殊商品，和其他商品有不一样的地方，就是它本身拥有教育教化和传播文化、承接情绪的功能。用户通过内容，安放了自己无处安放的情怀，宣泄了自己得不到宣泄的情绪，会感觉到自己被看见，感受到共鸣、陪伴、鼓舞、激励等情绪体验。所以，有情绪价值的内容，也往往被大众用户所喜欢。抖音上的很多情感类博主的"粉丝"都有几百万。

通过为用户创造不同的价值，提升用户在内容中的体验，是通过内容本身运营用户关系的一种重要方式。当用户从内容中得到自己希望得到的价值，满足自己内心的需求之后，用户和内容的关系就更近了一步。

7.3　内容定制，让用户参与进来

人们往往对于自己参与其中的事情更感兴趣，也更愿意为之付出更多精力和财力，这就是参与感。参与感能拉近参与者和事情本身的距离，增加彼此之间的亲密度。对于内容行业，让用户拥有参与感，一个常用的方法就是让用户生产内容，邀请用户参与到内容创作中。我们可以根据用户的参与程度，分为主动参与和被动参与。

1.主动参与

主动参与就是用户提前知道并愿意参与到内容创作中，并以此为荣。比如创作者或平台主动向用户约问题或约建议，这些问题和建议变成内容就是用户创作的内容。主动参与其实就是向用户定制内容，**因为定制，内容有了不同寻常的意**

义；因为定制，用户对这份内容更加关注和珍惜；也因为定制，内容从一开始就是用户心里的 VIP。让用户主动参与，是创作者在创作过程中的主动设计，有着更强的可控性。而且让用户主动参与，使用户也有更强的主动性。主动参与包含两种方式：固定主题，直接和用户约内容；在自己的内容评论区征集话题（见图 7-3）。

图 7-3　让用户主动参与的方式

1）固定主题，直接和用户约内容。根据主题约的内容，一般会是用户在这个主题方面存在的问题，以及和主题相关的案例。比如，和写作有关的问题、和视频剪辑有关的问题、和心理情绪有关的问题等。

吕白在他的《从零开始做内容》一书中说过，他之前一本关于写作技巧的书，就曾经用过这样的方法，不但成书速度非常快，而且书的质量也非常高。因为有些问题就来自现实用户提出的问题，所以，在书中呈现出来的问题的解决方法都正好切中读者的痛点，很受读者欢迎。很多线上音频课、训练营，都会在内容播放的过程中，随时征集大家对于相关问题的观点和建议，并把有代表性的问题和建议更新到后面的内容中，这样做也是让用户主动参与到内容创作中。

这样征集问题的方式并不是让用户直接参与内容创作，而是通过征集问题让创作者最终呈现出来的内容能更好地满足用户的需求。对于创作者而言，内容得到用户的喜欢，自然会有一份好的收益。而对于用户而言，自己的需求得到了解决，自然也从内容中得到了价值。而且，当用户的问题被采纳，甚至作为文字呈现在图书或者课程中的时候，用户会感觉自己的问题"中奖"了，会感到喜悦。

同时，参与创作带来的参与感会拉近用户和内容的关系，让用户对这份内容有更强的黏性。

提出固定话题直接在平台约内容的方式更适合有一些名气的创作者，这样的创作者更有权威也更让用户信任。如果你是一个新手，这个方式操作起来可能会有些困难。可以尝试主动到不同内容的评论区，寻找用户在评论留言中提到的问题。

2）在自己的内容评论区征集话题。 内容发布后，用户一般都会在评论区提出自己意见和建议。比如，对内容中某个观点的看法，没有被解决的问题，跟当前内容有关的话题等。这些其实都是用户的潜在需求，能够在后面的内容中解决这些问题、满足用户的需求，就能给用户带来更好的体验，让用户感受到内容的价值。

有时候用户可能没有那么积极，不会在评论区有太多留言。那么，作为内容创作者，可以在评论区征集话题。比如，你对刚才的观点，有什么不同的看法？或者关于这个话题，你还有什么问题？或者关于当前话题，你还有什么新的观点和想法等，欢迎在留言区或评论区留言。对于连续性内容，比如音频课程、公众号等内容，将这样征集到的问题或观点，在后续的内容中表现出来，既能满足用户需求，又让用户感觉到自己的问题得到了回应，自己得到了尊重和理解，用户还会有一种参与感和成就感。

向用户定制内容，目的不是从用户那里得到创作素材，而是通过内容定制的方式让用户参与进来，使用户与内容和内容创作者之间的关系更进一步，让用户成为内容创作链条上的一分子。

2. 被动参与

有时候我们征集用户的问题，不一定非要向精准老用户征集，也可以向陌生的新用户征集。我们可以把陌生用户作为资源，通过不同渠道收集他们对某些主题的观点和建议，再根据这些观点和建议创作出符合用户要求的内容。

通过不同平台搜集用户对某些问题的看法和观点，其实是让用户被动地参与到内容创作中。比如，用户在知乎提出的问题，被其他内容创作者借鉴到自己的内容中，成为其内容中的一个问题。被动参与的方式也分为两种，在知乎等问答平台搜集问题，在同主题的评论区搜集用户对同类问题的观点和建议（见图7-4）。

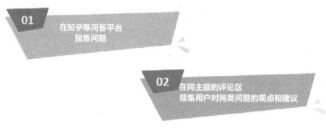

图 7-4　用户被动参与的方式

1）在知乎等问答平台搜集和自己的内容方向相关的问题。"有问题上知乎"，知乎是年轻用户群体喜欢的知识问答平台。很多用户喜欢在知乎上提出问题，也有不少专业领域的用户愿意在这里解答问题，所以知乎上经常会有一些专业的、非常有价值的观点值得借鉴。

2021 年 11 月，少年儿童出版社出版了一套《知乎版十万个为什么》图书，这套纸质图书中的内容，基本上都来自知乎平台上的问题，答案也基本上都是知乎平台上优质答主的回答（见图7-5）。

因为问题和答案都来自知乎，所以这套书出版后，不少知乎上的用户都成为这套纸质书的读者。因为对知乎的信任，这些用户天然就对这本书产生信任。而被选中问题的用户，自然成为这套书的铁杆"粉丝"，不但会购买，还会主动分享和传播这套书。

国内比较常用的问答平台有百度知道、百度贴吧、知乎、搜搜问答、搜狐问答等，你可以在上面搜到一些和你主题相关的用户问题。但需要注意的是，你可以借鉴其中的一些观点，但不能像这套书一样，把知乎平台上优秀答主的原创内容答案整理出来，变成自己的内容，那样是侵权。

图 7-5　知乎平台上的用户内容共创

2）在同主题的评论区搜集用户对同类问题的观点和建议。 无论什么主题，网上都会有类似的内容出现过。到跟你的主题相同的其他相关内容评论区，也可以看到用户对这个主题的观点和评论，找到用户关于这个问题的痛点，创作出的内容更能够得到用户的喜欢。

视频内容的弹幕，也是用户的评论，而且是即时评论。尤其是 B 站的视频弹幕，有很多有意思的"梗"（见图 7-6）。因为 B 站上用户多为年轻人，他们能说出很多出乎意料的想法。比如，AI 兴起后，B 站开设了 AI 课代表账号，课代表会总结视频的内容，并通过评论区或私信回复。某影视 UP 主发布了一则对电影《奥本海默》的前瞻科普视频，发布不到 3 分钟就有了 AI 课代表的总结，它按时间线精准地总结出视频的要点，此评论获赞接近 4 000（见图 7-7）。

图 7-6　弹幕里出现的评论

一、诺兰的新片《奥本海默》好评如潮，演员阵容豪华，但观影门槛较高。电影主要讲述了美国研制原子弹的来龙去脉，以及曼哈顿计划的故事。
00:01 - 诺兰的新作终于要上映了，奥本海默海外供应仅一个多月，MDB的top250中排名35，烂番茄指数93%，爆米花91%，双双超过公认神作《星际穿越》。
00:40 - 奥本海默演员阵容豪华，黑白和彩色的画面区分加高观影门槛，诺兰的作品一向难懂，但这次也不例外。
02:57 - 奥本海默是曼哈顿计划科学家团队的领导者，电影超过一半的篇幅讲述曼哈顿计划过程的主角。
二、电影《曼哈顿计划》讲述了人类历史上最重要的人物奥本海默，他是一个超级学霸，政治倾向共产主义，是原子能委员会的同事和朋友，也是原子弹之父。
03:18 - 奥本海默是历史上最重要的人物，性格傲气，情商在线，广交各类朋友，是超级学霸
04:28 - 奥本海默和施特劳斯关系不好，理念相反，有私仇，爱找错处，关系描写详细
06:11 - 伊拉比是奥本海默的知心挚友，历史上以顾问身份提供了很多鼓励和帮助，赢得诺贝尔物理学奖
三、现代物理学之父爱因斯坦、美国氢弹之父爱德华泰勒，以及奥本海默和他的妻子凯瑟琳。
06:35 - 爱德华泰勒是电影奥本海默的重要同事之一
07:45 - 爱因斯坦是现代物理学之父，创立了相对论和量子力学
09:02 - 电影中凯瑟琳奥本海默是奥本海默的妻子，两人相伴到1967年
四、电影中的奥本海默与共产主义有着渊源，但他被美国政府审查，因为他是原子弹之父，与共产党来往密切，并且有共产主义倾向。
09:51 - 奥本海默因共产主义倾向被调查
11:05 - 美国冷战时期共产主义思潮盛行
12:49 - 奥本海默被指控为前苏联间谍，审查将贯穿始终
五、电影中的两种镜头：黑白和彩色，以及它们在电影中的含义和作用。同时，也分享了导演诺兰的背景和电影题材。
13:12 - 电影有两种镜头，黑白和彩色代表不同故事线
13:53 - 了解颜色代表的不同视角可以帮助理解剧情
15:37 - 本期节目以电影本身的理解难点出发，介绍了背景知识帮助观众更好地理解电影
--本内容由 ████ 生成，关注解锁AI助理，由 ████ 召唤发送
2023-08-28 19:19　👍 3945　💬 回复

图 7-7　AI 总结

谁都没想到 B 站有大量用户竟然非常喜爱这些课代表，甚至催生出"课代表"社区文化，其中人气较高的"AI 视频小助理"，3 个月涨粉超过 25 万。这对创意很有启发，以此创作出的内容往往也更能得到用户认可。比如，创作者就可以紧跟热点，根据"课代表"社区文化来进行创作。

我原来看视频习惯把弹幕关掉，后来偶尔看过一次之后，发现弹幕中的有些观点确实很新奇，这也能够让你对某些问题大开脑洞。

在其他平台搜集用户对某些问题的观点和看法，并把这些纳入自己的创作内容中进行创作，实际上是一个通过内容满足用户需求，来获取新用户的过程，也是我们维护用户关系的一部分。

艺术来源于生活，高于生活；内容来源于用户，服务于用户。来自用户的内容在服务于用户时才能更让用户感觉熟悉和亲切，才能不被用户厌烦和抵触。所以，当很多创作者绞尽脑汁寻找内容的创意、主题，寻找用户需求的时候，千万不要忘记去关注用户参与内容创作时都评论了什么。

7.4　和用户互动，拉近内容和用户的距离

互动是用户在消费前、消费中及消费后，和内容创作者或平台的沟通和交流，也是平台或内容创作者拉近和用户的关系，促进用户消费和复购的重要手段。

用户选择成为内容的消费者，留存在一个账号，说明用户对这个内容和账号的认可。但是，认可和喜欢只是关系的第一步，想要把和用户的关系拉得更近，需要和用户之间更多地进行互动。和用户的互动需要内容创作者和服务者主动出击，把用户的情绪调动起来，让用户尽可能多地发表自己的观点和想法。

和用户互动的方式包括在内容中的互动，主要是直播间互动、内容交付后的评论区互动以及朋友圈和社群互动（见图 7-8）。

图 7-8   三种和用户的互动方式

1. 直播间互动

和用户互动最多的内容方式就是直播间的互动。直播间的互动更多是主播以口播的方式和"粉丝"直接互动。口播的方式更随意，也更考验主播的功力。不但要对用户提出的问题随时回应，回应还必须有内容，让"粉丝"喜欢。直播间主播和"粉丝"的互动，需要随时、及时、真诚、有趣（见图 7-9）。

图 7-9   直播间互动方式

1）随时。 直播间最大的特点就是即时性，即时互动、即时消费。只要直播间处于开放状态，主播就要随时主动和"粉丝"互动，随时是直播间和用户互动最大的特点。比如，"欢迎刚进直播间的×××""我们的在线人数已经达到×××××人了，感谢大家来到我们的直播间""感谢用户×××的礼物"等。直播间的互动是包括对"粉丝"到来的欢迎、对"粉丝"回应和打赏的感谢，以及对"粉丝"提出问题的回应等。

2）及时。 及时的互动是直播间必需的。"粉丝"在直播间在线提出问题，尤其是知识付费类型的直播间，主播对用户的问题一定要及时回复。因为用户是随时在线的，提出问题后如果迟迟得不到回应，就会让用户感觉不被主播重视，会产生不好的体验。

3）真诚。 真诚是直播间和"粉丝"互动最需要注意的，有些主播口才很好，也会利用很多直播的技巧，但敷衍的态度会让"粉丝"感觉很受伤。

我曾经看过一位体育明星带货的视频，直播的时候，用手把脸蒙上，说是"粉丝"达到多少的时候，就把手拿开露出脸；"粉丝"达到多少的时候，才开始开口说话。这样敷衍"粉丝"的方式，就让"粉丝"感觉不真诚，这样的互动给"粉丝"带来的体验就非常不好。

4）有趣。有趣是互动的加分项，不只限于简单回复，而是回复得有意思，让用户愿意听。在东方甄选直播间，长着国字脸的董宇辉爆红，更多源自他的学识，天文地理、诗词歌赋、中英语结合……妥妥地把带货直播间变成知识大课堂，很多用户到直播间买东西，都是冲着练听力来的。知识之外，董宇辉和"粉丝"们的互动也很有意思，他一直说自己长着一张兵马俑一样的脸，幽默风趣而又真诚不做作。

和其他内容形式相比，互动对于直播间的重要程度更大。甚至可以说，直播间和"粉丝"的互动，本身就是直播的一部分。**用户的互动因为直播而来，而直播也因为有了和用户的互动才更精彩。**

2. 评论区互动

无论是图文评论区，还是短视频的评论区，在评论区和用户的互动，包含三个方面的内容（见图 7-10）。

图 7-10　评论区互动的三种方式

1）及时回复用户评论。当用户在留言区留下自己的评论时，首先要做的就是及时回复用户的评论。尤其是刚开始你的账号"粉丝"没有那么多的时候，无论用户的评论有没有价值，有没有意思，甚至只是"吐槽"，都要尽可能回复。

用户在评论区留下评论，对于他而言就是要把自己的想法说出来。如果创作者能够及时回复这条评论，用户会感到被看见、被重视，这种被看见、被尊重的感觉可以提升用户的消费体验，也是用户愿意继续留下来的很重要的理由。一些线上音频课程上线几年了，作者还是会抽出时间，不定时地回复新加入的用户提出的问题，充分体现出对用户的重视和尊重。

用户也会以自己的问题或内容被作者回复为荣，有幸被作者亲自回复的用户会有一种幸运感和满足感。比如，心理学家武志红的线上课，把学员问题能够得到武志红老师的亲自回复当作给学员的福利。

如果是短视频内容，在发布的 2 个小时之内，一般会有很多用户评论。内容发布者一定要把握好这个时机，用好这宝贵的黄金 2 小时。在这个时间段及时回复用户的评论，就能吸引到更多用户来评论，让你的评论区热闹起来。

2）用心回复创意评论。在给用户评论时，一定要用心。创作者给用户的回复是用心还是敷衍，用户一定能感觉得到，即使你的回复不能完全满足用户想要的答案。当然如果可以，最好能根据用户的评论，做一些有创新有创意的回复。

抖音上有个教摄影的账号"钟小榤"，每个视频都用一种有点"无厘头"的方式，教一个摄影的要点。也有不少"粉丝"在下面提问题，即使只是回答问题，作者给出的很多回复都很有意思。比如有用户说："你打灯了？照片人物光线这么好！"作者回复："所有视频照片没有补光设备，不是买不起，是没人啊！"

创作者有创意的回复，不是为了在评论区秀幽默，而是让用户喜欢这些评论，愿意在这里互动。甚至能吸引其他路过的用户在这里驻足，在看内容的同时，还能看到其他人的精彩故事和不同观点的讨论，有额外的收获。在评论区形成一场精彩的讨论，参与其中的用户身在其中津津乐道，而新加入的用户置身局外看得津津有味。所有用户都在这里满足自己的需求。

如果你感觉能力不足，可以到其他媒体平台学习一下回复的语言风格，知乎、微博、B 站的高赞回复，都很有趣也很有意义。当然，更多内功的修炼还需要自己下功夫。

3）引导评论增加互动。有时候你的内容发布之后，用户没有评论，或者你不确定内容发布后用户会不会有评论。那么，你也可以引导用户评论。

创作者的引导评论，一种是在评论区的置顶位置上，用一句有共鸣的话，把用户的话题引出来。引导评论的目的是抛砖引玉，吸引更多用户在评论区发表自己的观点和看法。所以，引导评论的话题要能引起共鸣，而且，引导评论要在内容发布后就发并置顶，这样就能持续引导后面的用户都来参与这个话题的讨论。

某个抖音账号发布的一则视频内容是：一对老夫妻，老先生为了弥补妻子年轻时没有穿婚纱的遗憾，带着花甲之年的妻子到婚纱店量尺寸定制婚纱。但是当婚纱做好的时候，妻子却病重住院并被下了病危通知。老先生匆匆赶到婚纱店，取回婚纱，走进病房，却发现妻子已然离开。在这条视频下面，作者的一条引导评论"如果你曾错过，请务必珍惜当下"获得了 17 万多的点赞。

这条评论之所以获得如此多的赞，就是因为这句话引起了用户的共鸣。用户从这句话中，或是想到了自己，或是得到了启发。所以会有很多用户在这句话下面诉说自己的故事和感悟。

另一种引导评论的方式是，创作者可以用开放性的问题或话题，引导用户评论。比如，"为什么会这样呢""作者的观点很清奇""真不知道这篇文章中的×××（人物）是怎么想的"等。

之所以要提出开放性问题，是为了更好地激活评论区。开放性问题能够给用户更大的发挥空间，可以自由发挥。有时候用户看到一个内容，会有评论的冲动，但往往不知道从哪里说起，那么，创作者提出的这种开放性问题，就给用户一个评论的方向。而且，人都有表达自己的愿望，也有好为人师的冲动，看到这样的问题，就会有用户愿意出来评论和回答，这样的评论和回答会带给用户满足感和成就感。对于新手账号，用这样的方式为自己引流，是一个非常好的方法，很多短视频博主在开始的时候，都会用这样的方式为自己的账号引流。

当你在看用户评论时，用户其实也在看你的评论。你引导用户评论，再去回复用户的评论，用户参与了你的评论，又继续引导你回复。这样你的评论中有我，我的评论中有你，形成一种真实持续的互动，增加了"粉丝"的黏性。

引导评论，等于把本来属于用户的主动权抓到了自己的手里，引导用户跟着自己的思路走。既让用户感觉到被看见，又会引发更多话题，引发用户更多的讨论。当然，引导评论同样需要真诚，不能为了自己要表达的主题，给用户制造压迫感。

3. 朋友圈和社群互动

评论区和社群中的人，是你的私域流量。虽然有些没有在你这里消费过，不能算真正意义上的用户。但朋友圈和社群中的人，却是至少在某一个方面跟你有交集的人。所以，你们之间的关系相对亲密、距离更近。但也因此更需要通过互动好好维护。

朋友圈的互动主要在朋友圈的评论区进行，互动方式可以根据自己在朋友圈的人设，以及你朋友圈内容的属性，还有朋友圈朋友的属性综合考虑。

社群的互动和朋友圈互动不完全一样，社群的互动，更像是朋友和家人之间的聊天，大家共同参与，互相评论，相互回馈。社群互动更多是要营造氛围，氛围起来了，聊得多了才会越聊越熟络。朋友圈和社群具体的互动方式，我们在前面介绍过，这里不再赘述。

互动是一座桥梁，连接用户和创作者及内容本身。互动也是最直接最快捷地拉近和用户关系的方法。有了内容和用户的互动，等于多了一条和用户沟通的渠道，彼此之间的沟通会更顺畅。创作者在评论区留下自己的痕迹，本身就代表了用户想要沟通交流的愿望。当这种愿望得到回应时，用户就感觉到被看见，会愿意继续留下来。

运营用户让内容与用户之间更好地建立起连接，也间接让用户与用户之间互相影响。一部分用户有可能影响更多用户，达到口碑传播的效果。对用户进行更加精细化的管理和维护，才能实现用户价值的最大化。

第 8 章　从单打独斗到内容团队

在社会化分工越来越细的现代社会，无论自己有多么强大，光凭一己之力完成一项任务，或做好一件事情，是很难的。而内容行业中的团队力量，更在于团队成员之间的相互协作，而不仅仅是简单的 1 + 1 = 2。

8.1　团队是促成内容商业化的关键

1994 年，美国管理学教授斯蒂芬·罗宾斯首次提出"团队"的概念：所谓团队，是指为了实现某一目标而由相互协作的个体所组成的团体。对于企业而言，要想拥有一个好的市场和好的收益，需要同时具备三个条件："优质的产品、优秀的团队和足够的周转资金"，团队是企业发展和成功的关键要素。

和传统媒体相比，现在的内容从形式到内涵都有了很大程度的拓展。尤其是内容的商业化，让内容成为一种满足用户需求的特殊产品。内容不再仅仅停留在传播知识、传递信息等功能上，而是有了娱乐功能、学习功能、治愈功能等更多意义上的附加功能。用户和市场对内容的生产、运营、推广、商业化变现等环节有了更高的要求。**因为有了更多的附加价值，内容才满足了用户的更多需求；也因为用户有了更多需求，内容才有了更多的附加价值。**

而要达成这些更高的要求，完成内容商业化的一系列环节，需要组建团队，大家分工合作。通常，所有的内容团队，都由最基础的三部分组成：内容创作团队、内容运营团队和技术辅助团队（见图 8-1）。

1）内容创作团队是内容商业化的基础。

拥有优质的内容，才能满足用户需求，并通过用户消费换取经济回报，产生商业价值。根据企业规模的大小，内容创作团队又有不同领域的细分。比如，专门做音频课程的团队、专门做微信公众号的团队、专门做营销软文的团队、专门做短视频的团队等。企业

图 8-1　内容团队的基础组成部分

规模越大，往往团队的分工越细。比如，樊登每解读一本书都由专业的制作团队来操作，而得到 APP 上一本书的解读也要经过 5 个环节才能上线，其中仅解读和撰稿环节，就需要多人才能完成。一些音频课程的文案打磨需要的人还会更多。

在团队人员的分配上，也要根据每个人的特长，给予不同分工。比如，擅长长文编辑的，可以主要生产公众号、营销软文、小红书笔记等图文内容；擅长通过短剧本讲解剧情故事的，可以把重点放在抖音、快手、小红书视频等短视频内容方面；而音频课程、知识问答、知识分享等知识付费内容，则可以安排文风相对严谨的团队成员来完成。

如果你的企业刚刚起步，也可以找一个或几个创作内容的多面手，能根据用户需求完成各种形式的内容。现在很多内容团队的成员基本上都是多面手。甚至有些成员不仅能创作多种形式的内容，还在运营和技术上有一定的能力。

如果你只是在抖音或小红书平台刚刚开了一个账号，也可以自己先来充当内容的多面手，甚至你还能把运营和技术一起做了。但是，无论是账号还是企业，等到有了一定规模，或者想要发展出一定的规模，一定要有专业的团队来制作。

在具体创作中，根据内容形式的不同，内容创作的侧重点也有不同。微信公众号、营销软文、头条、知乎、小红书笔记等文字内容的创作过程更偏向于文案的打磨；音频课程、讲书稿等知识付费的内容所体现出来的价值，更在于通过内容找到用户的需求痛点，为用户解决问题和困惑；而抖音、快手、短视频、小红

书视频／笔记等内容创作，一方面在于导演和编剧对剧情的把控，另一方面，演员的演绎也是内容创作的一部分。

由团队共同创作内容，团队中的每个成员负责的部分会细分，这样内容才会打磨得更精细，更能满足用户需求。这也更需要团队良好的协作，各司其职、分工合作，共同去完成每一个环节的任务。

2）内容运营团队是内容团队的关键。运营是把内容产品推向市场的环节，是内容能否实现商业化，能否获得经济收益的关键。内容的运营包括内容创作前和内容创作后两个阶段（见图 8-2）。

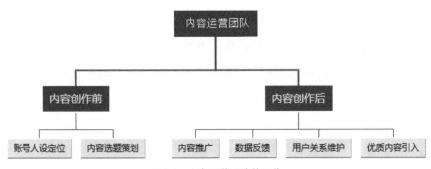

图 8-2　内容运营团队的工作

① 创作前根据市场确定好内容的定位、基调和风格，才能保证内容生产出来后，能够满足市场和用户的需求。比如，小红书账号设定什么样的人设，微信公众号账号的定位是什么，目标受众群体是哪个圈层的人群，这些都是内容创作前就需要运营团队成员规划出来的。

② 创作后的推广和变现，是内容走向市场进入商业的渠道，也是内容运营需要人力最多的地方。推广做得好，就能让更多人看到和了解你的内容。数据反馈是内容是否满足用户需求最直接的反映，把这些数据反馈给内容创作者，让创作者进行内容调整和迭代，才能真正创作出满足用户需求的内容。而用户关系的维护，其重要程度并不比内容本身低，通过活动、优惠、深层次互动等手段，维护好和用户的关系，更容易提升用户转化率，更容易实现内容变现。优质内容引

入也是运营团队成员需要做的工作。所谓内容引入，就是从其他平台或作者那里，找到符合你平台或企业用户风格的优质内容，在你自己的平台发布。或者找到优质作者，成为平台或公司的签约作者。

3）技术辅助团队是推动内容进入商业化的工具和助手。有了技术的辅助，内容以更好的效果呈现出来，给用户带来更多附加价值。比如，通过技术，让图文内容中的图片更漂亮、版式更美观。图文内容中的图片处理、版式处理，视频内容中视频的取景、构图、拍摄、剪辑、配乐等，都需要技术团队的支持。

有了技术的辅助，团队的工作效率会更高。比如，对于开发人员，AI 可以减少他们的工作量，让他们更加快速、有效地完成自己的任务。2023 年 10 月，一则 AI 首席工程师的招聘信息引起了大家的关注。《命运 2》开发商 Bungie 提出要扩大其 AI 团队的规模，并将重点放在对 AI 工具的使用上。他们之所以这样做，就是为了更好地利用 AI 来改善其旗下工作室开发游戏的流程，从而提高工作效率。

在我们服务客户的过程中，也曾经不止一次体会过技术的重要性，感受过技术带来的强大力量。用户的需求五花八门。有些用户的要求非常高，不仅文案内容要改到无可挑剔，而且图片的呈现、版式的设计都要求达到美轮美奂的效果。这些都依靠我们的技术团队，使用不同的软件反复尝试、修改、磨合，才能最终让用户满意。

技术团队的作用还不止这些，如果你是规模比较大的内容企业或平台，技术还能够为平台增加新的功能，让用户在使用和消费你的内容时更便捷，而这无形中也增加了用户对你的平台和内容的喜爱。

比如，得到电子书的搜索功能，输入搜索关键词，得到平台上所有和关键词有关的信息就都显示了出来，需要哪类信息，再点开详细查阅就可以了。

在之前的得到 APP 上，电子书只有阅读功能没有搜索功能。用户购买得到电子书会员，通过阅读器看电子书本身也没有什么问题。但得到的技术部门开发了搜索功能后，电子书兼具了阅读和搜索的功能，用户花一份的钱，就能得到两样收益。虽然搜索范围只限于得到 APP 内部，但这个增加的功能，已经让用户能够最大限度地在得到 APP 上找到与关键词有关的信息了。在为用户提供了更多信息量的同时，也为得到的其他栏目做了宣传和推荐。用户在查找某个相关问题的资料时，就有可能同时在得到上购买好几样自己需要的内容产品。

我自己也是一个得到电子书搜索功能的受益者，有时候查找相关的内容，会同时出来好几本相关的书籍，不能免费阅读的，往往成为我的必买书籍。也因为看到了一些大咖对某些问题的精彩解读，订阅了他们的专栏课程。

一个人的优秀不算优秀，只有团队的优秀才是真的优秀。**个人的优秀能够让团队更有力量，而团队的存在让个人的光芒得以显现**。虽然我们仍然可以一个人独立写文章，甚至能够独立完成一部小说。但是，要想让自己的优质内容得到更多人的认可和喜爱，乃至走向市场实现商业变现，则必须依靠团队的力量来完成。"能用众力，则无敌于天下矣；能用众智，则无畏于圣人矣。"

8.2 团队组建，选对人才能建好团队

团队是企业取得成功的保障，是把集体力量发挥到最大化的表现形式。所以，懂得组建团队，能够用好众人的力量，是一个企业领导需要做的第一步。无论是对于内容企业还是平台账号，内容团队的规模都不会太大，一般为2～10人。如果企业规模大，则可根据各自的功能和职责分成不同的小团队，一般会根据项目或栏目分为项目类型的团队和栏目类型的团队。

组建团队的第一件事就是选人，古语云：良禽择木而栖，贤臣择主而侍。**对于人才而言，选择好的团队是择业的重要关注点；而团队组建，选择优秀的人才也是组队的关键所在**。团队在选人的时候要围绕团队作为一个整体的标准和目标来进行。内容团队的选人有 6 个原则（见图8-3）。

图 8-3 内容团队选人的 6 个原则

1）价值观一致。价值观看起来是一个有点虚幻但却非常重要的东西。阿里巴巴、华为等大企业在招聘员工的时候，都非常强调员工的价值观要和企业的价值观一致。一个团队一定要选择价值观一致的人。价值观一致的人，在同一个团队更容易达成一致的想法，而且彼此之间更容易合作。如果是成熟的企业，一定要选择认可企业文化、认可企业价值观的成员进入你的团队。如果企业没有成熟确定的价值观，创始人或平台负责人也要给企业确定一个价值观，在招聘选人的时候，要选认可企业价值观的人。

2）目标追求一致。只有团队成员的目标追求一致，才能在工作中更好地合作。比如，如果文案和技术部门都能把内容的市场推广度、用户满意度作为追求的目标，那么就会愿意配合运营部门的需求，来优化文案及图片、视频效果，给用户呈现出最好的内容效果。反之，如果文案只想自己的文案漂亮，技术部门只按照自己的逻辑剪辑视频，那最后的结果就可能是每一项都很突出，但放到一起可能不协调，用户就不喜欢。

作为团队领导，需要提前和团队成员做好沟通，如果意见不能达成一致，可以利用权威，向团队成员阐述团队目标。只有团队成员有了共同认可的目标，才能朝着一个方向去努力。反之，如果每个人的目标不一致，努力起来就会南辕北辙。不但不能形成团队的力量，还可能阻碍团队向前走。

3）成员间职责分明。成员间的关系包括骨干和辅助员工之间的定位与关系，以及同级员工之间的关系，这两种关系都需要通过一定的制度规范来确定。

骨干和辅助员工之间要定位分明。无论是内容的生产者、运营者还是技术部门的员工，工作的过程中都会有主有辅，每个项目都会有关键的项目负责人。在团队选人之初，骨干和辅助队员就要定位分明。这样一方面能避免责任不清，另一方面也可以有效地避免团队成员之间的不配合。

同级员工之间的职责和关系更重要的是职责分明，每个人都做好自己职责范围内的事情，并对自己所做的事情负责。这样就不会出现有的事情没人干、有的事情大家都在干的情况，而且出现问题时也能找到直接负责人，避免出现推卸责任的情况。

4）足够的胜任力。 胜任力是团队成员能够完成工作的根本，成员必须有足够的胜任力，才能成为团队的一员。

胜任力不只是指团队成员能够按照要求完成本职工作，还需要团队成员有一定的积极主动性，用更全局、更长远一些的目光去看待自己的工作。比如，内容创作职位不能只局限于会写文案、短视频的技术职位也不能仅仅局限于会剪视频，而是在写文案、剪视频的基础上，有敏锐的市场洞察力，了解市场动态和趋势。这样写出来的文案、剪出来的视频才能紧跟市场动态，才能被用户喜欢。

比如，内容选题的策划、审核等环节看起来是内容运营应该做的工作，但作为文案创作，也必须对市场有足够的敏锐度，了解市场前沿动态、热点资讯等。这样在创作文案时，才能跟上市场的节奏。同样，图片的处理、视频的剪辑，也是如此。除图片处理、视频拍摄剪辑这些必要的技术能力之外，目标用户对哪种风格的图片更加偏爱，更喜欢什么节奏的视频表现方式，也是团队成员必须具备的基本工作能力。

5）具有责任感。 责任感就是愿意为了某些事情负责任的思维和意识，责任感有 3 个方面的含义：第一是乐于提出创意，第二是勇于承担责任，第三是敢于面对冲突（见图 8-4）。

图 8-4　责任感 3 个方面的含义

① 乐于提出创意，就是有更好的主动性，愿意为了团队发展得更好，勇于提出新的创意，承担更大的责任。很多时候，我们团队中的每个人其实能力都不差，但是真正遇到问题的时候，大家又都不发表意见，不敢提出自己有创新和创意的点子。原因就在于我们不愿意或者不敢承担因为自己的创意失败带来的风险。内容行业本身是一个需要不断有创新和创意的行业，内容行业呈现出来的内容，需要紧跟时代、紧跟时尚，随时走在时代的前沿。如果团队中的成员因为害怕担责任而墨守成规，按照固定的方式走，无论是内容公司还是内容账号，都很难走下去。

② 勇于承担责任，就是能够主动对自己所做的事情负责任，并勇于承担因为做错事情带来的后果，不推卸自己的责任。比如，内容观看量不高，可能是策划定位的主题不符合市场或者用户的需求，也可能是文案的原因，还可能是版面或视频拍摄的原因。其实最终往往不是单一的原因，而是整体效果没有达到用户需求。这种情况下，不同职责的员工或部门，需要首先从自身找原因，并和其他部门一起协商，最后做出一个综合的调整，而不是把责任推到其他部门或人员身上。

③ 敢于面对冲突，是指团队成员在看到其他成员有问题时，本着对项目负责的态度，大胆指出对方的问题。而不是因为害怕冲突，得过且过，做好好先生，最后导致项目坍塌。发现并指出其他团队成员的问题，并不完全是领导的责任，反倒是一线执行者能时时观察到所有细节，也更容易及时发现问题，并及时止损。

无论什么形式的内容，每一篇每一条都不是某一个人独立完成的，只有每个人都能担起自己应该承担的责任，为整个项目、整个内容的整体负责任，项目才能更好地完成。责任是一种能力和承担，和有责任感的人合作，团队成员会有安全感。

6）有自我驱动能力。自我驱动能力是一种主动改变自己的能力，显示的是团队成员的主观能动性。内容行业是一个更需要发挥主观能动性的创意行业，加班、加急赶稿是常有的事情。要完成这些工作，仅依靠制度是不够的，还需要团队成员有自驱力，自己真正从心里愿意为了完成这个任务去工作。而且，内容产品的好坏，没有一个强制的标准答案，如果员工没有自驱力，很容易在内容的创作、运营及相关技术上敷衍了事，生产出来的内容不能真正满足用户需求。

团队不是简单的群体或团伙，而是由有共同价值观、共同目标和一定逻辑关系的群体组成的组织，是由经过严格筛选的符合一定条件的人来组成的。**优秀的人才才能组成优秀的团队，优秀的团队更能吸引优秀的人才。**团队和人才互相依存，相互选择。

8.3 团队架构，成员各异的内容团队

在内容团队的组成上，会根据不同的平台和形式有所不同。我们分别以微信公众号、抖音、小红书、拆书稿、知识付费的音频课程为例，分别介绍图文内容、短视频、小红书和音频内容的团队组成。

1）图文内容。微信公众号、头条号、百家号、微博、知乎问答等都是图文内容。大多图文内容的团队组成包括选题策划、内容编辑、选图配图、推送推广、数据分析、后台维护、对外合作等职能（见图 8-5）。

- 选题策划是根据当前市场和用户，做出相应的内容选题方向。
- 内容编辑是根据选定的选题进行文案编辑。
- 选图配图则是根据文案内容和主题，选择和搭配合适的图片。

图 8-5　图文内容团队组成

- 推送推广是把完成的内容推送推广到不同的平台和渠道。

- 数据分析是对内容在不同平台和渠道的展现量、阅读量、点赞量、评论等数据进行分析，找出内容需要调整的部分和迭代的方向。

- 后台维护是对系统的技术维护，以及对用户的评论进行回复和反馈。

- 对外合作的工作是找转发、广告等和图文内容进行合作的渠道。

一般而言，小规模的图文内容团队中，选题策划不会详细地划分出来，有的团队会归为内容编辑和创作部门，有些会归为运营部门。而推送推广、数据分析、后台维护以及对外合作，都归属到运营这一个岗位上。

2）短视频。对于内容企业或平台来讲，没有经过精心制作的短视频，即使火爆也往往是偶然事件。但是如果没有团队继续跟进，火爆的景象很可能会昙花一现。市场上只有一条视频火爆的账号不在少数。所以，如果一个账号想要持续生产出符合市场和用户需求的高质量短视频，一定要由团队共同完成。

以抖音为例，抖音短视频团队的组成一般包括导演、编剧、演员、摄像师、剪辑师、运营（见图 8-6）。

- 导演是短视频作品的总负责人，从人员的选择、工作的调配到成品质量的把控，都由导演负责。

- 编剧或策划负责剧本的选题、策划和剧本创作，以及账号人设的打造等。

图 8-6　短视频内容团队组成

- 演员就是在视频中根据内容要求进行表演的人员，不多做解释。

- 摄像师就是根据剧本要求进行拍摄的工作人员。

- 剪辑师则根据编剧对短视频内容的设计，把摄像师拍摄的短视频和图片，进行筛选、整理、剪辑、合成，并最终形成一个完整的抖音短视频作品。

- 运营负责抖音账号的运营和推广，包括视频的发布和推广、"粉丝"的互动维护、数据的收集和跟踪、账号信息的更新和维护，以及账号的广告投放等一系列有关市场的工作。运营是短视频账号中的关键人物，不但要熟悉市场，对热点话题有敏锐的感知度，有"网感"，还要懂用户，知道用户需求，同时还要懂内容，有策划、表达和传播内容的能力。

当然，有的团队比较小，为了节省开支，导演和编剧会由一个人兼任，剪辑师和摄像师也由一个人担任，一个团队由 3 ~ 4 个人组成，甚至导演、编剧会兼职做运营，或者兼职做演员。

需要说明的是，无论是 6 个职位的团队，还是 4 个或 3 个职位的团队，在能够持续运转的情况下，团队可以同时运营 2 个或多个账号，把内容推向更大的范围，也不会造成人力资源的浪费。

3）小红书。小红书是一个特殊的存在，有图文形式的"种草"笔记，有短视频笔记，还有电商店铺。所以，小红书的团队组成比图文和短视频内容的团都要复杂一些。小红书的团队一般由内容运营、商务拓展、店铺运营、流量运营、供应链运营、摄影美工组成（见图8-7）。

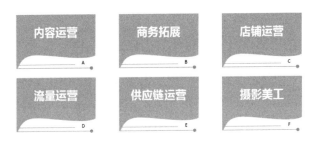

图 8-7 小红书内容团队组成

- 内容运营就是"种草"笔记的选题策划和内容输出，目的是吸引"粉丝"，为店铺引流。
- 商务拓展主要的工作内容是对接小红书"种草"品牌的 KOL 等人，商议合作事项。
- 店铺运营自然是小红书店铺中"种草"品牌商品的运营、竞品分析和营销活动等的策划执行。
- 流量运营是小红书账号"粉丝"的运营，包括如何增粉、如何留住"粉丝"等。
- 供应链运营就是和供应链有关的所有事情，比如，选品、产品生产进度的跟进、发货物流等。
- 摄影美工是产品拍摄设计有关的一切事项。

如果是刚起步的小红书账号或者不想团队扩展这么大，这些岗位也可以合并。商务拓展和流量运营可以由一个人来完成，而店铺运营和供应链运营也可以合并，因为店铺的运营和供应链的管理本来也是相互关联的。这样团队就合并成一个 4 人团队。甚至如果店铺业务还没有那么大，可以把所有跟经营、外联相关的事项都归到运营上，组成内容、运营和技术这样的三人团队。

4）音频内容。音频内容是最近这两年重新火起来的一种内容形式，音频内容的形式比较多样，知识付费的线上听书栏目、广播剧、音频课程、情感电台以及脱口秀等，都是受大众喜爱的音频内容。因为栏目差别比较大，不同的内容形式，团队组成也有比较大的差别。我们在这里分别对听书栏目和广播剧做一些分解。

① **听书栏目**。听书栏目分成两种形式：一种是简单的读书栏目，就是把原著通过声音的方式简单呈现出来。这种团队组成相对比较简单，由一个或两个职位组成就可以了。另一种是好书精读精讲模式，团队组成要相对复杂一些，包括选书、撰稿、审稿、讲述（或转述）以及校对等职位（见图8-8）。

图8-8　讲书内容团队组成

虽然这几个职位在每个平台的叫法不一样，但其工作职能基本上是一样的。比如，得到APP的听书栏目团队成员包括选书、撰稿（一些书籍的撰稿还会有专门的脑图制作团队）、审稿、讲述（或转述）、校对上线。

- 选书要根据市场和受众的喜欢程度，选择在领域内有知名度和权威性、用户普遍认可度比较高的书籍。
- 撰稿就是把一本书的精华内容，用简练的、通俗易懂的文字提炼出来。
- 审稿是撰稿的后期和保障，保障撰稿的文字和原书不能有观点上的矛盾和冲突。
- 讲述就是把撰稿文字转化成声音形式，讲述者可以是撰稿人自己，也可以请专业配音工作者。
- 校对上线是文字和音频稿件的最终把关。

当然，每个平台在团队架构上也会根据自己的形式，略有不同。比如，樊登读书听书团队的组成是责编、校对、审核、设计指导，没有选书和撰稿、讲述，大概是因为樊登读书的这几项工作都由樊登老师亲自做了。

② **广播剧**。广播剧的团队构成相对复杂一些，一般配备导演、编剧、配音演员、美工、后期和宣传等职位（见图 8-9）。

图 8-9　广播剧内容团队职位组成

- 导演就是设计、控制整个广播剧呈现的总统筹。

- 编剧的职责就是把合适的小说改编成广播剧本的形式。

- 配音演员就是根据剧情给角色配音的成员，配音演员有时候会兼职录制一些后期需要模拟的声音。

- 美工是制作各种预告海报和宣传图片的人，美工所做的工作包括制作预告和宣传海报、宣传图片、广告宣传内容等。

- 广播剧的后期是根据剧情需要，补充好剧情中除了人物配音之外的其他背景声音，包括背景音、画外音等各种模拟声音，给听众更好的体验。因为广播剧看不到画面，所有的场景都只能通过声音来体现。对于人物对话不能呈现的情景，都需要后期来补足。

- 宣传就是把广播剧推向市场，实现其商业化。

广播剧目前的市场还偏小众，受众群体以年轻人居多。虽然是小众，但喜欢的就是喜欢，所以"粉丝"黏性很高。因为广播剧的制作成本比较大，而且改编剧本有时候还会涉及版权问题，所以目前内容团队中制作广播剧的企业和平台还不算太多。但是，广播剧的市场并不小，目前已经处于升温状态，未来广播剧市场会有很大的发展。

图文形式的商品文案和电商文案，沉浸式体验的灯光秀、剧本杀，还有直播、脱口秀等内容大多依赖创作者个人，团队也会相应不同。灯光秀和剧本杀是线下体验类，灯光秀更像创意设计，剧本杀是剧情体验，更侧重创作者对情节和心理的思考和设计，它们与常规的内容创作有很大不同，团队构成不做过多分析。短剧的团队构成与制作短视频的团队差不多，但是更考验创作团队对市场、对受众群体、对"爽点"的把握。创作这些形式的内容，若想破圈，更需要差异化，需要灵感的爆发和团队协作。

一个人的力量是单薄的，一群人才能有强大的力量。无论是哪种形式，想要完成一个更大的任务，必须依靠团队的力量才能完成。在所有内容团队中，内容、运营和技术是内容团队的基础组成部分。三者必须相互配合，协同作战。

8.4 团队管理，让团队发挥出最大能量

人在一起是团体，心在一起是团队。我们组建团队，不是按职位把人员召集起来，而是要按目标，把人心聚到一起。只把胜任某项工作的人安放到合适的岗位上，并不能算是一个团队。只有大家为了一个共同的目标相互协作，共同为了一个最好的结果去努力时，才能算一个真正的团队。

一个优秀的团队往往具有这些特征：团队成员之间充分了解，并相互影响。每个人的行为和决策都足以影响其他人，大家平等相待、彼此配合、相处融洽。整个团队的整体业绩明显高于某个人的个人业绩。

要让团队成员做到为了达到共同目标相互协作，最重要的就是做好团队管理，通过管理方法让团队发挥出最大的力量和能量。

在内容团队中，想要让团队发挥最大能量，应该包含3个要素：团队成员之间相互信任、彼此协作和顺畅沟通（见图 8-10）。

图 8-10　让团队发挥最大能量的3个要素

1. 相互信任

团队中人与人最好的相处就是彼此信任，信任有了，一切事情都有可能相互理解；信任缺失，所有相处都经不起推敲。信任是团队合作的基础，没有信任就无法合作，信任短缺是团队协作的"杀手"。在内容产品的创作和运营过程中，团队成员之间、不同的团队部门之间，都会产生观点和意见的分歧，并可能因此产生争执和争辩。比如，短视频的图片和音乐搭配，编剧可能会认为根据剧情应该搭配抒情的音乐，而技术人员可能认为动感的音乐更能体现故事中表现的力量。这样的争辩在内容工作中是经常出现的问题。

如果彼此之间缺乏信任，就会出现这样的情况："你认为我的音乐配得不好，和剧情不搭，但我可能认为我挑选的是最好的音乐，你觉得不搭是因为你不懂音乐。"那么，工作的问题就可能会变成情绪问题，而真正的问题反而得不到解决。反之，如果大家能够彼此信任，不认为别人是在故意针对自己，那么，彼此就更容易站在对方角度去考虑。编剧会想想技术团队为什么会挑选这首音乐曲子，而技术人员可能也会考虑编剧的意见，想想自己是不是对剧情理解得不够透彻。

如果信任缺失，在项目出现问题时，还容易因为害怕冲突导致真实的问题被掩盖，最终导致出现不可预料的后果。而彼此信任的团队则不会有这样的顾虑。大家对事不对人，有什么问题直接摆到桌面上，让问题在成品出来之前就被解决。最终也更容易出现好的结果。

信任有了，其他一切才有了可行的基础。我自己的企业中，内容团队间的信任就做得比较好。项目小组的同事之间、编辑和项目主管之间，甚至编辑和主编之间，都可能会为了一个内容的表达争得面红耳赤。但争执过去之后，大家该怎样还怎样，不会因为激烈的争执而心存芥蒂。可能上一秒还恨不得吵起来，下一秒两个人就一起出去吃饭了。

新建团队，成员之间的信任首先来自对团队领导的信任。因为对领导有信任，团队成员就愿意在一个团队留下来，愿意相信领导所说的话，也会愿意听从领导的安排。有了对领导的信任后，团队成员彼此之间，也更容易建立起横向信任，团队成员之间也才能更好地合作。所以，想要建立团队间的信任，作为管理者，先要自己做出表率，取得团队成员的信任。接下来才能有整个团队的信任。

2. 彼此协作

一个团队，最重要的就是彼此协作，在社会分工越来越细的今天，几乎没有一件事情能够在不需要别人帮助的情况下独立完成。协作有时候需要暂时放下自己，甚至稍微牺牲一下自己的利益，来配合其他人完成整个项目的工作。

美国篮球"梦之队"是一支由从比赛获胜团队中挑选出的优秀队员组成的顶尖团队，但这支由最强队员组成的球队，在一些比赛中的表现并不优秀。在比赛的时候，这样的"梦之队"往往会败给一支队员水平并没有那么高，但整个团队配合默契、有强烈胜负心的团队。原因就是每一个在原来团队中都是顶尖人物的队员，到了"梦之队"之后，最想做的都是表现自己的优秀，而不是配合别人达成整个团队的胜利。

美国"梦之队"的队员都是最优秀的篮球队员，之所以在比赛中败给普通水平的团队，就在于他们不能相互协作。具体到内容团队中也是如此。在项目进展过程中，团队目标与个人目标之间，常常会有矛盾、有冲突。这时就需要团队成员有协作精神，为了完成一个项目或一个任务，暂时放下个人目标去配合别人。**一个人赢不是赢，整个团队赢才算真的赢。**只有团队中每个人都能放下自己，为了整个团队、整个项目的输赢去努力，才更容易让整个团队一起赢。

我们平时在刷视频的时候，时不时会看到一些视频，剧情、画面、音乐都不错，但整体效果看起来总是感觉不那么协调。造成这种情况的原因，一是视频制作者本身的审美品位不够，不知道如何搭配文案和音乐画面，二是制作团队可能没协作好，各有各的目标。

比如，我们制作短视频内容，最终需要的是视频整体呈现出来的效果能够符合用户口味，满足用户需求。如果编剧只关注剧情冲突，摄像师只想把自己最好的图片放到视频中，那么，整体的视频效果就可能不协调。反之，如果编剧能够为了整体效果，把剧情稍微做一点点调整；摄像师为了整体效果，配合编剧把和主题关系不大的镜头去掉，也许视频出来的整体效果就能更好。

再比如，下班前发生了一个热点事件，按照运营团队的要求，今天把稿子赶出来，就能借上热点的势，吸引更多用户关注，赢得更多用户流量。但是，对于内容团队而言，如果认为已经到了下班时间，不愿意加班赶稿子，或者技术团队不愿意配合，完成的稿子不能及时配好图片上传，整体稿件就不能当天完成。

高效协作才能凝聚力量做成大事，各自为政只会让能量抵消，一事无成。 协作是保证团队凝聚力、集聚团队能量的必备因素，是团队能够继续壮大，企业持续发展的保障。

3. 顺畅沟通

沟通是人际交往的第一步，也是团队成员及团队之间合作所必需的。**沟通是桥梁和渠道，让项目中彼此信息互通，也让团队中人心无间。** 没有良好的沟通，会影响到项目的执行和效率，甚至造成团队及成员之间的误会和隔阂。

职场上遇到的沟通不畅的例子比比皆是：上司给了指令，下属没能完全理解，结果事情没做好；下属遇到了问题，想跟上司求助，因为表达不清晰，导致上司的力没借到，任务没能完成；同事之间需要相互配合，彼此协作，因为表达不到位，或语气语调不对，导致同事不愿意配合……所有这些都是职场上沟通不畅带来的后果。

比如，运营团队根据市场和用户需求，策划出内容的定位和选题，如果和内容创作团队沟通不顺畅，内容创作团队没有听懂，那么，创作出来的内容就可能不能满足用户需求。同样，如果运营团队调查市场发现用户需求中，想要让图片和版面达成某种效果，因为沟通不畅，技术团队没能明白具体想要达到的效果，出来的效果可能就不能让客户满意。

在我们服务客户的过程中，也曾经因为沟通没有做好，导致客户对内容不满意。虽然经过反复沟通、反复修改，最终达成客户想要的效果，但造成了很多的人力、物力的浪费，而且给客户的印象也受到影响。

良好的沟通首先要及时，在共同工作的过程中遇到问题要及时提出来，一起商议办法去解决，而不能因为害怕冲突或害怕麻烦压着不说。等到问题太大、不好解决的时候，反而是更大的麻烦。其次要表达清楚，把想要传递给对方的事情，逻辑清晰地表达出来；最后要跟对方确认，确认对方理解了你说的意思，必要的时候可能请对方重复你所说的意思。

团队管理是一个慢功夫，不能一蹴而就。需要小火慢工，慢慢摸清团队成员的个性和需求，然后对症下药，把人心聚齐。人心齐了，什么事情就都好办了。另外，内容团队因为有很强的自主性和创新性，在团队管理上，也不能完全按照固定的套路进行。需要根据具体情况做变通，一边管理一边摸索。

对于内容创作而言，如何创造高质量的内容吸引受众是永恒的话题，内容打磨和输出的过程很辛苦，持续产出高质量、有创意、有价值的内容更是一件有挑战性的事情。人的力量终究有限，团队合作才是关键。组建一支优秀的团队，才能在内容市场走得更远、更久。

附录　行动清单和模板

1. 第1章行动清单：找到自己要做的内容

1）根据内容商业关键要素列出你要做什么内容（见附表1）。

2）思考要做的内容体现什么文化价值（见附表2）。

提示：在做前期调研时我们可以参考新榜、西瓜数据、微信指数、微博和抖音排行榜等第三方工具。

附表1　找到要做的内容

第一步：找到用户需求 **用户的需求是什么类型?** 实体还是娱乐?	
第二步：找到用户在哪里 **哪个平台** 平台特点	
第三步：用户需求被满足 **的情况** 都有哪些创作者、多少个创作者在提供?	
第四步：提供的内容的情况 什么类型? 什么领域? 什么风格?	
第五步：品牌方助推 经常看到哪个品牌方的推广? 自己想做领域的品牌方是谁，它们做了什么推广? 品牌方选择了谁，什么特点?	

附表 2　内容体现的文化价值

第一步：你发现哪些热点现象 自己观察 第三方工具统计 机构调研报告	
第二步：这些热点现象体现什么需求 按照马斯洛需求层次理论	
第三步：这些热点现象归类 科技和未来 传统文化 缓解压力、娱乐	
第四步：判断哪些现象会持续 看看哪些曾发生过但有变化？ 哪些现象一直有？	
第五步：这个领域有什么品牌 个人 IP 企业 IP	

2. 第 2 章行动清单：制定内容商业战的作战计划

1）找到作战的本质（见附表 3）。

2）制定内容策略（见附表 4）。

附表 3　找到作战的本质——商业闭环

第一步：内容创作 满足用户的需求 以用户为中心打造内容		
第二步：管理运营 策划选题 利用热点、戳中痛点、制造痒点		
第三步：消费变现 变现的渠道 带货、广告		
第四步：关系维护 用户反馈 体验感、满意度、会员活动		

附表4　制定内容策略

第一步：目标 目标达成的愿景（时间） 目标"粉丝"量、转化率	
第二步：定位 内容相关的类型、人设、形式、平台	
第三步：计划 自媒体矩阵，平台选择、发布的时间和频率、阅读量、增粉比例	
第四步：创作 选题第一 质量第二	
第五步：发布 各个平台相关矩阵账号	
第六步：优化 标题、内容、发布时间、平台	
第七步：分发 问答平台、社区、自媒体平台、视频平台、社交平台	
第八步：报告 总结归纳、汇总数据	

3. 第 3 章行动清单：创作高质量内容

1）内容的呈现形式（见附表 5）。

2）设计内容让用户上瘾（见附表 6）。

附表 5　内容的呈现形式

一、图文 **微信公众号、商品文案、电商文案** 要做细、做深，注意长线流量	
二、音频 **讲书稿、广播剧、音频课** 注意通俗易懂、互动、紧跟热点	
三、短视频 必须有差异化、热点 注意定位、平台、自身优势	

附表6　设计内容让用户上瘾

第一步：触发用户兴趣 **拨动用户的内心深处的心弦** 热点、有趣、神秘、受益	
第二步：制造行动动机 **挖掘行动理由** 制造稀缺性、利用锚定效应、利用赠券效应	
第三步：降低行动难度 简单、好懂、易触达 时间维度、金钱维度和脑力维度	
第四步：设计不确定性 制造概率 如人际奖励、意外惊喜和自我成就	
第五步：增加深度投入 **增加用户参与感** 如评论、奖励	

4. 第4章行动清单：征服用户

1）给用户美的感觉（见附表7）。

2）给用户全方位、多方面体验（见附表8）。

附表7 给用户美的感觉

第一、故事美 **抒发情绪** 励志、伤感、震撼、悬疑……	
第二、人性美 **正能量** 善良、宽容、正直、慈爱……	

附表 8　给用户全方位、多方面体验

第一、通过声音 减压、治愈、知识 场景、目标人群	
第二、通过视频 专业、刺激 构图、光线、剪辑	
第三、通过文字 学习 深度内容、多内容	
第四、总结 持续刺激，内容不能枯燥，内容有卖点 是"梗"还是给惊喜？	

5. 第5章行动清单：内容运营

　　1）明确内容（见附表9）。

　　2）精准推广方案（见附表10）。

附表9　明确内容

第一步：定位 **与自身内容匹配** 找相似、分析数据、咨询	
第二步：内容 **内容类型** 衣食住行、幽默、法律……	
第三步：资金 **预算资金分配** 短视频、中视频、图文、语音等的分配，以数据为核心指标	

附表 10　精准推广方案

第一步：方法	
方法要快速有效 　以内容和用户为核心，分时段举办有趣的抽奖等活动，线上线下活动相结合； 　找知名机构咨询，梳理公司的企业价值； 　向内凝聚员工，向外团结用户和其他合作伙伴	
第二步：反馈 **数据记录** 　对待数据要仔细认真，要重视数据； 　观察、分析用户对内容的喜好、偏向； 　了解用户群体的属性、用户的活跃时间	

6.第6章行动清单：内容变现

1）特色内容（见附表11）。

2）变现方式（见附表12）。

附表 11　特色内容

第一步：个性化和差异化内容 满足、开发用户的口味 多维度、多样化、新鲜感	
第二步：优质内容的持续输出 提高忠诚度 持续输出、内容连贯	
第三步：正能量的账号人设 阳光积极 符合大多数人的心理	
第四步：内容形式的格式化 形成特色 长时间固定套路	

附表 12　变现方式

第一步：抓住机会风口 顺势而为 专业垂直，多总结多观察，大胆心细	
第二步：用户对平台的偏好 有的放矢 以用户为核心，关注用户的偏好及变化趋势	
第三步：了解付费主体 分析主体人群 关注用户使用时长 需求	

7. 第 7 章行动清单：用户运营

1）了解用户精神需求（见附表 13）。

2）运营用户（见附表 14）。

附表 13　了解用户精神需求

第一步：独具特色增加趣味 如语言风格和表现形式，提升"颜值"、节约时间等	
第二步：权威感与用户建立信任 要细节、专业、实用	
第三步：情绪价值宣泄感 人类共通的情绪，共鸣、陪伴、鼓舞、激励	

附表 14　运营用户

第一步：用户获取 潜在用户 　自身（内容的标题和封面图、账号简介等），外部（社群拉新、微信公众号关注、短视频账号关注等）	
第二步：用户激活 **后台数据** 　了解用户动态和需求 　及时通过活动、社群等方式互动	
第三步：用户留存 **老用户留存** 给他们特权优越感	
第四步：获取价值 **用户思维** 　根据用户属性，找到需求，完成对应内容的创造	
第五步：推荐传播 **深度用户** 　用物质奖励，价值回馈	

8. 第8章行动清单：打造内容团队

1）一个团队的精气神（见附表15）。

2）团队构成（见附表16）。

附表 15　一个团队的精气神

第一步：价值观 **企业、管理层、团队、员工** 目标一致，"三观"一致，责任感	
第二步：胜任力 **自我驱动** 积极主动、长远规划	

附表 16　团队构成

第一步：内容创作团队匹配性 　满足市场的需求，满足团队的需求	
第二步：内容运营团队两个阶段 　创作前的人设定位和内容选题 　创作后的推广、变现、关系维护	
第三步：技术辅助团队高效优质 　得到、文心一言等	

后记　内容为王，未来可期

写完这本书，我长舒一口气，这本书是我多年内容创作生涯的一个总结。刚入行时，我只是一个读书爱好者，对于创作的理解，仅仅只是拿笔写，把自己所思、所观察写出来就可以了，或是把我采访对象的言谈、经历如实记录出来就可以了，对运营、变现、团队完全没有概念。机缘巧合，一次偶然的机会，我遇到了伯乐——吴先生。他是行业大咖，在他的赏识和点拨下，我进步飞快，对这个行业越来越熟悉，认识也越来越深刻。

我认为要想让写作发挥出应有的价值，让每个喜爱文字、喜欢创作的人能看到自己辛勤耕耘的成果被更多人认可，那就要突破写作、超越写作，要跳出写作环节从整个上下游观察，自己的工作起了什么作用，认识到目前的环境中内容已是商业的一部分，要从内容商业的角度来看自己的创作。只有这样，才能持续、高效写出有价值的内容，驱动营收增长，当然这里的价值指的商业价值。

后来我又遇到了重要的合作伙伴。有一次她在聊天时提到，现在时代进步飞快，AI（人工智能）带来的变革不说取代我们，至少给了我们很大压力，我们要思考什么是 AI 不能做的，我们要在哪方面进步。她这句话警醒了我，是的，我们要与时俱进，于是就有了写这本书的想法。

我希望在 AI 技术蓬勃发展的今天，尽微薄之力，给同行、给对创作行业感兴趣的读者提供一些参考。当然我也希望有更多优秀的内容创作者能发表看法，和我一起讨论、共建 AI 辅助的未来内容商业时代。

作为一个从传统媒体走到新媒体时代的曾经的媒体人，对于内容我之前认为自己再熟悉不过了。但当我写完这本书的时候，呈现在我面前的内容，还是让我刮目相看。我发现内容从传统媒体时代以传递信息和教化为主，转而进入更多领域、更大的场域，发挥出超出想象的功能和价值，正在以一个前所未有的新面貌出现在世界面前。

从内容的创作者、涵盖的领域、呈现的形式、展示的功能，到入驻的平台、分享传播渠道、创造的价值等方面，内容不仅呈现出强大的影响力，还在向更宽广的外围扩展。

我预测未来内容的打造将会继续向两个方向发展：一是，在用户越加圈层化的趋势下，向更深入垂直、更精细化的方向发展。二是，打造会更加泛化，泛知识类内容将成为一大部分"银发一族"和"Z世代"群体的主要需求。而资本也开始向泛知识领域倾斜。

更贴近人们日常的健康防护、生活技能、新闻、科普、课程学习等本地生活类内容，依然会成为主流。与此同时，AI、元宇宙、虚拟人物、区块链等数字科技类内容，也将进入内容领域，并逐渐壮大。接下来的数字科技产品，将会以更多彩的方式快速进入内容商业的发展中。

在创作者方面，素人创作者和专业领域PGC的大IP继续发力，有一定生活和行业工作经验的"银发一族"，将成为创作者中的新增力量。而创作方式也不仅限于完成文案和视频的单向输出，更多用户将会参与内容创作，用户和内容创作者的交流互动，成为内容创作的一部分。用户既是内容消费者又是UGC的创作者。

直播是用户参与度非常高的一种内容创作方式，在与用户的互动中，主播创作的内容以不同的方式呈现出更大的价值。内容和电商直播结合、知识分享和直播结合、心理疏导和直播结合……在用户的参与下，将会有更多内容通过跨界合作的方式，创造出更大的商业价值。

在内容的地域传播上，跨城乡、跨国界的内容互通正在开启，以李子柒为代表的我国年轻一代创作者正在进入国际媒体市场，而国外创作者也开始在国内媒体平台兴起。文化认同、文化交流、文化包容将会是未来内容发展的趋势。

商业方面，将会出现更多新的平台和新的风口。信息视频化以及直播的人、货、场重构，带来新的消费场域。各大平台纷纷加大视频和直播布局，品牌和企业也开始自建 MCN 机构，开启直播场域。在此基础上，内容创作者会搭建更多元的商业模式，促进内容商业化进程。

新风口和新机会吸引着更多创作者加入，也让公域流量的竞争更加激烈。所以，有一定影响力的内容创作者和服务者，开始转变思维，把公域的流量导向私域。一些有专业影响力的 PGC，其大 IP 开始开发自己的 APP，品牌和企业也开始筹建自己的 MCN 机构。创作者也通过私域运营出越来越强大的影响力，打造自己的个人 IP。

可以说，内容将与万事万物相融合。在其作为一种产品展现自己的同时，也将和企业、品牌、用户拥有更多的连接，创造出更大的商业价值。拥有用户思维，打造极致内容，与更广阔的世界融合，内容将会以更绚丽多彩的方式出现在我们面前。

在此感谢机械工业出版社的刘洁老师，在她和编辑们的努力工作下，本书才得以出版。感谢引领我入行的前辈们，他们的帮助让我少走"弯路"。感谢多年的合作伙伴和客户们，没有跟他们的沟通和讨论，没有一个个的项目交付，我就无法得到长足和快速的进步。我很幸运，通过工作结识到那些富有远见、卓有成效的不同领域的领导者，感谢他们给我的启发，为我开阔了视野。限于作者和编者水平，加之行业发展迅速，市场中一些数据不断变化，平台监管措施调整等因素，书中难免存在疏漏和不足之处，或者没覆盖新涌现的平台和模式、案例，可联系我（电话：13051610426）获得更新的内容并咨询其他的内容创作服务。

内容为王，未来可期！

沈　超